Franz Walter

Abschied von der Toskana

Franz Walter

Abschied von der Toskana

Die SPD in der Ära Schröder

2., erweiterte Auflage

VS VERLAG FÜR SOZIALWISSENSCHAFTEN

VS Verlag für Sozialwissenschaften
Entstanden mit Beginn des Jahres 2004 aus den beiden Häusern
Leske+Budrich und Westdeutscher Verlag.
Die breite Basis für sozialwissenschaftliches Publizieren

Bibliografische Information Der Deutschen Bibliothek
Die Deutsche Bibliothek verzeichnet diese Publikation in der Deutschen Nationalbibliografie;
detaillierte bibliografische Daten sind im Internet über <http://dnb.ddb.de> abrufbar.

1. Auflage Juni 2004
2., erweiterte Auflage April 2005

Alle Rechte vorbehalten
© VS Verlag für Sozialwissenschaften/GWV Fachverlage GmbH, Wiesbaden 2005

Lektorat: Frank Schindler

Der VS Verlag für Sozialwissenschaften ist ein Unternehmen von Springer Science+Business Media.
www.vs-verlag.de

Das Werk einschließlich aller seiner Teile ist urheberrechtlich geschützt. Jede Verwertung außerhalb der engen Grenzen des Urheberrechtsgesetzes ist ohne Zustimmung des Verlags unzulässig und strafbar. Das gilt insbesondere für Vervielfältigungen, Übersetzungen, Mikroverfilmungen und die Einspeicherung und Verarbeitung in elektronischen Systemen.

Die Wiedergabe von Gebrauchsnamen, Handelsnamen, Warenbezeichnungen usw. in diesem Werk berechtigt auch ohne besondere Kennzeichnung nicht zu der Annahme, dass solche Namen im Sinne der Warenzeichen- und Markenschutz-Gesetzgebung als frei zu betrachten wären und daher von jedermann benutzt werden dürften.

Umschlaggestaltung: KünkelLopka Medienentwicklung, Heidelberg

Gedruckt auf säurefreiem und chlorfrei gebleichtem Papier

ISBN-13:978-3-531-34268-9   e-ISBN-13:978-3-322-80851-6
DOI: 10.1007/978-3-322-80851-6

Inhalt

Einleitung   7

I. Des Kanzlers Neue Mitte

Die SPD nach Lafontaine   17
Vom Wählerspagat zur Neuen Mitte   23
Die Mitte im Programmloch   38
Profil und Mitte   43

II. Probleme des Regierens

Mut, Verwegenheit und kühner Reformismus   53
Politik in der Vetogesellschaft   62
Flickschusterei? So war es doch immer   67
Durchwursteln als Daseinsform   72
Die Stunde des Charismatikers?   75
Christstollen für Angela Merkel   81
Die Nase voll vom Reform-Palaver   89

III. Die Krise der Schröder-SPD

Die ausgebrannte Kanzlerpartei   93
Die Leere der Linken   102
Verschreckt und verwirrt   108
Die Rückkehr des Spagats   112
Ziellose Verdrossenheit   117
Klettern und Klammern   121
Selbstgenügsam und pausbäckig   123
Geradezu neurotisch   126

IV. Geschichte und Zukunft der Partei

Die SPD wird 140 Jahre alt – Gedanken zu einer Partei
mit langer Geschichte und schwieriger Gegenwart   131
Der Wandel des Wertewandels kommt bestimmt   142
Freital: Von der roten Stadt zur toten Stadt?   155

V. Abschied von der Toskana: Die Müntefering-SPD

Lust der Mitte   173
Basis-Lektionen   178
Wer gibt Danton an?   184
Schneidiger Imperativ   187
Zurück im Spiel?   191
Das Feuer lodert nicht mehr   194
Traurig und ganz modern   201

Textnachweise   206

Einleitung

Gut achtzehn Monate waren seit den Bundestagswahlen 2002 vergangen, als der Verfasser sich entschlossen hatte, die nachfolgenden Essays zu einem Band zusammenzufassen. Für die Sozialdemokraten waren das harte, ja bittere anderthalb Jahre. Nur ganz wenige Tage durften sie ihren Triumph vom 22. September auskosten, als sie ihren alten, in vielen zurückliegenden Wahlschlachten meist erfolgreicheren christdemokratischen Konkurrenten um einige tausend Stimmen übertrafen und zum zweiten Mal hintereinander stärkste politische Kraft in Deutschland wurden. Doch das sozialdemokratische Hochgefühl verflog schnell und jäh. Das frustrierte deutsche Bürgertum eröffnete die Jagd auf die rot-grünen Wahlsieger in einer Schärfe, wie man sie seit den frühen 1970er Jahren in Deutschland nicht mehr erlebt hatte[1]. Die alten und neuen rot-grünen Regenten hatten dem nichts entgegenzusetzen. Der lange, anstrengende, schwierige Wahlkampf hatte sie erschöpft; Pläne und Projekte für eine zweite Regierungsperiode waren offenkundig nicht vorhanden[2]; und die Anhänger der sozialdemokratischen und grünen Parteien kehrten nach den wenigen Wochen aktiven Trotzes gegen Stoiber, während der entscheidenden August- und Septemberwochen 2002, dann rasch wieder in den vorangegangenen Zustand der Enttäuschung, der Passivität, der Resignation und Depression zurück.

Demoskopisch und elektoral stürzten die Sozialdemokraten fortan systematisch ab. Vier Landtagswahlen brachten desaströse Niederlagen. In Niedersachsen und Hessen verlor die SPD im Januar 2003 jeweils über 10 Prozentpunkte[3]. Einbrüche solchen Ausmaßes hatte man in der alten Bundesrepublik in den frühen 1950er Jahren erlebt, seither aber kaum noch. In Bayern, dem Bundesland mit der zweitgrößten Einwohnerzahl Deutschlands, landeten die SPD im September 2003 unter 20 %, so dass man sie dort schwerlich noch als veritable Volkspartei bezeichnen kann[4]. Bei den Bürger-

---

[1] Vgl. Eckhard Fuhr, Deutsche Schizophrenien, in: Neue Gesellschaft/Frankfurter Hefte 1/2 2003, S. 6 ff.
[2] Vgl. beispielhaft Kurt Kister, Die Regierung der Enttäuschung, in: Süddeutsche Zeitung, 9./10.11. 2002
[3] Vgl. Torben Lütjen, Die Landtagswahlen in Hessen und Niedersachsen 2002: Der verspätete Machtwechsel, in: Gesellschaft-Wirtschaft-Politik 1/2003, S. 73 ff.
[4] Vgl. Rainer Woratschka, Ein Triumph – mit weniger Stimmen, in: Tagesspiegel, 22.9. 2003.

schaftswahlen in Hamburg kamen die Sozialdemokraten auf 30,5 % der Stimmen – in einer Stadt, die sie lange nahezu monopolistisch beherrscht, in der sie bereits zu Zeiten des Kaiserreichs über 60 % der Wähler hinter sich geschart hatten[5]. Noch in den 1960er Jahren lagen die Sozialdemokraten in Hamburg stets in unmittelbarer Nähe der 60 %. Die norddeutsche Hafenstadt wurde mithin zu einem neuerlichen Symbol dafür, wie sehr in den letzten zwei Jahrzehnten die alten, klassischen Hochburgen der deutschen Arbeiterbewegung erodiert, ja zusammengestürzt sind. Und schließlich: nicht einmal die überlieferten sozialdemokratischen Menetekel galten in diesen sozialdemokratischen Krisenmonaten der Jahre 2003/04 noch. Fünfzig Jahre lang, seit den Zeiten Erich Ollenhauers, fürchteten die Sozialdemokraten den 30 Prozent-Turm[6]. Doch im Frühjahr 2004 wären die 30 Prozent-Werte für die Sozialdemokraten schon ein schöner, erstrebenswerter Erfolg gewesen. Denn zumindest in der Demoskopie, in den Umfragen aller deutschen Institute – von Forsa bis Allensbach, von dimap über Emnid bis zur Forschungsgruppe Wahlen – waren die Sozialdemokraten längst nicht mehr im 30 Prozent-Turm eingesperrt, sondern schon weiter nach unten, in den 20 Prozent-Keller, abgesunken[7].

Das ist der Zustand der SPD im Übergang von Schröder zu Müntefering. Davon handeln die nachstehenden Essays. Sie beschreiben und analysieren eine Partei, die zu Beginn des 21. Jahrhunderts nicht mehr so ist, wie sie gut 130 Jahre lang konstant gewesen war. In einer gewissen Weise hat sich die SPD von sich selbst verabschiedet. Vieles von dem jedenfalls, was von Lassalle bis Brandt, ja noch bis Lafontaine elementar, existenziell, konstitutiv war, gilt nun nicht mehr. Da ist gewiss zuerst die Entkopplung der SPD und ihrer sozial aufgestiegenen Kernschicht von der Arbeiterklasse. Schon bei der Bundestagswahl 2002 verlor die SPD am stärksten bei den Arbeitern, nämlich acht Prozentpunkte[8]. Bei den kurz darauf folgenden Landtagswahlen büßten die Sozialdemokraten gar ein Fünftel ihrer bisherigen Arbeiterwähler ein[9]. Die soziologische Transformation des Parteiensystems dadurch und seither ist nachgerade dramatisch. Denn mittlerweile ist die klassische bür-

---

[5] Vgl. Ursula Büttner, Politische Gerechtigkeit und sozialer Geist, Hamburg 1985, S. 63.
[6] Vgl. Peter Lösche/Franz Walter, Die SPD, Klassenpartei-Volkspartei-Quotenpartei, Darmstadt 1992, S. 88 ff.
[7] Vgl. http://www.wahlrecht.de/umfragen (Stand: 30.3. 2004)
[8] Vgl. Dieter Roth/Matthias Jung, Ablösung der Regierung vertagt: Eine Analyse der Bundestagswahl 2002, in: APuZ B49-50/2002, S. 3 ff.
[9] Vgl. u.a. Gerrit Wiesmann, Hamburgs Arbeiter wählen CDU, in: Financial Times Deutschland, 2.3. 2004.

Einleitung 9

gerliche Sammlungsformation, die Christdemokratische Union, vom Süden bis zum Norden der Republik zur Mehrheitspartei des Restproletariats geworden. In Hamburg, Niedersachsen, Hessen, Sachsen, Bayern und Baden-Württemberg liegen CDU und CSU, nimmt man allein die zurückliegenden Landtagswahlen, bei den Arbeitern inzwischen weit vor der SPD. Und der Abfall der Arbeiterklasse von der Sozialdemokratie scheint zukunftsträchtig zu sein, denn je jünger die Arbeiter, desto größer ist der Abstand zur SPD.

Das ist zweifelsohne ein historisch säkularer Einschnitt für die Partei, da die industrielle Arbeiterklasse für die Sozialdemokraten über mehrere Epochen hinweg gleichsam axiomatisch das historische Subjekt, der ideologische Fixpunkt und das soziologische Fundament aller Parteiaktivitäten, ja der Parteistabilität schlechthin war. Der kühle, ganz unsentimentale Exodus der Arbeiterklasse hat dem über ein Jahrhundert aufgeschichteten sozialdemokratischen Selbstverständnis somit ihren Kern genommen, mehr noch: hat der Partei die historischen Voraussetzungen und die historische Zielsetzung – die Emanzipation der unteren Schichten – entzogen. Die signifikanten Identitätsunsicherheiten vieler Sozialdemokraten in den letzten fünf Jahren hingen eben damit zusammen, sind darauf zurückzuführen. In früheren Jahrzehnten waren sich die Sozialdemokraten ihres gesellschaftlichen Ortes, ihrer sozialen Ursprünge und materiellen Interessen sicher. Diese Gewissheit und Übereinstimmung von Ort, Subjekt und Ziel existiert nicht mehr. Eine neue, alternative Gewissheit hat sich bislang nicht herauskristallisiert und angeboten. Das macht die Ratlosigkeit, die Verstörung der SPD wohl aus.

Doch ist der Abschied des Proletariats von der SPD nicht der einzige Verlust, der den Sozialdemokraten gegenwärtig zu schaffen macht, der ihr die gewohnte frühere Zukunftssicherheit und den notorischen Fortschrittsoptimismus genommen hat. Die Transformation des Sozialdemokratischen reicht noch tiefer. Seit ihren Anfängen war die SPD eine Mitglieder- und Organisationspartei, weit stärker als ihre bürgerlichen Pendants, die auf Kumulation von Menschen und Potenzierung von Organisationskraft nicht so angewiesen waren, weil sie über andere, zusätzliche, ökonomisch wirksamere Ressourcen als eine Unterschichtenpartei verfügten. Aber zu Beginn des 21. Jahrhunderts versiegen auch bei den sozial nun avancierten Sozialdemokraten die Organisations- und Mitgliederquellen[10]. Begonnen hat dieser Prozess allerdings schon länger. Seit 1990 hat die SPD nahezu 300.000 Mitglieder verloren, ein Drittel ihres Mitgliederbestandes[11]. In der Ära Schröder sind rund

---

[10] Vgl.: Volksparteien verlieren Parteivolk, in: Frankfurter Allgemeine Zeitung, 2.10. 2003.
[11] Vgl.: Die SPD verlor seit 1990 jedes dritte Mitglied, in: Rheinische Post, 20.2. 2004.

125.000 Mitglieder von der SPD fortgegangen; allein im Jahr 2003 traten 40.000 Sozialdemokraten – nach oft jahrzehntelanger Zugehörigkeit – aus[12]. In Nordrhein-Westfalen, das vier lange Jahrzehnte als stolze, uneinnehmbare Hochburg der Sozialdemokratie firmierte, hat die Union im letzten Jahr die SPD an Mitgliederzahl überholt[13]. Im Unterbezirk Dortmund, der viel zitierten „Herzkammer" der deutschen Sozialdemokratie, zählte die SPD 2004 nur noch ein Drittel ihres Bestandes von 1969[14]. Am schlimmsten fallen die Mitgliedereinbußen in Bremen und Hamburg aus, wo die Partei in den letzten 13 Jahren einen Mitgliederrückgang von fast 50 % hinnehmen musste[15]. Durch die heftigen Niederlagen bei den Regional- und Kommunalwahlen in den letzten Jahren sind der SPD überdies noch Tausende von Mandaten und Funktionen abhanden gekommen[16].

So nähert sich die Sozialdemokratie vom Parteitypus den über viele Jahrzehnte nahezu verachteten bürgerlichen Honoratiorenparteien an. Der SPD rutscht der organisatorische Unterbau weg, der die Partei auch in schwierigsten Zeiten ihrer Geschichte, auch bei schlimmen Niederlagen auf der nationalen Ebene gehalten und gestützt hatte. Typisch ist gewiss der Bedeutungsverlust des klassischen Funktionärs. Bis in die 1980er Jahre war das eine angesehene, wichtige, zentrale Person in der sozialdemokratischen Parteistruktur. Noch Willy Brandt bezog Parteisekretäre auf Unterbezirks- und Bezirksebene bewusst in seine politischen Handlungsweisen ein[17]. Schröder hingegen hat sich um die Parteifunktionäre nicht mehr gekümmert. Das sollte die SPD – gewiss nicht zu Unrecht – moderner machen, weniger apparathaft, mehr zur Gesellschaft geöffnet. Aber es hat den Sozialdemokraten zugleich eine wesentliche Gruppe von Realitätsseismographen genommen, von Kommunikatoren, Multiplikatoren und Aktivisten. Es hat die Partei deaktiviert und entkernt. Kurzum: Der Verlust des klassischen Subjekts, der Mitgliedermassen und der Organisationskader – das ist schon ein markanter Traditionsbruch, der sich in der SPD in diesen Jahren vollzieht.

---

[12] Vgl. Enttäuschte Reformer, in: Rheinischer Merkur, 19.2. 2004.
[13] Vgl.: NRW: CDU erstmals mehr Mitglieder als die SPD, in: Welt, 19.9. 2003.
[14] Vgl. Helmut Breuer, Die Angst am Rhein, in: Welt, 3.2. 2004; Konrad Harmelink, Der SPD laufen Mitglieder in Scharen davon, in: Westfälische Rundschau, 9.10. 2003.
[15] Vgl.: SPD-Landesfürsten setzen auf „Münte-Effekt", in: Welt, 20.2. 2004.
[16] Vgl. Rudolf Scharping, Meine Partei droht zu erfrieren, in: Cicero. Magazin für politische Kultur, 19.3. 2004.
[17] Vgl. dazu die pointierte Erzählung von Johannes Rau (im Gespräch mit Evelyn Roll), Weil der Mensch ein Mensch ist..., Berlin 2004, S. 162 f.

Einleitung

Schwer wiegt der Sinnverlust unter den Sozialdemokraten[18]. Auch das hat natürlich längst vor Schröder begonnen. Schon im Übergang von den 1980er zu den 1990er Jahren verloren viele der alten, kanonisierten Rezepte aus den sozialdemokratischen Programmwerkstätten zwischen Erfurt und Bad Godesberg an Charme, Flair und Überzeugungskraft. Doch zum Thema einer großen sozialdemokratischen Aussprache wurde das nicht. Die einen hielten, gleichsam privat und für sich, trotzig und melancholisch an den traditionellen Deutungen und Versprechungen des klassischen Sozialismus fest. Die anderen ließen, ebenfalls privat und für sich, das ganze Traditionsgut hinter sich und eigneten sich, wiederum individuell und allein, neue politische Interpretationen und Normen an. Im Grunde besteht darin auch die Crux der Agenda 2010. Niemand in der SPD weiß, welche Grundphilosophie und Leitidee der Agenda eigentlich zu Grunde liegt. Ist hier der Sozialstaat Kern und Wurzel des wirtschaftlichen Übels, da er die Staatsquote nach oben getrieben, Eigenverantwortung, Selbstbeteiligung, Investitionsbereitschaft, Wachstumspotentiale, ja den Raum für individuelle Freiheit begrenzt und beschränkt hat?[19] Oder ist der Sozialstaat für die Agendabetreiber ein zwar sanierungs- und umbaubedürftiges, aber doch gelungenes, attraktives, erhaltungswürdiges Sozialmodell zum Abbau scharfer Klassengegensätze, zur Förderung von Lebenschancen, zur Integration komplexer Gesellschaften? Eine gültige, verbindliche Antwort darauf haben die Sozialdemokraten im Agendajahr 2003 nicht gegeben. Innerhalb der Parteielite stieß man, mindestens in Vieraugengesprächen, auf dezidierte Anhänger oder Protagonisten beider Alternativen. Und im Führungsnachwuchs der SPD traf man zuweilen auf junge Abgeordnete, die in der einen Woche für diese, in der anderen Woche für jene Haltung zum Sozialstaat und somit zur Leitperspektive der sozialdemokratischen Regierungsreformen eintraten.

Darum geht es immer wieder in diesem Essayband: um den Sinnverlust und die Identitätsunsicherheiten der deutschen Sozialdemokraten zu Beginn des 21. Jahrhunderts. Die SPD ist in diesen Jahren nicht mehr so, wie sie lange gewesen war. Aber viele Sozialdemokraten unterhalb der gouvernementalen Ebene würden gern noch so sein und bleiben wollen, wie sie sich in der Vergangenheit immer verstanden und dargestellt haben. Das aber nährt und reproduziert eine neurotische Zerrissenheit und Zwiespältigkeit, wovon

---

[18] Vgl. dazu auch Susanne Gaschke, Genossen ohne frohe Botschaft, in: Die Zeit 42/2003.
[19] Vgl. dazu auch den Hinweis von Warnfried Dettling, in: Gerechtigkeit. Neue Antworten auf eine alte Frage. Dokumentation einer Veranstaltung vom 16. Juli im Willy-Brandt-Haus, Berlin o.J. (2003), S. 13.

bürgerliche Parteien überwiegend frei sind. Daher hadern Sozialdemokraten auch chronisch mit ihrer Partei an der Macht, womit christdemokratische Regierungsparteien sich nicht plagen müssen[20]. Auch darum geht es in den nachfolgenden Essays. Sie erstrecken sich zeitlich über die Ära Schröder hinweg. Mitunter greifen sie historisch weit zurück; ab und an versuchen sie gesellschaftliche Zukunftsentwicklungen zu antizipieren. Die Essays stehen jeder für sich, haben aber trotzdem einen roten Faden. Sie beschreiben den Aufstieg der sozialdemokratischen Kernanhängerschaft aus der Arbeiterklasse in die akademischen Dienstleistungsschichten der Bundesrepublik. Sie befassen sich mit den Problemen und Veränderungen, die daraus für die SPD entstanden: die Entfremdung der Partei von den neuen Unterschichten der Republik. Die SPD wurde tatsächlich zu einer Partei der neuen Mitte in Deutschland. Um die Ambivalenzen der „Mitte" kreisen viele Überlegungen in diesem Band. Der soziale und politische Drang zur Mitte hat die Sozialdemokraten aus ihrer langen gesellschaftlichen und machtpolitischen Isolation herausgelöst. Als Mittepartei gewann die SPD an Einfluss und Koalitionsmöglichkeiten, um infolgedessen das Land zu regieren. Doch zugleich büßte die SPD in ihrer diffusen Mittigkeit die programmatische Konsistenz ein, um die Gesellschaft noch kräftig prägen zu können. Die neue Mitteposition ist für die SPD mithin nicht ohne Aporien. Darüber – und über die Probleme des Regierens in der fragmentierten bundesdeutschen Republik – wird hier viel reflektiert. Dass die Politik der Mitte auch zu einer Ermattung der früher ideologisch angefeuerten und motivierten Aktivisten führte, wird ebenfalls an vielen Stellen in diesem Band beleuchtet. Und schließlich wird in diesem Zusammenhang häufig die Frage aufgeworfen, ob geeigneter, auf das Haifischbecken der Politik vorbereiteter und gehärteter Führungsnachwuchs für die Zeit nach Schröder und Müntefering in einer solchen Parteikultur der Ermattung und Ermüdung, der Deaktivierung und Sedierung überhaupt heranzureifen vermag.

Zur Debatte steht auch die Zukunft als Volkspartei. Die SPD kam in den 1960er Jahren nach vorne und in die Regierung, weil sie, wie zuvor schon die Christliche Union, eben Volkspartei wurde. Sie integrierte in ihrer Führung Menschen grundverschiedener Generationen und Lebenserfahrung: den skandinavischen Emigranten, den Leutnant der Wehrmacht, den Moskauer Kommunisten, den Widerständler der Bekennenden Kirche. In Wahlkämpfe und Kabinette zog sie mit seinerzeit modernen Gewerkschaftern wie Georg Leber und Walter Arendt, mit Vertretern der Kirche wie Jürgen Schmude,

---

[20] Vgl. auch Franz Walter, Die SPD. Vom Proletariat zur Neuen Mitte, Berlin 2002.

Einleitung

Gustav Heinemann, Erhard Eppler und Johannes Rau, mit intellektuellen Groß- und Bildungsbürgern wie Carlo Schmid, Horst Ehmke und Karl Schiller, mit intellektuellen Konzeptionalisten der Außenpolitik wie Egon Bahr. Verglichen mit diesem Erfolgsjahrzehnt der volksparteilichen Wandlung hat die SPD heute eine augenfällige Repräsentationslücke. Es gibt derzeit in der Führungsgarnitur und im Führungsnachwuchs der SPD keinen virtuosen Ökonomen, keinen hervorragenden Gewerkschafter, keinen exponierten Repräsentanten der Volkskirchen mehr, nicht einmal einen glänzenden Sozialpolitiker, Ökologen, Kultur- oder Außenpolitiker. Selbst in ihrer Zeit als Klassenpartei hatte die SPD eine größere Bandbreite an Talenten, Begabungen und Sozialprofilen aufzuweisen. Das Personaltableau an der Spitze der Partei ist im Laufe der letzen zehn Jahre schmal und eng geworden; das könnte den Charakter und Anspruch der Volkspartei gefährden.

Das alles klingt zugegebenermaßen ziemlich düster und pessimistisch. Und die meisten Essays konzentrieren sich auch stärker auf die Tücken und Gefahren der Erosion als auf die Möglichkeiten und Chancen des Wandels innerhalb der Sozialdemokratie. Wahrscheinlich liegt das in der Natur solcher Essays, von denen man ja die „kritische" statt der „affirmativen" Perspektive erwartet. Es mag sein, dass man diese Rezeptionsneigung oft zu schnell und zu prall bedient. Es ist in der Tat schon bemerkenswert, wie häufig in ihrer Geschichte die deutschen Sozialdemokraten eine Sündenbockfunktion für allerlei Unzufriedenheiten übernehmen mussten. Das hing gewiss auch damit zusammen, dass ihre Versprechungen stets zu groß und prätentiös daherkamen: Erst war es der „sozialistische Volksstaat", dann die „Wirtschaftsdemokratie" und der „Demokratische Sozialismus"; zuletzt standen der „dritte" oder auch „deutsche Weg", die „Chancengesellschaft" und eine „Agenda" für das Jahr „2010" in Aussicht. In der dann regelmäßig tristeren und trivialeren Realität wurde der Zorn über die Disteln und Dornen des grauen Alltags schließlich rasch gegen die Künder der besseren und leuchtenderen Zukunft gewandt, auch wenn das nörgelnde Volk die oft von ihm angemahnten, aber erfahrungsgemäß unbequemen Reformen nie aktiv unterstützte, auch wenn die quengelnden Intellektuellen den realen sozialdemokratischen Pragmatismus zwar verlässlich geißelten, visionäre Entwürfe ebenso regelmäßig scharfzüngig einforderten, selber aber in den Sinnfragen der Gesellschaft seit mehreren Jahren allein durch ratlose Schweigsamkeit auffielen.

Als Historiker weiß der Verfasser allerdings überdies, dass nicht alles Krise, Niedergang und finaler Abschied sein muss, was hier beschrieben wird. Parteien wandeln sich, verändern sich, passen sich neuen Umweltbedingungen an. Das führt oft zu Friktionen, Unsicherheiten, auch Verwerfungen. Aber die Parteien gehen deshalb nicht unbedingt unter, sondern entwickeln sich dadurch häufig vielmehr zeitgemäß weiter. Würden sie das nicht tun, würden sie hartnäckig so bleiben wollen, wie sie zuvor gewesen sind, auch wenn die Konstellationen sich grundlegend verschoben haben, dann, ja dann müssten sie wohl wirklich von der Bühne abtreten. Insofern braucht die Dezimierung des Mitgliederbestandes, braucht der Bedeutungsverlust des Organisationsfunktionärs, die Minderung des konsistenten programmatischen Sinns, die Schleifung der Hochburgen gar keine Katastrophe zu sein. Denn es spricht ja in der Tat alles dafür, dass die Zeit stabiler Mitgliederparteien, disziplinierter Kader, kohärenter Ideologien und weltanschaulich homogen verdichteter Wohnquartiere abgelaufen ist. So muss dann auch eine neue Generation in der SPD politisch nicht so sozialisiert sein wie diejenige von Schumacher, Brandt oder Schröder, da die Gesellschaft eben nicht mehr so ist wie in den Zeiten der 1950er, 1970er oder 1990er Jahre. Ganz ohne Zweifel wird diese Generation bis 2008 oder 2012 einige tüchtige Ministerpräsidenten hervorbringen, sehr wahrscheinlich auch einen Kanzlerkandidaten, der durchaus ein bisschen „ankommt" und anschließend noch einen zweiten, der es dann irgendwann schafft. Und doch irritiert ein wenig, dass bei den Sozialdemokraten der Post-Enkelgeneration die Konturen des Neuen – ob in den politischen Deutungen oder in den organisatorisch zeitgemäßen Strukturen einer enttraditionalisierten Sozialdemokratischen Partei für das 21. Jahrhundert – so außerordentlich vage, verschwommen, eben undeutlich bleiben. Das christdemokratische Lager wird in der zweiten Hälfte dieses Jahrzehnts gewiss noch in schlimme Krisen geraten. Die SPD wiederum wird nicht in der Baisse des Frühjahrs 2004 bleiben. Sie wird wieder stärker auf einige Gerechtigkeitsslogans zurückgreifen, die sie in den letzten 18 Monaten beiseite gelegt hatte. Und das wird ihr nutzen. Aber ob die voraussehbare Krise der Union und der anstehende Generationswechsel in der SPD zu einer kräftigen Erneuerung und strahlenden Renaissance des Sozialdemokratischen auch in der nachindustriellen Gesellschaft führen werden; oder ob wir nicht doch gegenwärtig einen historischen Abschied und Abgesang zumindest von der genuinen sozialdemokratischen Emanzipationsbewegung erleben – das ist nicht so gewiss. Zeugen einer Transformation indes sind wir in jedem Fall.

Die nachfolgenden Essays sind in den Jahren 1999 bis 2004 entstanden und veröffentlicht worden. In vielen Fällen ist der primäre Publikationsort auch für Fachwissenschaftler eher entlegen. In anderen Fällen erschienen die Essays in sehr disparaten Tageszeitungen wie „Welt" oder „taz", deren Leserschaft erfahrungsgemäß nicht übereinstimmt. Schon aus diesen Gründen schien es mir lohnend, meine publizistischen Beiträge noch einmal – und hier erstmals ungekürzt – zu einem Band zusammenzufassen.

In all den Jahren, in denen diese Artikel und Aufsätze entstanden, hatte ich viel effiziente Zuarbeit und freundliche Hilfe. Ohne die intelligenten Ratschläge und raschen Materialrecherchen von Peter Munkelt, Astrid Stroh, Natalie Raima wäre ich bei den meisten meiner Projekte ziemlich hilflos. Ihnen also danke ich erneut sehr herzlich. Wichtig ist für mich die Unterstützung durch all die klugen, kompetenten und kreativen Mitarbeiterinnen und Mitarbeiter der tatsächlich einzigartigen Göttinger „Arbeitsgruppe Parteienforschung". Beim Manuskript geholfen haben vor allem Ina Brandes, Daniela Forkmann, Robert Lorenz, Saskia Richter, Katharina Rahlf, Michael Schlieben. Ihnen möchte ich danken wie natürlich auch Peter Lösche, dem großen Anreger der SPD-Forschung. Entscheidende Anstöße für viele der nachstehenden Essays gaben Tobias Dürr, Andrea Seibel und Andreas Zielcke. Als angenehm empfand ich überdies die reibungslose Zusammenarbeit mit dem Lektor des Verlages, Frank Schindler.

Meine wichtigste Gesprächspartnerin über das Sozialdemokratische war – wie seit mehreren Jahren ja nun schon – meine Tochter Julia. Doch auch Benedikt ist ein bohrender Nachfrager. Anna hat jetzt ebenfalls das Thema entdeckt. Und ohne Helga würde gar nichts gehen. Diese vier sind die tragenden Säulen für mich und mein wissenschaftlich-publizistisches Tun. Ihnen habe ich wirklich sehr zu danken.

I. Des Kanzlers Neue Mitte

Die SPD nach Lafontaine

Ein Jahr nach der Bundestagswahl '98 ist immer noch viel von der „Neuen Mitte" die Rede, in der Rhetorik des Kanzlers sogar mehr denn je, aber mit der realen „Neuen Mitte" der sozialliberal sozialisierten Generationskohorte hat das alles nichts zu tun. Noch nie in der Geschichte der Bundesrepublik hat ein frisch gewählter Kanzler eine solche Gleichgültigkeit, ja Verachtung gegenüber den sozialen Interessen, den kulturellen Attitüden und weltanschaulichen Orientierungen seines Wählerkerns gezeigt wie in diesen Wochen Gerhard Schröder. Die sozialliberale „Neue Mitte" war das empirische Fundament des Regierungswechsels von 1998; die Schrödersche „Neue Mitte" dagegen ist vorerst lediglich die Zielprojektion einer enttraditionalisierten, reformierten Sozialdemokratie und Gesellschaft. In der gleichsam virtuellen „Neuen Mitte" des Kanzlers tummeln sich innovative, kreative, flexible und experimentierfreudige Menschen, die die Chance ökonomischen Wandels höher schätzen als die Risiken, die leistungsbereit sind, eigenverantwortlich handeln, auf eigenen Beinen stehen und nicht am Tropf des Staates hängen. Die Schrödersche „Neue Mitte" will die Reform des Sozialstaats, die Deregulierung der Märkte, die Entbindung von kollektiven Schnüren.

Niemand weiß bislang, ob es eine solche „Neue Mitte" tatsächlich in formativem Sinne gibt, bzw. wie viele Menschen dazu zu zählen sind. Vermutlich wird sich der größte Teil der publizistischen und auch politischen Deutungseliten mit den rhetorisch entworfenen Tugenden dieser „Neuen Mitte" identifizieren, aber wenig spricht dafür, dass dies auch das wirkliche Gravitationszentrum der deutschen Gesellschaft markiert. Bislang jedenfalls sind alle Matadoren der neuen Beweglichkeit, Selbstständigkeit und marktdynamischen Reformen bei Wahlen auf die Nase gefallen: ob Westerwelle, Schäuble und nun eben auch Schröder, nachdem er bei den Bundestagswahlen noch von einer Mehrheit gewählt wurde, der die bescheidenen Reformen der bürgerlichen Regierung schon zu weit ging, die in Zeiten forcierten Wandels sozialdemokratisch geschützt und abgesichert werden wollte. Es gibt in Deutschland eine höchst bemerkenswerte, aber kaum thematisierte lebensweltliche und alltagskulturelle Differenz zwischen den Interpretationsführern der Republik und dem mehrheitlichen Teil der Restbevölkerung. Kurz und gewiss auch etwas verkürzt formuliert: Die einen rochieren in diesen Sommermonaten in ICEs und Flugzeugen zwischen Paris, London, Brüssel, Berlin und schwärmen von grenzüberschreitender Mobilität, die anderen hocken in ihren Gärten oder Vereinshäusern, grillen vergnügt ihre Würstchen und werden ihre Sesshaftigkeit auch künftig grimmig verteidigen.

Dennoch scheint Schröder nach dem Abgang von Lafontaine, der anfangs noch den Wählerauftrag gouvernemental exekutierte, und nach den Misserfolgen der fröhlichen Trial-and-Error-Politik die entschlossene und kompromisslose Modernisierung von Gesellschaft und Wirtschaft zu versuchen, auch gegen große Teile eben der eigenen Wählerschaft und gegen die jahrzehntelangen Traditionen und Basisüberzeugungen der eigenen Partei. Seit dem 12. April '98 operiert er dabei nicht nur als Kanzler, sondern auch als Parteivorsitzender. Schröder betreibt die Reform der Partei von oben, aus der Regierung und nach den eisenharten Imperativen des Regierungshandelns – rigider, unsentimentaler, schroffer und temporeicher als alle seine Vorgänger im Vorsitz der Sozialdemokratie.

Seit Beginn seiner Amtszeit fragen sich daher die Kommentatoren der Republik, ob Schröder das schaffen kann. Wird nicht der linke Flügel aufbegehren? Muss Schröder nicht scheitern wie seinerzeit Helmut Schmidt, am Widerstand der eigenen Partei? Man hat es schließlich erlebt, wie schwer sich die Sozialdemokraten mit diesem Typus Machtmensch tun, und all die turbulenten Kleinkriege in der Ära Schmidt noch gut in Erinnerung, diesen klaffenden Gegensatz zwischen dem kühlen Technokraten an der Spitze der Regierung und der nach programmatischen Visionen und reformistischen Aufbrüchen drängenden Basis. Allein Willy Brandt konnte als Parteichef und Hohepriester sozialdemokratischer Identität damals den Eifer der Jungrebellen ein wenig abdämpfen. Am Ende aber kam es dann doch zum Crash, zur Desavouierung des Kanzlers durch die eigene Partei. Warum sollte es diesmal anders sein, warum sollte es jetzt besser ausgehen, wo doch heute sogar der große Integrator, der Hätschler der Parteiseele fehlt?

Ergraute und müde Himmelsstürmer

Es kann paradoxerweise deshalb anders ausgehen, weil die Parteiaktivisten zu ganz großen Teilen immer noch die gleichen sind. Aber eben deshalb sind sie anders. 1979 waren sie so um die 30 Jahre. 1999 sind sie so um die 50 Jahre. 1979 hatten die Parteiaktivisten der sozialdemokratischen 68er Generation noch eine Menge Power. Sie trafen sich mit lustvoller Leidenschaft in irgendwelchen Hinterzimmern rauchverhangener Kneipen, um die Attacken gegen die Parteirechten vorzubereiten. Sie produzierten mit Feuereifer Papiere, Resolutionen und Programme zur Zukunft des demokratischen Sozialismus. Sie waren bei allen Demonstrationen dabei, zu denen die sozialen Bewegungen jener Jahre gegen die sozialdemokratisch geführte Bundesregierung aufriefen. Und sie hatten alle, rein biologisch, eine politische Perspektive nach Schmidt. Sie konnten sich halbwegs plausibel einreden, dass es nach einer Phase der Regeneration in der Opposition dann gestärkt und geläutert losgehen würde mit einer ökopazifistisch runderneuerten SPD.

Das alles ist heute anders. Die jungen Himmelsstürmer von 1979 sind grau, müde und energielos geworden. Viel Power ist da nicht mehr. An Programmen für eine demokratisch-sozialistische Zukunft bastelt keiner; an die kühnen Alternativen sozialistischer Systemüberwindung glaubt niemand mehr im Ernst. Die Begeisterung für die organisierte Intrige gegen die Parteirechten ist ziemlich zurückgegangen. An Anti-AKW-Demonstrationen in der Wilstermarsch an nasskalten Februartagen würden unsere mittlerweile matten Krieger aus der Zeit der Schmidt-Opposition schon deshalb nicht mehr teilnehmen, weil die Bandscheiben zwicken und der Rheumatismus quält. Im Grunde sind sie alle mit dem Juso-Führer von ehedem und heutigen Kanzler 20 Jahre älter geworden, haben ernüchternde Erfahrungen in Magistraten und Länderregierungen gesammelt. Eben deshalb gab es auch keine wütende Palastrevolution, als in den 90er Jahren die alten kanonisierten Glaubenssätze bei der Reform des Asylrechts, dem Votum für den Lauschangriff, beim Plazet zu den Kampfeinsätzen der Bundeswehr kühl und kurzerhand kassiert wurden. Auch die sozialdemokratischen Innen- und Finanzminister der Länder konnten in den 90er Jahren ungestört eine Politik betreiben, die noch zehn Jahre zuvor empört als bürgerlich-reaktionär gebrandmarkt worden wäre. Die Aktivisten von einst sind, kurzum, ziemlich verschlissen. Der linke Flügel hat heute weder einen theoretischen Kopf noch einen agitatorischen Tribun; er hat keinen zeitgemäßen Eppler, keinen neuen Lafontaine. Ihm fehlt eine zündende Alternative, ein zugkräftiges Gegenkonzept zur Politik des Kanzlers. Die alten Parolen sind verbraucht, gescheitert, diskreditiert. Ein neues Paradigma hat die alte Linke in den 90er Jahren nicht hervorgebracht.

Darin liegt die Chance für Schröder, die es für Schmidt nicht gab. Vor allem: Im Unterschied zu 1982 haben die 68er Kohorten heute, gleichsam schon im Vorruhestand, keine allzu große Perspektive mehr nach dem Kanzler. Ihre Zukunft hängt am Erfolg von Schröder. Auch das dämpft und drosselt die Lust am innerparteilichen Aufruhr. Es droht auch keine neue Jugendopposition in der Partei. Die Jusos werden längst nicht mehr ernst genommen. Und die jungen Abgeordneten der SPD im Bundestag treten als unverbrauchte Prätorianergarde des Kanzlers auf. Sie feuern ihn bei der Reform von oben an. Die Zahl der Jungen ist schließlich klein. Sie wissen, dass sie in den verstopften Karrierewegen der Partei nur mit Hilfe des Kanzlers rasch nach vorn gelangen. Schröder wiederum kann den Nachwuchs gut gebrauchen, um die unbeweglichen Traditionalisten seiner Generation auszuspielen. Das ist die Grundlage des Bündnisses von Kanzler und Youngstern. Auch dies war in der Schmidt-SPD undenkbar.

Das alles spricht dafür, dass ein Parteivorsitzender Schröder nicht unbedingt scheitern muss. Die SPD ist heute längst nicht mehr so utopisch emotionalisiert, nicht mehr so fraktionell zergliedert und gespalten wie vor einem Vierteljahrhundert. Jetzt, mit der Personalunion von Kanzleramt und Parteivorsitz, ist prinzipiell möglich, was in der Ära Schmidt nicht ging und auch unter einem Parteichef Lafontaine nicht durchsetzbar war: eine vergleichsweise kohärente Handlungseinheit von sozialdemokratischer Partei, Fraktion und Regierung. Alle erfolgreichen Regierungsparteien in parlamentarischen Demokratien haben auf dieser Handlungseinheit gegründet. Sie erspart Reibungen und Friktionen, erhöht die Koordinationsleistungen und Durchschlagskraft.

Der Erfolg als Legitimationsbasis

Im Moment aber überwiegen noch oder wieder die Dissonanzen im sozialdemokratischen Orchester. Es ist weiterhin nicht unzweifelhaft, dass Schröder am Ende reüssiert. Ertragen und akzeptiert hat ihn die Partei schließlich nur deshalb, weil er bei Wahlen Erfolg versprach und im September 1998 auch brachte. Der Erfolg ist die Legitimationsbasis der Führungsstellung Schröders in der SPD; jede Niederlage unterhöhlt dieses Fundament; mit jeder Niederlage mehr wird gerade der regionale und kommunale Unterbau, das politische Zentrum der Sozialdemokratie nervöser werden. Deren Ruf dann nach größerer sozialer Sensibilität, nach einer Neuauflage der Gerechtigkeitsparole, nach schärferer Abgrenzung gegenüber den alten bürgerlichen Feinden kann die Position des Kanzlers erschüttern, nicht die letzten Zuckungen des siechen linken Flügels. Und nach deftigen Einbrüchen bei Regionalwahlen sieht es auch in Zukunft aus.

Die sozialdemokratische Wählerkoalition von 1998 aus Unter- und Mittelschichten jedenfalls ist schnell verfallen. Schon bei den Hessenwahlen im

Februar 1999 verlor die SPD drastisch bei Arbeitern und Arbeitslosen. Das wiederholte sich bei zahlreichen Kommunalwahlen und gipfelte im Desaster der Europawahlen, als die früheren Stammwähler der SPD in Massen den Wahllokalen fernblieben. Die Koalition mit den Grünen hat gerade in den Unterschichtquartieren wenig Befürworter, aber eine Menge Gegner. Und viele leidenschaftliche Anhänger für „dritte Wege" oder gar „Neue Mitten" wird man in den (sub)proletarischen Wohnvierteln dieser Republik ebenfalls nicht finden. Hier hatte man sich nach dem sozialdemokratischen Wahlkampf der sozialen Gerechtigkeit auf großzügige wohlfahrtsstaatliche Fürsorge, nicht auf einen drakonischen Sparkurs eingestellt. Vor allem im Osten der Republik hat sich die Arbeiterschaft frustriert und empört von der Sozialdemokratie abgewandt, ist irgendwo auf dem Weg ganz nach rechts, in die nörgelnde Indifferenz und nur in geringen Teilen zurück zur Union oder hin zur PDS.

Für das „neue Unten" der Republik ist in der neosozialdemokratischen Strategie der „Neuen Mitte" kein rechter Platz mehr. Das aber ist für die Mehrheitsfähigkeit der SPD riskant. Schließlich sind auch andere Stammbataillone der linken Mitte, die Kerngeneration und die Basisträger der rot-grünen Parteien, mittlerweile erheblich verunsichert. In den zentralen Fragen hat die rot-grüne Regierungspolitik nichts mit dem zu tun, was in den 80er Jahren von den Aktivisten der Sozialdemokratie und der Grünen noch als sozialökologisches Projekt hoffnungsvoll beschrieben wurde. Auch hier ist es wieder der Kanzler, der seine Verachtung für die alten rot-grünen Grundidentitäten und Zielperspektiven besonders rüde zuspitzt.

Doch das ist ebenfalls heikel. Denn nun wirken gerade die Multiplikatoren der Regierungsparteien, die Basisaktivisten, die Wahlkampftruppen, die Kernmannschaften gelähmt und verwirrt, sprach- und ziellos. Sozialdemokraten und Grüne sind dadurch kampagneunfähig geworden. Ausgerechnet die organisationserfahrenen Aktivisten der Friedens-, Frauen- und Ökologiebewegung sind am Ende der neunziger Jahre, zu Beginn der rot-grünen Wunschkoalition unfähig zur Mobilisierung. Während die Union überraschend ihre plebiszitäre Kraft entdeckte, mit Tapeziertischen und Unterschriftenlisten ihre Milieus aktivierte, standen die eigentlich aktionserprobten Kader von SPD und Grünen paralysiert und tatenlos daneben. Ohne eine kampagnefähige Basis aber wird eine Regierung schwierige Reformen nicht durchsetzen können. Die Enttraditionalisierung der SPD, wie Schröder sie versucht, hat viele sozialdemokratische Parteisoldaten kulturell enteignet, hat sie ortlos gemacht, ihnen die Mythen genommen, sie der Sprache beraubt.

Die SPD ist sich ihrer Kernbotschaften nicht mehr sicher. Eine Partei aber, die an ihren Kernbotschaften zweifelt, verliert das Selbst- und Sendungsbewusstsein, das der Treibstoff ist für idealistisches Engagement, für ehrenamtlichen Einsatz, für die Überzeugungsarbeit im Wahlkampf, für die Diskussionen samstags auf den Marktplätzen mit nörgelnden Bürgern. Ohne traditionsgesättigte Kernbotschaften wird eine Partei die Stammwähler nicht mobilisieren können. Und ohne die Aktivierung der Stammwähler wird sie auch und erst recht die Wechselwähler nicht überzeugen. Vor diesem Dilemma steht Schröder. Er hat, gewiss mit vielem Recht, der Linken eine Menge alter Illusionen zertrümmert. Aber er hat es bislang versäumt, den Anhängern und Aktivisten der Sozialdemokratie eine zeitgemäß reformulierte Kernbotschaft der Gerechtigkeit, der gemeinschaftserhaltenden Verantwortung und Emanzipation zu vermitteln. Darauf kommt es jetzt an. Wenn Schröder das schafft, dann kann die Reform der Sozialdemokratie gelingen. Dann – aber auch nur dann – hat sie durchaus wieder auch Chancen bei Wahlen.

Die Union wird das gewiss nicht ohne Sorgen beobachten: Die SPD ist mitten in einem weitreichenden Wandlungsprozess; die Regierung projektiert Reformen, zu denen dem bürgerlichen Lager zum Schluss Kraft und Durchsetzungsfähigkeit fehlten. Setzt sich Schröder gegen alle innerparteilichen Widerstände durch, bleibt er in den verhandlungsdemokratischen Prozessen der nächsten Monate mit der Opposition, den eigenen Ministerpräsidenten und Oberbürgermeistern, den Einpeitschern der Verbände hinreichend flexibel und doch erkennbar zielorientiert, hält die SPD die noch lange dauernde Durststrecke aus, findet die Partei gleichwohl zu neuen, mobilisierungsfähigen Kernbotschaften, dann ist die Regierungszeit für die Sozialdemokratie 2002 nicht zu Ende. Im Moment spricht gewiss außerordentlich viel gegen eine solche Perspektive. Aber ganz unwahrscheinlich ist sie dennoch nicht.

Der selbstzufriedene Attentismus der christdemokratischen Opposition in den Sommermonaten 1999 jedenfalls kann sich dann am Ende als ein ziemlich schwerer Fehler herausstellen.

(1999)

Vom Wählerspagat zur Neuen Mitte

Im ersten Quartal des Wahljahres 2002 konnte man oft lange Gesichter bei den Matadoren in der sozialdemokratischen Wahlkampfzentrale sehen. Über etliche Monate zuvor hatten sich die Strategen der SPD nach der Parteienfinanzierungskrise der gegnerischen CDU schon als sichere Sieger gefühlt. Doch dann, nachdem die Union die Kanzlerkandidatenfrage geklärt hatte, zog die CDU/CSU ohne besondere Anstrengungen (oder auch Leistungen) an den Sozialdemokraten vorbei – zumindest in den Erhebungen der Umfrageinstitute, von Forsa bis Allensbach, von der Forschungsgruppe Wahlen bis dimap. Es ist nach wie vor also keineswegs sicher, dass die SPD nach dem 22. September in die Bundesregierung zurückkehren, abermals den Kanzler dieser Republik stellen wird. Indes: Dass die Sozialdemokraten derzeit überhaupt regieren, ist im Grunde überraschend genug. Denn in den späten achtziger und frühen neunziger Jahren gab es genug brillante Denker und kluge Deuter des Politischen, die das Ende der sozialdemokratischen Ära ausgerufen hatten. Von einer strukturellen Mehrheitsunfähigkeit der Sozialdemokraten war auch in Pressekommentaren, ebenso in Politologenbeiträgen häufig genug die Rede.

Vom Wählerspagat zur „Neuen Mitte"

Und das alles schien ja auch keineswegs unplausibel. Die Kumulation der Probleme, die den Sozialdemokraten zu schaffen machten, war – und ist im Übrigen – in der Tat beträchtlich. Da gab es zunächst und vor allem den sozialen und ökonomischen Wandel der bundesdeutschen Gesellschaft insgesamt seit den siebziger Jahren. Die altindustriellen Strukturen brachen weg, die Zechen verschwanden, die Hochöfen und Werften wurden stillgelegt. Das zehrte die historischen, gleichsam natürlichen Ressourcen der Sozialdemokratie auf. Im Zuge der öffentlichen Finanzknappheiten und antistaatlichen Deregulierungstrends seit etwa 1978 schrumpfte überdies der öffentliche Dienst und damit das berufliche Fundament der sozialdemokratischen Kader, Funktionäre, Eliten. Hinzu kam die kulturelle Enthomogenisierung der bundesdeutschen Arbeitnehmergesellschaft, was oft im trivialsoziologischen Jargon als Individualisierung und Pluralisierung bezeichnet wird. In diesem Prozess jedenfalls spreizte sich das Anhängerpotential der SPD in extrem heterogene Lebensstilgruppen, die zusammen nur schwer integrierbar waren, da sie vom ökopazifistischen und kosmopolitischen Studienrat bis zum mehr konsumistischen und eher ausländerfeindlichen Unterschichtangehörigen reichten. Keine andere bundesdeutsche Partei hatte eine so in sich widersprüchliche Wählerschaft wie die Sozialdemokraten; nirgendwo sonst waren die politischen Optionen, Lebenslagen und Einstellungen so vielfältig, gegenläufig, ja nicht selten einander feindlich wie hier im Lager der SPD. Der dadurch notwendige weite Spagat zwischen den verschiedenen Segmenten ihrer Anhängerschaften gelang der SPD zunehmend weniger. Schon zu Beginn der 70er Jahre liefen ihr infolgedessen die markt- und produktionsorientierten Mittelschichten (die „Schillerwähler" von 1969) von den Fahnen; Anfang der 80er Jahre konvertierten dann die Postmaterialisten zur neuen Partei der „Grünen"; und Ende der 80er Jahre kündigten auch zahlreiche Arbeiter und Arbeitslose ihre Loyalität zur SPD auf und protestierten an den Urnen zuweilen rechtspopulistisch. Und ein weiteres Problem der SPD war, dass sie sich in ihrem Aktivistenbereich, trotz der mentalen Vielfalt ihrer Wähler- und Anhängergruppen, auf eine einzige Generation mit einem nahezu uniformen kulturellen, politischen, habituellen und semantischen Ausdruck verengt und vereinseitigt hatte. In der SPD der 80er und 90er Jahre dominierte ganz und gar die 68er Kohorte, die Jahrgänge der sogenannten Brandt-Enkel, die Juso-Rebellen der 70er Jahre mit ihren eher spielerischen Launen, mit ihren kapriziösen Sprunghaftigkeiten und mit ihrer oft genug intrigenreichen Binnenkonkurrenz. All das machte die chronische Krise der deutschen Sozialdemokraten spätesten ab 1982 bis in die zweite Hälfte der 1990er Jahre aus.

Nun aber war keiner dieser Belastungsfaktoren – die Erosion des klassischen Milieus, die Desintegration der Wählersegmente, die Dominanz und Unberechenbarkeit der 68er Generation – 1998 urplötzlich verschwunden. Und doch gewann die SPD damals die Bundstagswahl. Das lag keineswegs nur am „Medienfaktor Schröder", wie man gerade unter Journalisten gern kolportierte und sich im Lager der Union bevorzugt über die eigene bittere Niederlage hinweg zu trösten versuchte. Vielmehr hatten auch professionelle und kluge Interpreten der Parteienlandschaft über Jahre ignoriert, dass sich eben doch in der SPD etwas verändert hatte, dass sie zwar in der Tat viele der erwähnten Defizite mit sich herumschleppte, dass die Partei unterdessen aber auch einige strategische Vorteile herausgebildet hatte, die am Ende eines langen Prozesses in den Wahlsieg von 1998 mündeten – ohne dass aber dadurch der parallel laufende Prozess der Erosion des klassischen Sozialdemokratischen gestoppt wäre; im Gegenteil.

Verändert jedenfalls hatte sich im Laufe der 90er Jahre – erstens – die 68er Generation in der Führungsgruppe der SPD. Es hatte sich zwar bemerkenswert lange hingezogen, dann aber waren doch die meisten der „Enkel" Willy Brandts erwachsen geworden, auch durch Niederlagen und Rückschläge gereift, durch Regierungsverantwortung in die Mitte gerückt, pragmatischer geworden. Gelernt hatte die sozialdemokratische Parteielite 1998 – zweitens – nach vielen vergeblichen Versuchen das Management der Wählerintegration in Zeiten des Wahlkampfes. Das hatte sie nun der Union voraus, die in den 90er Jahren verspätet ebenfalls mit dem Problem heterogener Einstellungen in ihrem Elektorat zu tun bekam. Die Sozialdemokraten inszenierten eine furiose Mischung aus Semantik, Symbolik und Personalität, um Traditionalisten und Modernisierer, Gewerkschafter und Firmengründer, Apologeten des Sozialstaats und Herolde der Eigenverantwortung unter einen Hut zu bringen. Das gelang der SPD so erstmals wieder seit den Zeiten Brandts und Schmidts. Profitiert hatte die SPD – drittens – ebenfalls erstmals seit der sozialliberalen Zeit von ihrem traditionellen Basisissue: der „sozialen Gerechtigkeit". Seit jeher hatte die SPD mit diesem Slogan das Bündnis von Mittel- und Unterschichten zu schmieden versucht, allerdings nur ganz selten mit Erfolg, da sich die saturierte Mitte keineswegs mit den Opfern des Kapitalismus und Bewohnern der gesellschaftlichen Souterrains identifizierte oder solidarisierte. Doch seit Mitte der 90er Jahre fürchtete sich die „Mitte" der deutschen Gesellschaft vor dem sozialen Abstieg, sorgte sich um den Erhalt der sozialstaatlichen Sicherungssysteme, klammerte sich daher an das sozialdemokratische Schutzversprechen. Das hatte – viertens – nicht zuletzt damit zu tun, dass sich die Mitte der Gesellschaft allmählich verändert hatte.

Im Zentrum der Republik standen die Zugehörigen der 1940er, 1950er und 1960er Geburtenjahrgänge, die 1998 die gesellschaftlich tragende Schicht der Eltern und Berufstätigen bildeten. Das war in der Tat im Vergleich zu den Generationen davor, die durch die Republik von Weimar, den Nationalsozialismus, die Ära Adenauer sozialisiert worden waren, eine „Neue Mitte". Denn diese neue Mitte war in großen Teilen geprägt durch die sozialliberale Ära der Bildungsreform, der Expansion des Wohlfahrtsstaates und des Ausbaus des öffentlichen Sektors, besonders in den Humandienstleistungsbereichen. Sie war geprägt oder vorgeformt durch 1968, durch allerlei Emanzipationswellen, durch Partizipationsansprüche, durch die Popkultur und den Wertewandel, in ihren jüngeren Kohorten auch und vor allem durch die sozialen Bewegungen und Konflikte der späten 70er und frühen 80er Jahre. In dieser neuen Generationen-Mitte kamen Rhetorik, Sprachbilder und Habitus von Helmut Kohl nicht mehr recht an; die „Mittigkeit" hatte sich kulturell verändert, was ganz erheblich zu den Stimmeneinbußen der Union 1998 und auch weit schon davor beigetragen hatte. In dieser Generation, in dieser neuen Mitte – vor allem der Jahrgänge 1950 bis 1967 – gab es für Rote und Grüne bereits seit der ersten Hälfte der 80er Jahre und danach weiterhin konstant eine stabile Mehrheit. Nirgendwo sonst war das bürgerliche Lager so schwach vertreten wie in der quantitativ starken Altersgruppe der letzten Baby-Boomer der Republik. In der sozialliberal geprägten neuen Mitte der Gesellschaft hatte sich das Wahlergebnis von 1998 schon seit den 80er Jahren aufgebaut, zuerst in den Ländern und Kommunen, dann schließlich im Bund. So konnte Schröder Kanzler werden.

Älter und müder: die SPD als Kanzlerwahlverein

Und schließlich wurde er, im April 1999 nach dem Abgang von Oskar Lafontaine, auch noch Vorsitzender der deutschen Sozialdemokraten. Die SPD wurde zur Schröder-SPD. Manche Beobachter sprechen mittlerweile gar von einem Kanzlerwahlverein, so sehr ist die SPD gegenwärtig auf die Politik des Kanzlers zugeschnitten. Das hat ursprünglich, bei der Wahl Schröders in den Parteivorsitz, nicht jeder erwartet. Schließlich war Schröder nicht als treuer und folgsamer Parteisoldat ganz nach oben gekommen. Im Gegenteil, Schröder hatte Karriere gemacht, weil er sich in den Medien als unabhängiger Politiker feiern ließ, der sich an enge Parteidogmen nicht hielt, der sich von verkrusteten Parteigremien nichts diktieren ließ, der von drögen Parteichefs nicht in die Pflicht und an die kurze Leine zu nehmen war. Schröder und die SPD – das war lange kein inniges Liebesverhältnis, das war auch im Wahljahr 1998 noch ein kühl durchkalkuliertes Zweckbündnis für den politischen Erfolg.

Und so rechneten im Frühjahr 1999 nicht wenige Kommentatoren damit, dass der neue Parteivorsitzende im Kanzleramt und seine bis dahin schon seit ewigen Zeiten verlässlich störrische Partei heftig aneinandergeraten würden. Man erinnerte in diesem Zusammenhang gerne an die letzten Jahre der Kanzlerschaft von Helmut Schmidt, an all die oft sonderbaren, immer jedenfalls turbulenten, mitunter gar unversöhnlichen Konflikte zwischen den mehrheitlich ungestüm reformistischen sozialdemokratischen Aktivisten und einem sozialdemokratischen Kanzler, der auf Regierungszwänge, wirtschaftliche

Nöte und schwierige Machbarkeiten – häufig genug vergeblich – hinwies. Schröder war von einem ähnlichen Zuschnitt wie Schmidt, ebenfalls ein Pragmatiker, ebenfalls ein Freund der Wirtschaftskapitäne, ebenfalls indifferent gegenüber den kanonisierten Lehrsätzen des demokratischen Sozialismus. Schmidt scheiterte am Ende über den Dauerkonflikt mit seiner obstinaten Partei. So fürchteten nun die einen, so hofften jetzt die anderen, so spekulierten Anfang 1999 in jedem Fall viele, dass auch Schröder in ähnlich schweres Gewässer geraten würde.

Aber so einfach wiederholt Geschichte sich bekanntermaßen nicht. Schröder wurde nicht zum zweiten Helmut Schmidt. Paradoxerweise profitierte Schröder davon, dass die SPD so blieb, wie sie zwei Jahrzehnte gewesen war – und sich eben dadurch verändert hatte. Schröder hatte nach seiner Wahl zum Parteivorsitzenden ganz überwiegend noch mit der gleichen Aktivisten- und Funktionärskohorte zu tun wie schon Schmidt, also den vielzitierten sozialdemokratischen 68ern. Aber diese Gruppe war gemeinsam mit Schröder seit den Zeiten der späten sozialliberalen Koalition um ein Fünfteljahrhundert älter geworden, also auch müder, vielfach resignierter, positiver formuliert: reifer und erfahrener. Unter Schmidt waren sie noch jung, radikal und rebellisch, bastelten sie begeistert am Modell einer systemüberwindenden Reform, marschierten sie bei allen Demonstrationen der damaligen ökopazifistischen Bewegungen mit, auch wenn diese sich gegen die Ziele der eigenen Regierung richteten.

Von diesem Impetus indessen war nicht mehr viel übrig, als 1999 Schröder an die Spitze der SPD trat. Man war insgesamt 20 Jahre älter geworden, glaubte nun nicht mehr recht an die großen Versprechungen des demokratischen Sozialismus, an die kühnen Pläne zur Veränderung des Kapitalismus. Und für anstrengende Demonstrationsmärsche reichte oft ganz einfach die körperliche Fitness nicht mehr aus bei den inzwischen über fünfzigjährigen Frauen und Männern im Funktionärscorps der Sozialdemokratie. Viele von ihnen waren überdies seit den späten 80er Jahren in exekutive Verantwortung von Kommunen und Ländern gelangt, waren dadurch politisch ernüchtert und desillusioniert, hatten sich von linken zu eher mittleren Positionen gewandelt. Die frühere Linksopposition in der SPD zu Zeiten von Helmut Schmidt war also im biographischen Gleichschritt einer ganzen Generation in das politische Zentrum gerückt. Eine neue Linke hatte sich in der SPD nicht entwickelt, dafür war die Dominanz der 68er in der Partei über zwei Jahrzehnte zu stark, zu übermächtig. So gab es da keinen charismatischen Theoretiker und demagogischen Agitator mehr, keinen zeitgemäßen Eppler oder neuen Lafontaine, der Schröder in innerparteilichen Schlachten in die Bredouille hätte bringen können. Es gab überhaupt keine Diskussionsschlachten in der SPD mehr. Kurzum: Schröder profitierte von einer SPD, die sich im Aktivistenbereich seit Schmidt personell kaum verändert hatte, dadurch aber politisch und mental ganz anders geworden war: ruhiger, moderater, ohne den Eifer und Drang zur Rebellion oder Obstruktion.

Auf diese Weise bekam Schröder die geschlossene und folgsame Partei, die Schmidt sich immer gewünscht, aber nie zur Verfügung hatte. Die Sozialdemokraten vollzogen diszipliniert nach, was der Kanzler vorgab: von der durchaus überraschenden, rhetorisch und konzeptionell in all den langen Oppositionsjahren nie vorbereiteten Konsolidierungspolitik des Finanzministers Eichel über die Law-and-order-Zackigkeiten des Innenministers Schily bis hin zu den militärischen Auslandseinsätzen der Bundeswehr. All das wäre wenige Jahre zuvor noch undenkbar gewesen, wäre vom Gros der aktiven Sozialdemokraten noch in dem einen Fall als herzloser Neoliberalismus, in den anderen Fällen als übler Rechtskonservatismus oder Militarismus gegeißelt worden. Nun aber schwieg die Partei. Sie segnete auf Parteitagen fast widerspruchslos ab, was Schröder vorgab und sein Generalsekretär Müntefering in Kampfparolen fasste. In dieser Hinsicht hatte es Schröder in der Tat leichter als alle sozialdemokratischen Kanzler vor ihm, von Philipp Scheidemann bis Helmut Schmidt, die sich immer mit einer sperrigen, diskussionsfreudigen, oppositionsgeneigten Partei- und Aktivistenbasis plagen und balgen mussten. Das war zum Ende der 1990er Jahre, zum Ende also des zwanzigsten Jahrhunderts, anders geworden, bedeutete für die SPD eine historische Zäsur. Sie war nun berechenbar, für den Parteichef vergleichsweise leicht zu steuern, war weniger links und stärker gouvernemental als je zuvor in ihrer langen Geschichte.

Sinnentleert und mobilisierungsschwach

Für den Kanzler war das gewiss höchst erfreulich. Für die Zukunft der SPD aber war – und ist – es doch nicht unbedenklich. Denn die SPD ist zum Kanzlerwahlverein nicht vorwiegend oder allein deshalb geworden, weil sie ihre historische Lektion aus dem Scheitern Helmut Schmidts gelernt hätte, weil sie also vernünftiger, politisch rationaler, kraftvoll pragmatischer geworden wäre. Sie ist vor allem darum Kanzlerwahlverein, weil sie als Partei an eigener Substanz, Dynamik, Verve, Vorstellung und Phantasie, ja an Autonomie und Eigensinn verloren hat. Anders und noch schärfer formuliert:

Die SPD bereitet dem Kanzler keine Schwierigkeiten mehr, weil es ihr an Energie, an Leidenschaften, an konzeptioneller Kreativität dafür fehlt. Sie stellt sich auch deswegen nicht gegen Schröder, weil sie dafür zu müde, zu erschöpft, zu ermattet ist. Die Sozialdemokraten der 68er Generation sind nach dreißig Jahren oft wilder innerparteilicher Kämpfe, intrigenreicher Kungelrunden und zeitfressender Gremiensitzungen ausgebrannt, verschlissen, in großen Teilen resigniert. Vielleicht gerade aus diesem Grund kamen sie an die Macht. Als bunte, dabei eben ein wenig chaotische, zuweilen schrille Partei der Flügelkämpfe und Programmdispute traute ihr eine Mehrheit der Wähler die Regierungsfähigkeit nicht zu. Erst als der Elan der Flügel erlahmte, als das alte Pathos des Sozialismus verstummte, als das emotionale Feuer sozialdemokratischer Parteitagsdelegierter erlosch, erst dann öffnete sich für die SPD das Tor zur Regierung. Erst dadurch erschien sie nicht mehr als unzuverlässige „lose verkoppelte Anarchie", als verwirrend vielstimmiger Chor aus Richtungen, Grüppchen, Arbeitsgemeinschaften und Debattierzirkeln. Erst das machte sie zur regierungsfähigen Kanzlerunterstützungstruppe.

Doch ist das nun für die Sozialdemokratie und auch für den Kanzler nicht ohne Tücken. Schröder braucht die erschlaffte Partei nicht als Widerlage zu fürchten, aber er kann sie zum Zwecke der Wahlmobilisierung auch nicht recht nutzen. Dafür ist die SPD in den letzten Jahren zu sehr deaktiviert worden, dafür sind ihre Mitglieder zu passiv, zu unmotiviert, ja zu ratlos geworden. Den Sozialdemokraten fehlt gegenwärtig das große Thema, das mitreißende Projekt, die Zukunftsidee, was man wohl braucht, um sich politisch ehrenamtlich zu engagieren, um Samstag für Samstag die Tapeziertische in den Fußgängerzonen der Innenstädte aufzustellen und sich von den chronischen Nörglern der Republik unflätig beschimpfen zu lassen. Politischer Aktivismus setzt Sinn und Ziel voraus. Aber Begründung und Perspektive des Sozialismus sind vielen Mitgliedern der SPD seit den späten 1980er Jahren zweifelhaft geworden. Und so wirkt die traditionell aktivistische Partei zuletzt eher passiv, nahezu gelähmt, nicht fähig zur Kampagne.

Das war viele Jahrzehnte anders. Mehrere Generationen von Sozialdemokraten waren sich ihrer Sache stets und unverzagt sicher, waren fest von den Vorzügen und dem historischen Fortschritt einer sozialistischen Gesellschaft, später dann der sozialen Demokratie überzeugt. Eben diese unbeirrbare Überzeugung lieferte den Antriebsstoff dafür, Funktionen zu übernehmen, Freizeit zu opfern, neue Anhänger zu werben, auch lange Strecken der Opposition und des chronischen Misserfolges auszuhalten. Bis in die späten 80er Jahre dauerte das an. Bis dahin hatten die Sozialdemokraten ganz selbstverständlich die Begriffe und Leitziele parat, die ihrem politischen Tun Sinn und Legitimation verliehen. Die sozialdemokratischen Aktivisten fochten für mehr wirtschaftliche Mitbestimmung, setzten sich für eine stärkere demokratische Rahmenplanung der Ökonomie ein, plädierten in Teilen für eine staatliche Lenkung der Investitionen, waren fast durchweg für eine gewaltfreie Außenpolitik und redeten in jenen Jahren kurz vor der deutschen Einigung viel von der sozialökologischen Reform.

Binnen weniger Jahre verflog, auch für die Sozialdemokraten selbst, der Charme und die Aura all dieser Leitvorstellungen. Der ideologische Siegeszug der neoliberalen Semantik, die tiefe Finanzierungskrise der Wohlfahrtsstaaten, in einer gewissen Weise auch das völlige Scheitern der staatssozialistischen Systeme, schließlich die Rückkehr des Krieges nach Zentraleuropa drängten den Ethos der sozialdemokratischen 68er aus den 70er und 80er Jahren in die Defensive, diskreditierten und falsifizierten ihn auch partiell. So standen die sozialdemokratischen Aktivisten diesseits ihres Appells an die soziale Gerechtigkeit ideologisch gleichsam nackt da, ohne ihre traditionsgesättigte Sprache, ohne ihre überlieferten Bilder und Formeln, ohne die Zukunftsgewissheit, die doch gerade für Sozialdemokraten Elixier und Überlebensmedizin in historisch harten Zeiten war.

Die rot-grüne Regierung, die Kanzlerschaft Schröders, hat diese Erosion sozialdemokratischer Identitäten gar noch verstärkt. Nur in den ersten Monaten von Rot-Grün schien die vertraute Welt noch in Ordnung. Die Lafontaine-SPD realisierte in der Regierung in der Tat all das, was sie in all den Jahren zuvor versprochen hatte. Sie setzte den demographischen Faktor in der Rentenreform von 1997 aus, revidierte die Lockerung des Kündigungsschutzes, nahm die Minderung der gesetzlichen Lohnfortzahlung im Krankheitsfall zurück, korrigierte die finanzielle Selbstbeteiligung im Gesundheitswesen. Sozial- und finanzpolitisch agierte sie also gut linkskeynesianisch, setzte auf expansive Nachfragepolitik. Doch mit dem Abgang von Lafontaine war das alles vorbei. Es folgte die Wende rückwärts. Austeritätspolitik war angesagt. Und auch außenpolitisch wechselten die Sozialdemokraten ihren Kurs, stimmten für Bundeswehreinsätze in Bosnien und Afghanistan. Dies mochte richtig gewesen sein oder falsch. Es war jedenfalls ein Bruch mit der alten sozialdemokratischen Vorstellungswelt, auch mit langjährigen Parolen, Maximen, Versprechen der sozialdemokratischen 68er Generation.

Die sozialdemokratischen Anführer im Kabinett waren diesen Weg wohl nicht zuletzt auch deshalb gegangen, weil der Handlungsdruck von exzessiver Staatsverschuldung, überhöhten Lohnnebenkosten, massiven Investitionsschwächen der deutschen Wirtschaft, riesigen demographischen Zukunftsproblemen und auswärtigen Bündnisverpflichtungen sie dazu zwangen. Zurück aber blieb eine ratlose, verunsicherte sozialdemokratische Basis, die ihre bisherigen Gewissheiten verloren hatte, die die Erklärung für den Sinn ihrer politischen Biographie nicht mehr fand. So ist es nun einmal: Wer am Sinn seines Tuns zweifelt, dem fehlt die Passion, die Begeisterung, die Ausstrahlung und Vitalität, um für seine Organisation überzeugend und gewinnend zu werben. Eben das war der Sozialdemokratie seit dem Frühjahr 1999 anzumerken. Sie war mangels inneren Eigensinns kein Störfaktor mehr für den Kanzler, das hatte er Schmidt und Brandt voraus; sie war angesichts ihres Sinnverlustes aber auch keine mobilisierungsfähige Potenz mehr, aus solchen Kraftquellen konnten Schröders Vorgänger hingegen noch reichlich schöpfen. So hat man dann auf den Marktplätzen der deutschen Republik in den letzten drei Jahren nur wenige Sozialdemokraten gesehen, die die Bürger mit Inbrunst und leuchtenden Augen über die Vorzüge der rot-grünen Steuer- und Rentenpolitik aufklären konnten oder wollten. Noch weniger Sozialdemokraten ließen sich entdecken, die dazu in der Lage waren, den eigenen Wählern plausibel zu machen, dass die Freistellung der Veräußerungsgewinne großer Kapitalgesellschaften von den Steuern durch das Eichel-Ministerium auf das Trefflichste mit dem Versprechen der „sozialen Gerechtigkeit" harmonisierte. Ein ganzes sozialdemokratisches Leben lang hatten die Parteisoldaten schließlich das Gegenteil von alledem vertreten. So waren sie jetzt artikulationslos, stumm, ohne den Antrieb für die politische Kampagne. Sie wussten wohl, dass die alten Formeln nicht mehr taugten; aber ihnen war schleierhaft, wohin die neue Reise gehen sollte.

Das „neue Unten" macht nicht mehr mit

Dadurch aber gingen eine Reihe von Regional- und Kommunalwahlen, 1999 drastisch auch die Europawahlen verloren. Vor allem in den urbanen Arbeiter- und Arbeitslosenvierteln, den früheren Hochburgen der Sozialdemokraten, war die Abwendung von der SPD, war vor allem das Ausmaß an Wahlabstinenz eklatant. Die immer noch vielfach als Traditionswähler der SPD bezeichneten Unterschichten gehörten längst nicht mehr zu den verlässlichen Stammwählern der Sozialdemokratie. Einige von ihnen hatten sich ganz vom Politischen abgekoppelt, andere wählten zuweilen kühl die je aktuelle Variante des rechten Extremismus, ein Teil votierte weiterhin für die SPD, wenn deren Anführer hinreichend populistisch und machomäßig auftraten bzw.

reizvolle versorgungsstaatliche Garantien für diese Klientel in Aussicht stellten.

Für den Wahlerfolg der SPD aber haben die Unterschichen nach wie vor erhebliche Bedeutung. Auch der Sieg bei den Bundestagswahlen 1998 kam allein zustande, weil neben der „Neuen Mitte" auch das „neue Unten" im beträchtlichen Umfang den Sozialdemokraten seine Stimme gab. Doch war das Bündnis von „Mitte" und „Unten" von Beginn an höchst zerbrechlich, war keine sozialkulturell unterfütterte und zusammengeschmiedete Allianz. Wo die einen mit Schröder eher auf Innovation hofften, wünschten sich die anderen von Lafontaine in erster Linie Schutz und Verteidigung. Als die regierenden Sozialdemokraten seit dem Frühjahr 1999 verstärkt auf Sparsamkeit, Eigenverantwortung und Selbstinitiative drangen, wandten sich ganze Scharen der 1998er Wähler aus den unteren Schichten verärgert ab. Schon die Koalitionsbildung mit den Grünen hatte ihnen nicht recht gefallen. Im „neuen Unten" interessierten Cash-Fragen, nicht postmaterialistische Werte. Mit Homo-Ehe, Atomausstieg und Reform des Staatsbürgerrechts oder gar der Ökosteuer waren die Wähler aus den früheren Traditionsquartieren der Arbeiterbewegung nicht zu versöhnen, nicht zu reaktivieren.

Entscheidend aber war, dass sich diese ehemaligen Traditionsreviere der SPD von organisierten Sozialdemokraten entleert haben. Im Zuge und als Konsequenz der sozialdemokratischen Bildungsreform stiegen etliche Hunderttausend von Söhnen und Töchtern sozialdemokratischer Facharbeiter auf und verließen die alten, proletarischen Wohnviertel. Die Zurückgebliebenen verloren so gleichsam ihre politischen, gewerkschaftlichen und auch kulturellen Organisatoren. Und so löste sich zunehmend ihr Kontakt und ihre Bindung zur SPD. Die Sozialdemokratie wurde mehr und mehr zu einer Partei der Aufsteiger aus den Arbeitnehmerschichten, gewissermaßen zur selbst geschaffenen neuen Mitte der Bildungsexpansion. Insofern also ist die SPD in der Tat Partei der Mitte geworden, soziologisch, bildungsstrukturell, auch vom Lebensalter ihrer Kernwähler.

Und Partei der Mitte ist sie ebenfalls im System der parlamentarischen Mehrheits- und Regierungsbildung. Die SPD ist als Scharnierpartei im Zentrum des Parteiensystems bekanntermaßen die Partei mit den meisten Koalitionsoptionen. Das hat ihr einen historisch für sie ganz ungewöhnlich großen Zugewinn an Machtchancen verschafft. Aber es hat das Dilemma der SPD, ihren Verlust an Sinn und Identität, noch verschärft. Denn Mitte-Parteien verlieren an Eindeutigkeit, an programmatischer Schärfe und Substanz; sie müssen, wollen sie die optionalen Karten voll ausspielen, offen nach allen

Seiten sein, lavieren, ihr Profil flach halten. Dadurch aber büßen sie an Aura und Ausstrahlung ein, schwächen die emotionalen Bindungen zu Anhängern und Wählern. Man kennt das alles aus der Parlaments- und Parteiengeschichte des 19. und 20. Jahrhunderts: Mitte-Parteien ohne festes Wertefundament und stabilen Loyalitäten ihrer Mitglieder geraten rasch in den Sog der Erosion, des Wählerschwunds.

Kein neuer Nachwuchs, kein neuer Leitwolf

Auf der Ebene der Mitglieder hat sich die Schwindsucht in der SPD schon verbreitet. Seit der deutschen Einheit sind den Sozialdemokraten fast 23 % ihrer Mitglieder abhanden gekommen. 1990 waren noch 919.000 Deutsche im Besitz des sozialdemokratischen Parteibuchs, 2001 waren es nur noch 717.500. Derartige Rückgänge, die in anderen Partei ganz ähnlich zu beobachten sind, werden oft und gern als sicheres Zeichen für den unvermeidlichen Niedergang der Volksparteien und aller Großorganisationen schlechthin in postmodernen, individualisierten Gesellschaften gewertet. Doch ein bisschen übertrieben sind derartige Interpretationen schon, sind zu stark orientiert an den extrem hohen Mitgliederzahlen aus den Zeiten der Überpolitisierung der 1970er und frühen 1980er Jahre. Seither tragen die Parteien im Grunde ab, was auch in historischer Perspektive ungewöhnlich stark akkumuliert worden war. Jedenfalls haben die Sozialdemokraten auch gegenwärtig noch in etwa so viele Mitglieder wie zur Mitte der zwanziger Jahre und rund 150.000 Mitglieder mehr als beispielsweise 1954 – in Zeiten mithin, als die Klassengesellschaft noch stabil, die sozialmoralischen Milieus intakt, das kollektive Organisationsverhalten weit verbreitet war. Auch war die SPD im Jahr 2000 immer noch stärker als im Jahr 1968, also im großen Sturm- und Drangjahr der westdeutschen Republik. So gesehen muss man nicht unbedingt dramatisieren, müssen auch Sozialdemokraten nicht in tiefen Pessimismus und apokalyptische Ängste über die Zukunft der eigenen Partei verfallen.

Aber ein wenig Sorgen sollten sie sich wohl doch machen. Denn von unten wächst nicht viel nach. Nur 2,8 % ihrer Mitglieder sind unter 26 Jahre. Da sind selbst die Hochbetagten in der Partei noch stärker vertreten: Immerhin 3,8 % der Sozialdemokraten haben bereits das achtzigste Lebensjahr überschritten. Im Kern ist die SPD eine Partei der 68er Kohorte. Im Jahr 2000 gehörten jedenfalls über ein Viertel ihrer Mitglieder den 1940er Geburtsjahrgängen an. Kein Zweifel: Die Schröder-SPD ist eine Partei der 50-

bis 60-jährigen Altbundesrepublikaner. Diese Kohorte, wir sahen es, hat die SPD in den 1970er Jahren so mächtig und nachdrücklich überschwemmt, dass die Jahrgänge danach keine Chance mehr hatten, in die dicht besetzten und hart verteidigten Leitungspositionen der Partei hineinzudringen. Und so fehlen den Sozialdemokraten auf den Führungsebenen von Regierungen und Parlamenten rund 15 Jahrgänge, eben die 35- bis 49-jährigen, die wunderlicherweise aber im Elektorat den stabilen Kern der sozialdemokratischen Wähler stellen. Doch im innerparteilichen Flechtwerk der SPD konnte kaum jemand aus dieser Kohorte reüssieren. Die großen und ambitionierten Talente der rot-grünen Generationenkultur landeten daher fast durchweg bei den „Grünen", deren Führung im Parlament und in der Partei sie nunmehr stellen.

Für die SPD bedeutet das in mittlerer Frist ein gewaltiges Problem. Wenn Schröder und seine Generationsgenossen abtreten – viele haben dies bekanntlich bereits getan – kommt nach ihnen lange erst einmal nichts. Gern genannt werden zwar als Personen der Zukunft Hans Martin Bury, Olaf Scholz, Heiko Maas, Ute Vogt, Siegmar Gabriel. Sie alle mögen sehr begabt sein, doch zeichnet sie durchweg ein entscheidendes Defizit aus: Keiner von ihnen hat jemals eine bedeutende Wahl gewonnen; niemand darunter ist bisher durch das Säurebad schlimmer Rückschläge, übler massenmedialer Häme und brutaler Intrigen gegangen. Die christdemokratischen Führungsanwärter in der Union sind da politisch schon weiter, verfügen über mehr Erfahrung, haben – wie etwa Roland Koch – das Stahlbad bereits hinter sich, das man wohl braucht, um für die Führung einer großen Partei und der deutschen Republik fähig zu sein. Insgesamt fällt auf, dass der Generation der „Youngsters" in der SPD gleichsam der politische Mittelstürmer fehlt, der die Themen früher als andere wittert, der die Arbeit der Zuspitzung entschlossen und mit Autorität betreibt, der die Richtung vorgibt und die Partei dabei mitzieht. Es fehlt der Leitwolf, aber auch die gruppenbildende Leitidee, es fehlen die eigene Sprache, die eigenen Bilder, die eigenen Botschaften. Die lange und zähe Dominanz der 68er in der SPD kann sich zweifelsohne noch bitter rächen für die SPD.

Führungsstarkes Management und widersprüchliche Parteiidee

Allerdings wird im Management der SPD-Zentrale einiges dafür getan, die Probleme der Partei anzugehen, Altersücken zu schließen, das eigene Personal zu qualifizieren und auf die Höhe der Kommunikationsanforderungen der Zeit zu bringen. Das hat viel mit der Autorität von Franz Müntefering zu tun, auch mit der Härte und Dynamik seines allerdings nicht von allen in seiner Partei wohlgelittenen Bundesgeschäftsführer Matthias Machnig. Müntefering und Machnig haben zweifellos mehr bewegt und mehr gegen den zähen Widerstand der Parteistrukturen durchgesetzt als die letzten drei oder vier Leiter der Parteizentrale zuvor. Und sie haben auch mehr an Parteireformen lanciert als die drei oder vier letzten Generalsekretäre in der CDU. So sind sie dabei, einigen Quereinsteigern Wege in die sozialdemokratische Fraktion zu bahnen; so versuchen sie, einen ausgewogenen Alters-Mix in den Parlamentsvertretungen zu fördern; so forcieren sie die Vernetzung der traditionellen Parteiorganisation mit neuen Themen- und Kompetenzrunden von oft zeitarmen, auch parteiunabhängigen Experten der deutschen Berufswelt. Nicht alles ist erfolgreich, vieles ist im Initiativenwirbel vor allem von Machnig auf halber Strecke stecken geblieben, einiges ist auch lediglich rhetorischer Budenzauber. Aber immerhin, dass die Sozialdemokraten vergleichsweise professionell, geschlossen und abgestimmt in der Öffentlichkeit agieren und reagieren, hat doch erheblich mit den Managementkünsten der beiden Westfalen an der Organisationsspitze zu tun.

Doch auch hier tun sich Widersprüche auf. Müntefering und Machnig wollen die moderne Wähler- und Medienpartei, aber sie wollen auch die partizipationsgeprägte Netzwerkpartei. Doch beides geht schwer zusammen. In der modernen Medienpartei geht es hochzentralistisch zu; hier beherrschen die PR-Experten, die Consultants, Werbefachleute und Politikprofis das Feld, die in kleinen Stäben blitzschnell handeln müssen, immer den aktuellen demoskopischen Befund als orientierenden Maßstab im Auge behalten, die Events inszenieren und alle Politik personalisieren. Dem partizipationsfreudigen Netzwerkprojekt aber geht es stärker um Inhalte, um langfristig angelegte Konzeptionen, an denen geduldig und argumentativ gearbeitet wird. Die Partizipationspartei, kurzum, ist also „an der Sache" orientiert, dezentral verfasst und eigensinnig; die moderne Medienpartei dagegen bewegt sich vorwiegend in den zyklischen Trends je gegenwärtiger Aufgeregtheiten, wird zentral dirigiert und kann sich Widersprüchlichkeiten und Vielstimmigkeiten nicht leisten. Zumal in Wahlkampfzeiten – und wann gibt es sie einmal nicht in Deutschland – haben sich die Oberkommandierenden der SPD dann doch mehr für die leichter kalkulierbare Medienpartei als für das schwierigere Partizipationsprojekt entschieden. Insofern schreitet der Autonomie- und Identitätsverlust der klassisch programmorientierten sozialdemokratischen Mitglieder- und Partizipationspartei weiter fort.

Doch nicht alles ist schlecht

Nun sollte man die mittlere Zukunft der Sozialdemokraten natürlich nicht ausschließlich düster sehen. Schließlich schleppt auch der Gegner, die andere große Volkspartei, ganz ähnliche Probleme mit sich herum. Auch bei der Union sind die über lange Jahrzehnte stabilen und integrierenden Identitäten – Religion, Heimat, Brauchtum, Nation, lebenslange Familie, Antikommunismus – brüchig bzw. unzeitgemäß geworden. Auch die CDU hat noch keinen Sinnersatz für ihren Sinnverlust gefunden, kennt noch nicht das Programm und Projekt einer christdemokratischen Politik in nachchristlichen Gesellschaften. Auch der Union fehlt der Nachwuchs. Und ihre Führungsanwärter in der mittleren Generation mögen zwar zahlreicher und politisch bereits reifer sein, aber dafür ist auch die Rivalität untereinander größer. Und zu welchen Verwerfungen die Konkurrenz zwischen den „Enkeln" – ob nun die von Willy Brandt oder die von Helmut Kohl – zu führen vermag, das haben die Sozialdemokraten in der ersten Hälfte der 90er Jahre bitter erfahren müssen. Da kann auch auf die Union noch einiges zukommen.

Im Übrigen ist die SPD in der Tat in gewisser Weise Partei der Mitte. Wir sahen es. Nun ist die Mitte ein durchaus prekärer, politisch keineswegs unproblematischer Ort. Auch das sahen wir. Aber machtpolitisch birgt er doch unzweifelhafte Vorzüge. Die Union hat allein die Freien Demokraten, um an die Regierung zu kommen; einen anderen Partner gibt es für sie derzeit nicht. Die Sozialdemokraten haben in dieser Hinsicht einige Pfeiler mehr im Köcher, um im Bundeskabinett zu bleiben. Im Übrigen sind sie in der Tat die Mehrheitspartei des mittleren Lebensdrittels, der 30- bis 50-Jährigen, der Eltern, Berufstätigen und Steuerzahler dieser Republik, der geburtenstarken Jahrgänge der bundesdeutschen Gesellschaft. Selbst im Depressionsjahr 1999 lagen die Sozialdemokraten bei der Baby-Boomer-Kohorte im Westen Deutschlands noch vor der Union. Es ist schon bemerkenswert, wie sich das in höchst konfliktreichen Jahren erlernte Wahlverhalten dieser Generation biographisch konstant erhalten hat. Nun kommt diese geburtenstarke Kohorte in den nächsten Jahren ins Alter. Aber in einer massiv ergrauenden Gesellschaft wie in der der Bundesrepublik, in der zwei Drittel der Wähler über 45 Jahre sind, wird die Partei der neuen Alten – und das könnte die SPD gut werden – im Parteienwettbewerb im Vorteil sein.

Und auf eine alternde Gesellschaft passen auch die sozialdemokratischen Mottos von der „Modernisierung mit Bodenhaftung", von der „Sicherheit im Wandel". Diese Kombination aus behutsamer Innovationsankündigung und doch starkem Schutzversprechen missfällt zwar den jungdynamischen Meinungs- und Wirtschaftseliten der Republik, aber sie deckt sich weitgehend mit einer bemerkenswert schichtübergreifenden Alltagsmentalität der Deutschen in diesen Jahren. Die ergrauende deutsche Gesellschaft wird durchaus sozialdemokratische Züge tragen.

Sie wird sich auch wieder stärker homogenisieren. Das zeichnete sich bereits in den letzen Jahren ab, trotz gegenläufiger Interpretationen im soziologischen Feuilleton. Der weitgefächerte, kulturell experimentierfreudige Lebensstilpluralismus der 1970er/80er Jahre hat sich mittlerweile eher abgeschwächt. So groß ist also der Spagat nicht mehr, den die Sozialdemokraten zum Zwecke der Wählerintegration schaffen müssen. Die postmaterialistische Flanke etwa hat wesentlich an Bedeutung verloren, auch an Konsistenz und politischer Zielstrebigkeit. Denn auch die postmaterialistische Generation der achtziger Jahre hat in den neunziger Jahren – nunmehr älter geworden sowie beruflich und privat stärker belastet – den Nutzen materieller Sekurität entdeckt.

Nun mindert all dies nicht die vielen, hier ausführlich referierten Probleme, die der SPD schon gegenwärtig und mehr noch in der Zukunft zu schaffen machen. Aber auch das ist richtig: Es wird irgendwie weitergehen mit der SPD. Wie schon seit langen 139 Jahren.

(2002)

Die Mitte im Programmloch

Es gibt da einen merkwürdigen Widerspruch bei den politischen Großkommentatoren dieser Republik. Auf der einen Seite machen sie sich gerne über die letzten unverdrossenen Ideologen und Programmatiker in den Parteien lustig. Denn als hartgesottene Profis der politischen Beobachtung haben unsere Edelfedern natürlich keinen Zweifel, dass sich das Wahlvolk nicht im Geringsten für langweilige Programmergüsse interessiert, dass sich erst recht kein handelnder Politiker auch nur einen Deut um den Wertekanon oder die Zielprojektionen der Parteitheorie schert. Programme mögen für erhabene Feiertagsreden taugen, im rauen politischen Alltag spielen sie keine Rolle – so der mediale Mainstream.

Auf der anderen Seite aber werfen die Leitartikler den Parteien ebenso gern ihren Mangel an programmatischem Profil vor. Es ist nachgerade das publizistische Standardargument, wenn Parteien in Krisen geraten. Dann fehlt es erst Frau Merkel, nun auch Herrn Stoiber an programmatisch präzisen Vorstellungen; dann hat die PDS kein modernes linkssozialistisches Programm für das gesamte Deutschland; dann hatten die Grünen sich bis vor kurzem nicht rechtzeitig programmatisch neu definiert; dann hinkt die SPD programmatisch sowieso hinterher. Und gewiss schon bald wird man auch den zuletzt etwas gehätschelten Freien Demokraten wieder hämisch vorwerfen, dass sie außer Gags, Sprüchen und Provokationen keine Inhalte zu bieten haben. Und so weiter. Irgendwie erwartet man also doch, dass Parteien ihre Politik begründen, ihre Zielperspektive entwerfen, ihre strategischen Schritte dazwischen vermitteln – dass sie, kurzum, über ein wertefundiertes und handlungsorientierendes Programm verfügen.

Programmatische Restformeln für eine entideologisierte Gesellschaft

Es ist also nicht ganz leicht für unsere armen Parteien, sich in diesem Zwiespalt zu bewegen. Eigentlich hätte das Publikum schon gern Parteien mit scharfem Profil, mit stringenten Positionen, kohärenten Vorstellungen. Doch zugleich mangelt es dafür nun einmal an gesellschaftlichen und kulturellen Voraussetzungen, auch beim Publikum selbst. Denn es fehlen die homogenen Soziallagen und geschlossenen Weltanschauungsgemeinschaften, in denen konsistente Überzeugungen überhaupt wachsen können. Als all das noch existierte, hatten es Parteien und Politik leicht, sich zum Vollzugsausschuss sehr spezifischer politischer Willensbestrebungen zu machen. Denn sie vertraten dabei große und geschlossene Lebenswelten. Heute aber rochieren die meisten Angehörigen der weiten bundesdeutschen Mittelschicht zwischen verschiedenen gesellschaftlichen Kontexten und kulturellen Lagen. Ihre Rollen sind aufgesplittert, ihre politischen Präferenzen dadurch in sich widersprüchlicher. Die meisten mittelschichtigen Deutschen sind wie die Liberalen für kräftige Steuersenkungen, wollen aber auch mit den Sozialdemokraten verlässlichen sozialstaatlichen Schutz. Sie sind keine täglich praktizierenden Christen mehr, halten aber doch peinlichst an den Passageriten bei Geburt, Eheschließung und Todesfall fest. Sie sortieren gewissenhaft den Hausmüll, empören sich aber pfennigfuchserisch über ökologisch vernünftige Energiepreiserhöhungen. Die Majorität der Republik ist, kurzum, ein bisschen sozialdemokratisch, ein bisschen neoliberal, ein bisschen christlich und ein bisschen grün, in manchen Fragen der inneren Sicherheit und Migration durchaus auch ein bisschen rechtspopulistisch geneigt. Lediglich winzige Minderheiten sind noch unbeirrte Sozialisten, kompromisslose Neoliberale, dogmengläubige Christen oder fundamentalistische Ökologen.

Und so sind denn auch die Parteien mittlerweile genau der gleiche Flickenteppich wie die Gesellschaft insgesamt. Je fragmentierter die Gesellschaft desto heterogener auch der programmatische Fundus der Parteien. In der alten Zeit der geschlossenen Lager und polarisierten Klassenstrukturen kamen Parteien noch mit zwei bis drei Seiten Papier aus, um ihr Wertesystem und ihren Zielanspruch zu beschreiben. Alles war klar, eindeutig, selbstgewiss, visionär, kurz und bündig. Inzwischen aber müssen Parteien über Jahre in programmatische Klausur gehen, damit sich die Vertreter der verschiedenen, wenngleich nur noch in Restbeständen existierenden Flügel, Interessengruppen und Generationen zusammenraufen können, damit jede Untergruppe ihre eigenen Absätze und Sollenssätze in das Schlussdokument hineinbekommt. Das ganze zieht sich furchtbar lang und zäh hin, die Programmschriften werden immer dicker, immer langweiliger, immer kompromisshafter. Am Ende dieser weit gedehnten Programmdiskussionen geben Parteien schließlich Antworten auf Fragen von Vorgestern. Und die Antworten wirken kraftlos, leer, formelhaft und ohne Schwung.

Politiker indes haben nur Erfolg, wenn sie dynamisch, vital und energisch auftreten. Im Übrigen fügen sich programmatische Diskurse nicht in die Erwartungshaltung der Mediengesellschaft, die auf Personalität, Bilder und

Spannungswerte, schnelle Schnitte setzt. Programme aber brauchen Zeit, bieten Schriftzeichen, Abstraktionen, wenn sie gut sind: Intellektualität. Und weil das alles so ist, haben Programme bei den politischen Eliten keinen großen Stellenwert mehr. Programme helfen nicht dabei, Generalsekretär, Parteiführer, Fraktionschef, Ministerpräsidenten oder Kanzler zu werden. Daher ist denn auch seit einem Vierteljahrhundert niemand unter den ehrgeizigen politischen Talenten mehr nachgewachsen, der Programmatiker wie Erhard Eppler, Richard Löwenthal, Kurt Biedenkopf, Richard von Weizsäcker oder Werner Maihofer und Karl-Hermann Flach einigermaßen ersetzen könnte.

So bluten die Parteien allmählich programmatisch aus. Zwar gibt es selbst in der Kanzlerpartei seit einiger Zeit schon eine Programmkommission. Aber die hat man sich in einem schwachen Moment, in den Monaten der Wahlniederlagen und Depressionen 1999, ausgedacht. Im Folgenden interessierte sich kaum jemand in der Parteispitze mehr dafür. Und auf dem Nürnberger Parteitag im November 2001 wurde die Programmdebatte für das Wahljahr 2002 ganz auf Eis gelegt. Danach werde man weitersehen, heißt es jetzt gleichgültig-zynisch in der Partei. Für den Parteivorsitzenden und Kanzler ist der intellektuelle Diskurs sowieso in erster Linie „Tinnef". Für das, was es dummerweise an programmatischem und normativem Bedarf noch gibt, hat Schröder seine Ghostwriter zur Mitte der Legislaturperiode einige Sätze zur „Zivilgesellschaft" aufschreiben lassen. Und damit sollte es reichen.

So ist die „Zivilgesellschaft" gleichsam parteiübergreifend zur programmatischen Restformel der entideologisierten Gesellschaft geworden. Für die „Bürgergesellschaft" sind in den Feiertagsansprachen vor protestantischem Akademiepublikum irgendwie alle, von Rau bis Thierse, von Merkel bis Westerwelle. Nur: Warum sollte sich eigentlich irgend jemand in einer ganz und gar pragmatischen, ökonomisch denkenden, programmatisch entkernten Gesellschaft für den bürgergesellschaftlichen Zusammenhang engagieren? Warum sollte man, entbunden von kollektiven Verbindlichkeiten, ethischen Verpflichtungen oder wirksamen Heilsängsten, überhaupt Zeit opfern, kooperieren, sich solidarisch verhalten, warum sich für überindividuelle Anliegen, ja für Gesellschaft einsetzen? Wenn Politik, Parteien und ihre aktiven Trägerschichten den programmatischen Wertekanon nicht lebendig halten können, dann trocknen die motivationellen und ethischen Ressourcen für die Zivil- oder Bürgergesellschaft aus, die doch alle modernen Politiker so gern an die Stelle des alten, aber zu teuer gewordenen Staates etablieren möchten.

Und schließlich drohen die Parteien selbst durch Programmlosigkeit zu zerfallen. Denn große, überlokale politische Assoziationen lassen sich nur durch Integrationsideologien zusammenhalten, die den eigenen Mitgliedern exklusives Selbstbewusstsein und abgrenzende Distanz gegenüber dem politischen Gegner vermitteln. Allein solche Integrationsideologien ermöglichen es Parteien, auch den Anlass und unmittelbaren Zwang ihrer Entstehung zu überdauern, Zäsuren und Krisen zu überstehen, Einbrüche auszuhalten. Nur solche Integrationsideologien schaffen Bindungen; nur ein spezifischer programmatischer Ethos, der Spannungswert des Noch-Nicht-Erreichten vermag Mitglieder und Anhänger zu begeistern, zu besonderen Leistungen anzuspornen, in die politische Aktion zu schicken.

Ängstliche Mittigkeit

Es ist wohl in der Tat so, dass die deutschen Parteien im 20. Jahrhundert vielfach zu programmlastig waren, dadurch oft starr, blockiert und dogmatisch wirkten. Zu Beginn des 21. Jahrhunderts aber droht die Gefahr von der anderen Seite: Die Parteien haben ihren programmatischen Ort verloren; den Mitgliedern fehlt der ideelle Treibstoff für ehrenamtliche Aktivitäten; den Eliten fehlen die Leitplanken, Maßstäbe und Zielpunkte für ihr politisches Handeln. Der Abschied vom Programm hat die Parteien dabei nicht freier gemacht. Er hat ihnen die historische Sicherheit und Würde genommen, hat Loyalitäten reduziert, hat ihre Stabilität beeinträchtigt. Die programmlosen Parteien sind abhängiger geworden: Von den Einflüsterungen und Kurzatmigkeiten der Demoskopen, von den Konjunkturen der politischen Leitartikel, von den Launen einer zappenden Telezuschauerschaft.

Natürlich: Das alles ist auch Folge des allseitigen Drangs zur „Mitte". Strategisch ist die Fixierung auf die „Mitte" in Politik und Gesellschaft gewiss verständlich. Schließlich hat sich dort auch die Mehrheit der Wähler angesiedelt. Und allein die Partei, die in der Mitte des Parteien- und Regierungssystems steht, kann zur Scharnierpartei der Mehrheits- und Koalitionsbildung werden. Einzig eine Partei im Zentrum des parlamentarischen Systems verfügt über die Optionsvielfalt, über die Möglichkeiten politischer Allianzbildung nach rechts wie links. Doch darf eine solche Partei dann kein allzu scharfes Profil ausweisen. Sie muss in ihren Positionen vage bleiben, wird sich inhaltlich nur blass, vorsichtig und ungefähr äußern dürfen. Denn sie will schließlich niemanden vor den Kopf stoßen, will möglichst viele Wähler halten und Koalitionspotentiale sichern. Solche Parteien aber entleeren sich programmatisch. Sie nehmen den eigenen Anhängern, Aktivisten und Kernwählern das politische Ziel, verzehren das ursprünglich parteibildende und -stabilisierende Kapital aus Sinn, Werten, Überzeugungen. Man kann das gegenwärtig bei beiden großen Volksparteien beobachten, besonders bei der Partei des Kanzlers, die ungeheure Mühe hat, ihre Truppen in die Wahlkampfschlacht zu schicken. Die Aktivisten von ehedem wirken müde, ziemlich sprachlos, ohne Impetus und Orientierung, vielfach passiv, fast abseits stehend. Die Parteieliten steuern die Mitte an, währenddessen das Parteifußvolk am Rande steht, antriebslos, ohne Begriffe und Botschaft, einsam – weit von der Mitte entfernt. Die Volksparteien sind deaktiviert, stillgelegt, unfähig zur Kampagne, haben kaum noch qualitätssichernde Personal- und Führungsreserven, haben daher auch erhebliche elektorale Probleme. Und so sind europaweit allein solche Parteien im Vormarsch, die ihre Anhänger mit scharfen und eindeutigen Parolen in Stimmung gebracht haben, die aus der ängstlichen Mittigkeit und Unentschiedenheit der Politik ausgeschert sind.

Ein bisschen mehr Deutungshoheit, Prägekraft, Zielschärfe, Werteverbindlichkeit könnte also den Parteien nicht schaden. Man muss den normativen Diskurs ja nicht zwingend weltfremd und abgeschottet über Jahre in einsamen Kommissionen und Konklaven führen. Die Parteien könnten stattdessen ihre reflexionsfähigen Praktiker zusammenholen, damit diese in wenigen Monaten und allein zu den Kernfragen der Nation an Überlegungen zur Politik arbeiten, wie sie ist, wie sie sein sollte und was in mittlerer Reichweite an ganz unverzichtbar Wünschbarem strategisch machbar ist. Dann könnte man dem programmatischen Entwurf auch fünf, sechs knappe, zusammenfassende, ruhig ein wenig kernig formulierte Thesen oder Sentenzen voranstellen, damit die Mediengesellschaft ihre Kurzbotschaften bekommt, die sie offenkundig nun einmal braucht. Die Liberalen haben das 1971 mit ihren „Freiburger Thesen" einmal ganz gut geschafft. So würde man die Programmidentitäten der Parteien bewahren und fortvermitteln, hätte aber doch auch eine Brücke zum Tempo und den Rezeptionsbedürfnissen der medial durchwirkten Gesellschaft geschlagen.

(2002)

Profil und Mitte

Es hat sich offenkundig seit einigen Wochen ausgemittet in der SPD. Seit Mai 2002 etwa ist wieder Richtungs- und auch ein bisschen Sozialkampf angezeigt. Von langer Hand geplant war das sicher nicht. Die Leute von der Kampa hatten sich vielmehr auf einen schönen, kontinuierlichen, stringenten, stufenweise erfolgreichen Mittewerbefeldzug eingestellt. Das hatte auch unzweifelhaft Plausibilität. Wer im Zentrum der Gesellschaft steht, wer die Mitte des parlamentarischen Systems okkupiert, der hat den ersten Zugriff auf politische Dominanz und gouvernementale Macht. Historisch war die SPD nur selten in der Mitte von Gesellschaft und Politik zu finden. Deswegen hat sie in ihrer 139-jährigen Geschichte das Land auch bemerkenswert selten regiert. Darum hat sie viele bittere Niederlagen erlitten, schmerzhafte Verfolgungen, ja: zeitweilig enormes Leid erfahren. So gesehen war es gerade in historischer Perspektive durchaus berechtigt und politisch keineswegs unklug, der Mitte geradlinig zuzustreben.

Schließlich sprach ja auch soziologisch einiges dafür. Denn tatsächlich ist das Gros der sozialdemokratischen Anhänger mittlerweile in der Mitte der bundesdeutschen Gesellschaft angekommen. Viele Kinder der sozialdemokratischen Facharbeiterelite sind in den letzten drei Jahrzehnten sozial aufgestiegen, haben häufig akademische Abschlüsse und auskömmliche qualifizierte Berufe in den mittleren Etagen der Erwerbswelt ergattert. Auch gehört das Gros der sozialdemokratischen Wähler, Funktionäre und Mitglieder zum mittleren Lebensdrittel. Und kulturell stehen die sozialdemokratischen Sympathisanten und Aktivisten ebenfalls irgendwie in der Mitte zwischen Egerländern und Rap, zwischen Adenauer-Kleinbürgertum und Westerwelle-Spaßigkeit. Insofern war das Mitte-Paradigma der sozialdemokratischen Kampanisten auch ein schlüssiger Reflex auf Soziologie und Kultur sozialdemokratischer Lebenswelten zu Beginn des dritten Jahrtausend.

Aber als politische Generalmaxime war der Mitte-Kurs doch nicht unproblematisch. Je mittiger die politischen Maximen, desto stärker fühlte sich ein stattlicher Anteil sozialdemokratischer Anhänger an den Rand gedrängt; je mehr man durch die politische Mittigkeit das Optionspotential bei der Koalitionsbildung erhöhen wollte, desto rasanter schwanden im ersten Halbjahr 2002 die wirklichen Optionsmöglichkeiten dahin – weil die Partei in diesen Monaten immer mehr an aktiver Zustimmung, engagierter Unterstützung, vor allem: an Mobilisierungsfähigkeit und damit letztendlich auch koalitionsbildender Größe verlor.

Denn Mitte-Parteien dürfen keine scharfen programmatischen Ecken und Kanten haben. Sie wollen schließlich möglichst viele anziehen und nur wenige abstoßen. So aber flacht ihr Profil zunehmend ab. Ihre Aussagen werden vage, ungefähr, schwammig, verlieren an Kontur, Eindeutigkeit, Konsistenz und markanter Zielorientierung. Denn wer hier mit den Freien Demokraten, dort mit der PDS, woanders mit der christlichen Union und in den übrigen Fällen mit den Grünen koaliert, kann sich eine präzise Zielrichtung gar nicht leisten. Nur: Dann ist es auch gar nicht leicht, auf Bedarf wieder Richtungspartei zu werden, um die Anhänger doch noch in den Kampf um Wähler zu schicken.

Eben das aber benötigen Parteien mindestens im Wahljahr: einige Tausendschaften ehrenamtlicher Kämpfer, die in ihren jeweiligen Lebensbereichen bekannte und anerkannte Meinungsmacher, Multiplikatoren, gleichsam kommunikative Menschenfischer sind. Wenn aber eben dieser Typus unsicher, schweigend, passiv beiseite steht – weil er nicht recht weiß, wofür er werben soll, wohin die Reise geht, wer bei all den nahezu unbegrenzten Koalitionsoptionen eigentlich noch der Gegner und was der Konfliktstoff ist, wie nun die kraftvolle politische Aussage eigentlich lautet, warum sich dafür der Einsatz, die Überzeugungsarbeit, der Freizeitverzicht lohnen – dann haben Parteien ein Problem, das sich auch durch zentralisierte und professionalisierte Marketing- und Medienexperten nicht ausgleichen lässt. Dann tummeln sich die Mitglieder solcher Parteien trotz aller Mitte-Slogans ihrer Führungsspitzen eben nicht vital und elanvoll in der Mitte der Gesellschaft, sondern schauen verunsichert, kleinmütig und verzagt von außen zu. Das gilt übrigens selbst für amerikanische Wahlkämpfe. Und das gilt erst recht für die Wahlkampfkultur in Europa, mit Deutschland durchaus voran. Exakt das bekam die SPD fulminant im ersten Halbjahr 2002 zu spüren, obgleich kluge Leute längst zuvor auf das Mobilisierungsproblem eindringlich hingewiesen hatten. Doch erst mit dem Parteitag Anfang Juni entmittete sich die SPD gleichsam in einem rhetorischen Verzweiflungsakt.

Denn verrückterweise verlieren oft gerade Mitteparteien, ohne feste programmatische Substanz, ihren Charakter als Groß- und Volkspartei. Denn sie verlieren an innerer Kraft, an Verve, Enthusiasmus und Spannung, was aber alles nötig ist, um nach außen anziehend zu wirken, um kluge und ehrgeizige Köpfe zu gewinnen, auch um Kraft- und Führungsnaturen zu rekrutieren und sie irgendwann einmal an die Spitze von Partei und Politik zu hieven. Entkräftete und ermattete Mitteparteien sind Mitte eigentlich nur durch ihre Semantik, nicht durch ihre wirkliche Erdung und Repräsentanz in den elementaren Lebensbereichen der Gesellschaft. Daher reagiert die Gesellschaft auch zunehmend gleichgültig auf die phantasielosen, übervorsichtigen, politisch entleerten Mitteparteien, ärgert sich nur über die immensen Kosten, die dafür gleichwohl aufzuwenden sind, empört sich zuweilen über Verfilzungen, Kartellisierungen, gar Korruptionen. Jedenfalls: Politische Orientierungen, sinnstiftende Deutungen, konzeptionellen Weitblick traut ein wachsender Teil der Gesellschaft den Mitte-Parteien nicht mehr zu.

Auszug in das Land der Mitte

Für die Sozialdemokratie kommt erschwerend hinzu, dass gerade der ebenfalls durchaus wachsende Teil des „neuen Unten" sich durch die allgegenwärtige Mitte-Attitüde an den Rand gedrängt und weggestellt fühlt. Die sozialdemokratischen Aktivitas und Anhänger sind, nochmals, in der Tat kulturell und habituell Mitte – dadurch aber weit von den Lebenswelten und Anspruchsmöglichkeiten der Zugehörigen aus den sozialen Souterrains entfernt. Und der schwammige Mitte-Duktus, mit dem im Grunde nur das, was ist, als einzig möglich und dadurch verteidigungswert ausgegeben wird, stößt im sozial abgehängten Restproletariat ebenfalls lediglich auf Ablehnung, ja auf Verachtung. Das ist dann bekanntermaßen europaweit der Humus für die populistischen Parteien aller Lager, da diese im Vokabular und Personal nicht bräsig-mittig und übervorsichtig auftreten, sondern durchaus schrill, farbig, pointiert, zugespitzt – eben: ohne Wenn und Aber.

Insofern möchte man gerade Sozialdemokraten davon abraten, es mit der Mitte-Rhetorik und der Mitte-Politik zu übertreiben. Und der Verfasser dieses Beitrages hat das in den letzten Monaten auch häufig genug getan, in Artikeln, Ansprachen, Essays, auch in einem Buch zur Geschichte der SPD. Stattdessen mahnte er bei den Anführern der Sozialdemokratie die zündende Botschaft an, fragte nach der politisch-normativen Grundmelodie der Regierungspolitik, redete auch von Wegmarken, vom Kompass, von Zielperspektiven. Manchmal aber, in ganz ehrlichen Minuten, war er doch froh, dass von ihm niemand präzise Auskünfte haben wollte, wie denn so eine große Botschaft der Sozialdemokratie noch würde aussehen können, was denn – wenigstens das – die strategischen Fluchtpunkte sozialdemokratischer Politik für die nächsten zehn Jahre wohl wären. Denn natürlich ist die neue sozialdemokratische Erzählung leichter postuliert als formuliert (auch vom neosozialdemokratischen Meisterdenker dieser Republik, Heinz Bude, kennen wir schließlich nur kryptische Metaphern). Denn natürlich fehlen für die großen, integrierenden und mobilisierenden Botschaften die ebenso großen kollektiven Lagen, Klassen und Konflikterfahrungen, die erst den Stoff gebären für politische Solidargemeinschaften, politische Begeisterung, politische Zukunftsvisionen. Auch existieren ja in der Tat – und vielleicht oder wahrscheinlich Gott sei Dank – die grabentiefen Gegensätze zwischen den Großparteien, die polarisierenden Kontraste nicht mehr, die die jeweiligen Anhänger erst voneinander scharf trennen und zu tiefgläubigen, von ihrer großen Sache unumstößlich überzeugten Parteisoldaten machen. Früher gab es diesen Menschenschlag in der Politik, gerade in Deutschland, besonders auch in der Sozialdemokratie. Aber rundum sympathisch war dieser Typus nicht. Und es ging bekanntermaßen nicht nur Glück und Segen von ihm aus.

Dagegen war eine Politik, die auf Maß, Mitte, Mäßigung und Ausgleich aus war, nach 1945 nicht schlecht für die Bundesrepublik, nachdem die erbitterten Glaubenskriege der Parteien in den Jahrzehnten zuvor so etwas wie einen ruhigen, besonnenen, gar republikanischen gesellschaftlichen Konsens schon in den Ansätzen zerstörten. Politik der Mitte – das war für die Sattelzeit der bundesdeutschen Gesellschaft daher nicht primär eine Losung veränderungs- und experimentierängstlicher Spießer, sondern erfahrungsgesättigte historische Konsequenz aus den europäischen Bürgerkriegen und Pathologien der Extreme in den ersten vier Jahrzehnten des 20. Jahrhunderts. In der Tat: In der ersten deutschen Republik, also der von Weimar, war die demokratische Mitte nicht vorhanden, die das parlamentarische System hätte fundieren, die auch Bürgertum und Arbeiterschaft hätte friedfertig verklammern müssen. Die soziologische Mitte der Weimarer Gesellschaft aber bewegte sich seit den frühen zwanziger Jahren immer weiter nach rechts. Das eben begründete das Scheitern dieser Republik: dass die Mitte rechts war, am Ende sogar rechtsextrem, also keine Brücken baute, keine Gegensätze milderte, keinen Spannungen dämpfte, sondern die politischen und sozialen Auseinandersetzungen schürte und verschärfte. Die soziale Mitte einer Gesellschaft muss keineswegs auch politisch in der Mitte angesiedelt sein. Insofern sollten eigentlich auch Sozialdemokraten noch post festum heilfroh darüber sein, dass sich nach 1945 die christliche Union bildete, die eben keine Rechtspartei, eben nicht einfach konservativ sein wollte, sondern als ganz neuartige Integrationspartei der Konfessionen und des Bürgertums die heterogenen Schichten ihres Lagers immer in der Mitte bündelte und damit ein Gravitationszentrum konstituierte, das die neue Republik stabil trug.

Die Sozialdemokraten übernahmen dagegen schnell wieder den Part der Linkspartei, welche den Ort der Mitte scheute. Besonders nach Wahlniederlagen zogen sich die Sozialdemokraten nachgerade reflexmäßig wieder in ihre gesellschaftlichen Eckpositionen zurück, in ihre separierte Eigenkultur, ihre abgeschottete Nische, um dort besserwisserisch zu schmollen und attentistisch auf das Nahen der sozialistischen Gesellschaft zu vertrauen. So aber blieben Sozialdemokraten ähnlich ohnmächtig wie schon in hundert Jahren zuvor. Sie igelten sich ein, waren isoliert, gesellschaftlich und politisch einsam, ohne Zugang zum Zentrum, zum Herz, zu den Kommandohöhen der Politik. Die Sozialdemokraten hatten dabei zwar gewiss all das, was ihnen in ihrer Binnenwelt Zuversicht, Identität und Durchhaltewillen gab: ein festes Programm, eine exklusive Kultur, ein spezifisches Ritualsystem, eine hoffnungsspendende Zukunftsvision, hatten mithin noch das Pathos der sozialistischen Vision. Aber über Macht verfügten sie nicht. So blieb es zunächst auch in der Bundesrepublik, wie es in den Jahrzehnten zuvor schon gewesen war: Die SPD war eine bemerkenswert stabile und organisationsstarke Partei, aber sie prägte nicht die Politik, erst recht nicht die Ökonomie. Die Sozialdemokraten waren dadurch fast ein ganzes Jahrhundert lang Objekt, Getriebene, Resonanzboden, oft genug Opfer von politischen Entscheidungen und Prozessen, die andere trafen und steuerten.

Angesichts dieses historischen Vorlaufs, angesichts der langen Ohnmacht der deutschen Sozialdemokratie war der Abschied von der linken, aber vereinsamenden Gesinnungsstärke und der Auszug in das Land der Mitte und auf das Territorium der Machtzentralen verständlich, ja dringlich geboten. Es war die Entscheidung dafür, nicht allein auf politische Vorgaben anderer zu reagieren, sondern selber aus dem Zentrum der Gesellschaft zu agieren, realen Einfluss zu nehmen, die Nation zu führen. Das war der Ausgangsort der Mitte-Politik. Doch jeder erfolgreiche Schritt dieser Politik der Mitte – Abkehr von der ideologischen Enge, Öffnung für neue Schichten, neue Geisteshaltungen, neue Interessen und schließlich die Optionsvielfalt in der Koalitionspolitik – führten nicht zum erklärten Ziel: Gesellschaft zu prägen. Denn Mitte-Politik schleift die klaren Maßstäbe, die festen Orientierungspunkte, die unzweideutigen Wertvorstellungen, das zielgenaue Projekt – und muss das tun. So erlebten die Sozialdemokraten eine merkwürdige Dialektik. Als Linkspartei hatten die Sozialdemokraten die festen Maßstäbe, aber nicht die Mehrheiten, um das Land politisch zu formen; als Mittepartei hatte die SPD zuweilen zwar die Mehrheit, aber nicht mehr die fest umrissenen Maßstäbe, um das Land zu prägen.

Im Spannungsfeld zwischen Wahlkampf und Regierungspraxis

Was also ist den Sozialdemokraten zu raten? Eine Rückkehr zur Linkspartei führt lediglich zur neuerlichen Isolierung der SPD. Eine stete Weiterentwicklung der Mitte-Politik hingegen befördert weiterhin die Diffusion, Entkernung, ja Entleerung des genuin Politischen. Nun steht die Renaissance der Linkspartei außer bei Resttruppen sentimentaler Traditionalisten sowieso nicht ernsthaft zur Debatte. Dagegen wird die Mitte-Politik auch künftig als einzig denkbare Realpolitik gelten. Wie aber soll man dann Mitte-Politik vor ihren immanenten Gefahren – der politischen Entleerung – schützen? Vielleicht doch durch einen Zusatz (maßvoller) Renormativierung der innerparteilichen Debatte? Mit dem Ziel einer Mitte mit roter Farbe, einer Mitte mit rotem Faden, einer Mitte dann in der Abendröte sozialistischer Restvisionen?

Es spricht einiges dafür, dass es nach dem 22. September 2002 ein bisschen in diese Richtung gehen wird. Man wird selbstkritisch in der sehr wahrscheinlich wieder etwas lebendigeren Diskussion der Partei feststellen, dass man sich in den letzten Jahren vielleicht doch zu weit von der Identität einer Programmpartei gelöst habe. Man wird sodann wieder mehr Richtungsorientierung einfordern, nach einem schärferen Profil sozialdemokratischer Politik verlangen, auch eine entschiedene Abgrenzung vom politischen Gegner erwarten. Und dergleichen mehr. Wahrscheinlich wird auch unter den Nachwuchspolitkern der Nach-Schröder-Generation derjenige am stärksten nach vorn rücken, der auf dieser Klaviatur am besten spielen kann, der also versprechen wird, den ganz unverzichtbaren Pragmatismus mit einer wünschenswerten Portion Idealismus anzureichern, der sich also als Leitwolf einer moderaten Reprogrammatisierung der SPD in Szene zu setzen vermag. So könnte es kommen. Und der Verfasser dieses Beitrages müsste darüber dann sehr glücklich sein, denn er hat sich das in den letzten zwei bis drei Jahren selber häufig genug herbeigewünscht; gerade bei den Sozialdemokraten hat er in vielen publizistischen Interventionen ein Mehr an Zuspitzung, Schärfe, Kontur angemahnt.

Und zumindest für einen Wirklichkeitsbereich bundesdeutscher Politik war das ja auch ganz richtig: für die Wahlkampfarena. Wahrscheinlich wird in keinem anderen Land so viel Wahlkampf geführt, ist der Parteienwettbewerb so mächtig wie in Deutschland. Hier gibt es nicht nur die Bundestagswahlen, sondern noch 16 Landtagswahlen, alle fünf Jahre auch die Europawahlen, schließlich noch Kommunalwahlen. In den Wahlmonaten sind Medien und Politik hoch erregt, sie fragen nach den bundespolitischen Signalen der jeweiligen Wahlresultate. Insofern befindet sich die Bundesrepublik nachgerade chronisch im Wahlkampf. In Wahlkampfzeiten aber müssen Parteien auf Unterscheidbarkeit achten, müssen sie den Gegner anprangern und herabsetzen, müssen sich des ganzen Arsenals der Konfliktrhetorik bedienen. Allein so lassen sich schließlich die eigenen Aktivisten und Anhänger motivieren und in Bewegung setzen.

Doch im anderen zentralen Wirklichkeitsbereich der Politik sind all diese Praktiken denkbar kontraproduktiv: auf der gouvernementalen Entscheidungsebene. Hier ist der Konsens, der Ausgleich, der Kompromiss, die Kooperation gefragt, in Deutschland mehr noch als sonst auf dieser Welt. Das ist schon eine höchst irritierende Paradoxie. In Deutschland gibt es eine ganz ungewöhnliche Dauerwahlkampfsituation. Aber es existiert zugleich in diesem Land ein ganz außergewöhnlicher Arrangementzwang. So sind auf den beiden konstitutiven Ebenen des Politischen in Deutschland völlig verschiedene, ja schroff gegensätzliche Eigenschaften erforderlich: auf der einen Seite Fähigkeiten zur Konfrontation, auf der anderen Seite Fertigkeiten zur Kooperation.

Mit scharf geschnittenen Konzepten, zielklaren Orientierungen jedenfalls – also mit all dem, was Parteien brauchen, wenn sie kohäsiv, selbstbewusst und vital agieren wollen – kommt man als Regierung zumindest in einer kleinen Koalition nicht sehr weit. In keinem anderen Land der Welt ist für eine Zentralregierung das machtpolitische Instrumentarium so begrenzt wie in Deutschland. Es wimmelt hier von institutionell begünstigten Vetomächten. Bund und Länder sind zudem eng verflochten. Und so braucht die Bundestagsmehrheit bei nahezu allen entscheidenden Gesetzen die Mitarbeit und Zustimmung der Bundesratsmajorität. Die Mehrheiten in den beiden Gesetzgebungskammern sind mittlerweile aber überwiegend nicht identisch. Also müssen die Bundesregierung und die große Oppositionspartei – die strukturell in der bundesdeutschen Gesellschaft so mächtig ist wie in keinem anderen politischen System und das nicht nur über den Bundesrat, sondern auch durch ihren Einfluss in anderen öffentlichen Einrichtungen und halböffentlichen korporatistischen Strukturen – kooperieren. Die großen Parteien dürfen also (auf der politischen Entscheidungsebene im Gegensatz zur Arena des Wahlkampfes) ihre charakteristischen Identitätskerne nicht zu sehr heraus- und gegeneinanderstellen. Mehr noch: Es gibt im Prinzip den systemstrukturellen Druck zur zumindest informellen Großen Koalition. Wo diese in den 90er Jahren zustande kam (Pflegeversicherung, Bahn- und Postreform, Korrektur der Außenpolitik) war der Output exekutiver Steuerung beachtlich, wo sie sich nicht zusammenfügte, herrschte überwiegend Blockade und Stagnation.

Es könnte infolgedessen sogar Sinn machen, auch den nächsten Schritt zu gehen und von der nur partiellen, fast versteckt und schamhaft eingegangen informellen Großen Koalition zur formellen Allianz der beiden Volksparteien zu wechseln. Das wäre in einer gewissen Weise die innere Konsequenz aus den systemstrukturellen Imperativen der hochfragmentierten bundesrepublikanischen Ordnung, hätte nichts mit obrigkeitsstaatlichen Harmonievorstellungen oder autoritären Dispositionen zu tun. Große Koalitionen können die Reformen durchsetzen, zu denen kleine Koalitionen vom Machtpotential her gar nicht in der Lage sind. Und das könnte vielleicht die Politik- und Parteienverdrossenheit vieler Bürger eindämmen, die in den letzten Jahren den Eindruck hatten, dass die Ergebnisse der Politik einfach zu gering ausfallen, dass Lösungen zahlreicher drängender Probleme nicht zustande kamen, da sich die beiden Großparteien angesichts der permanenten bundesdeutschen Wahlkampfsituation in einem rhetorisch und taktisch zähen Stellungskrieg gegenüberstanden und sich schließlich gegenseitig blockierten.

Doch zögert man auch hier wieder, der SPD bedenkenlos den großkoalitionären Schritt anzuraten. Das würde schließlich auch im Widerspruch zur anfänglich formulierten Empfehlung stehen, die Partei erneut stärker zu konturieren, ihr nun deutlicher Richtung zu geben. Denn in einer Großen Koalition wäre ein Zuviel an parteipolitischer Programmatik und normativem Überschuss in der Tat nur störend und ineffizient. In einer solchen Koalition wäre der Sinn- und Botschaftsverlust der Großparteien so gesehen überhaupt kein Schaden.

Und doch: Irgendwie erwarten aber gleichwohl weiterhin nicht ganz wenige Menschen von Politikern/Parteien, dass sie – auch durch gegenseitige Abgrenzung – orientieren, dass sie scharf ihre jeweiligen Zielpunkte markieren, dass sie Bilder von Zukunft entwerfen, dass sie Alternativen präsentieren und repräsentieren, was doch alles in einer Großen Koalition schwer zu machen ist, in der die beiden Volksparteien den Konsens und nicht die Differenz finden müssen. Überdies: Eine noch so effiziente Outputpolitik in der Regierung kann vor Verdrossenheit und Abwahl nicht schützen, wie gerade die kooperationsdemokratisch verfassten Länder Österreich, Dänemark, die Niederlande zuletzt illustriert haben. Die ökonomische und arbeitsmarktpolitische Bilanz der breitkoalitionär zusammengesetzten und sozialdemokratisch geführten Regierungen dort war keineswegs schlecht, aber der Unmut gegen die entleerten „Kartelle der Macht" war größer.

Und so stößt man an allen Ecken und Enden der eigenen politikberatenden Publizistik auf Aporien. Es wird also noch eine Menge schwieriger Diskussionen geben müssen über die Zukunftslinien sozialdemokratischer Politik. Nach dem 22. September 2002 wird diese Debatte auch losgehen, vermutlich sogar recht heftig und scharf. Denn in den letzten Jahren war die SPD zweifellos zu still, war zu sehr auf ihren ersten Mann im Kanzleramt fixiert.

(2002)

II. Probleme des Regierens

Mut, Verwegenheit und kühner Reformismus

Spannend war das Rennen am 22. September 2002. Denkbar knapp dann der Ausgang. Und im Grunde überraschend. Dass eine Koalitionsregierung in schwierigen Zeiten nach vier Jahren lediglich 0,5 Prozentpunkte einbüßt, ist in Europa der letzten Jahre selten genug. Derzeit werden Regierungen eher schnell, ziemlich erbarmungslos und höchst unsentimental abgelöst. Insofern fällt das Ergebnis der deutschen Bundestagswahl nahezu aus dem Rahmen.

Aus dem historischen Rahmen einer langen und nicht immer sehr glücklichen Geschichte der deutschen Sozialdemokratie fällt ebenfalls, dass die SPD als Regierungspartei zweimal hintereinander stärkste Fraktion wurde. Das ist eine einschneidendere Zäsur, als die meisten Kommentatoren der letzten Tage bemerkt haben. Es dürfte das Selbstwertgefühl des deutschen Bürgertums und seiner Hauptpartei erheblich getroffen haben. Denn über Jahrzehnte war schließlich die christliche Union ganz selbstverständlich Partei des Erfolges, Partei der Macht, Partei von Mitte und Mehrheit, war die bestimmende Repräsentantin der Nation. Den Sozialdemokraten blieb demgegenüber lange allein die aschenputtelige Rolle der redlichen, ehrlichen, aufrechten, programmgenauen, aber ganz erfolglosen, da in allen Fragen der Macht zu skrupelbehafteten und kleinmütigen Opposition. Die Sozialdemokraten schienen für das Regieren nicht zu taugen, schienen nie den Eros der Macht zu spüren oder gar zu genießen. Damit ist es nun vorbei. Im Grunde ist das die historisch größte Leistung Gerhard Schröders. Die Sozialdemokraten haben sich erst daran gewöhnen müssen: Aber Schröder hat mit seiner instinktsicheren Härte, seiner skrupellosen Wendigkeit und machiavellistischen Verwegenheit die SPD an die Macht getrimmt und dort gehalten wie einst nur Herbert Wehner. Und Schröder hat damit das deutsche Altbürgertum, welches die biedersinnigen Sozialdemokraten nie recht ernst nahm, tief verunsichert und nachhaltig beeindruckt. Es war zumal gerade die spezifische Fortune des Kanzlers, am Ende eines langen Wahlabend in einer fast schon aussichtslosen Partie mit 8800 Stimmen die Nase vorn zu haben, die das sichere Selbstbewusstsein der Union – der chronische und legitime Sieger in allen Machtspielchen der Republik zu sein – auf lange Zeit hin getroffen habe dürfte. Christdemokratische Politiker werden in den nächsten Jahren bei Umfragen noch oft weit vorn liegen, aber sie werden dennoch bis zur letzten Sekunde an sich und ihrem Erfolg tief zweifeln. Wie gesagt: Das war viele Jahrzehnte ganz anders. Das ist insofern eine veritable Zäsur in der politischen Machtmentalität der deutschen Republik. Dafür darf man Gerhard Schröder ruhig bewundern, der da doch von anderem Kaliber ist als die unzweifelhaft ehrenhaften, aber zu zögerlichen und machtängstlichen Parteichefs von früher, ob nun Otto Wels, Erich Ollenhauer oder Hans-Jochen Vogel, von einigen anderen ganz zu schweigen

Auf der Suche nach politischen Spielräumen

Rot-Grün also zum Zweiten. Leicht wird es nicht werden. Das ist nach der Bundestagswahl bereits häufig genug gesagt worden. Und es ist ohne Zweifel richtig. Die Union ist nicht mehr im desaströsen Zustand der Jahre 2000/01, als sie schwer geschockt wankte und schwankte, als ihre neuen Leute an der Spitze der Partei das politische Führungshandwerk noch erst zu lernen hatten. Man wird sie bei künftigen Bundesratsmanövern nicht mehr so leicht über den Tisch ziehen können. Überhaupt: Die zweiten Legislaturperioden sind für alle Regierungskoalitionen immer unschöne Jahre. Der Schwung und Reiz, das Pathos des Anfangs sind vorbei. Das Depot an Gemeinsamkeiten, was die Parteien ursprünglich zusammengeführt hatte und koalieren ließ, ist meist schon zum Ende der ersten Legislaturperiode aufgebraucht. Es bleibt dann meist lediglich das, was im anfänglichen Versuch nicht recht ging, da die Widerstände zu groß, der Feinde zu viel, die Gegner zu mächtig und die eigenen Freunde zu verzagt oder gleichgültig waren. Infolgedessen tut man sich in den zweiten Legislaturperioden mit den zurückgestellten, oft ungeliebten Projekten erst recht schwer, da einiges an Personal bereits verschlissen und die konzeptionelle Energie erloschen ist.

Überdies werden die schlauen und ehrgeizigen Köpfe aus der zweiten Garnitur der Regierungsfraktionen die Witterung für eine Konstellation jenseits des gegenwärtigen Regierungsbündnisses aufnehmen. Die grünen Leute nach Fischer werden mit den schwarzen Leuten nach Stoiber hier und da, ab und an einige Flaschen Wein leeren und mehrere Pizzas verzehren. Man wird sich näher kommen; das eine oder andere verabreden. Und bei den Sozialdemokraten werden einige der jungen Leute hin und wieder mit den Netteren unter den sonst schwer goutierbaren jungen Freidemokraten einige Cocktails trinken, während der Kanzler von Zeit zu Zeit vertrauten Journalisten großkoalitionäre Erwägungen zuraunen wird. So dürfte es wohl kommen. Und das ist auch ganz richtig so. Es ist das Salz in der Suppe ehrgeiziger Parlamentarier, die nach Spielräumen suchen, neue Bewegungsräume schaffen müssen. Eher war es in den letzten Jahren ein irritierendes Defizit, ein Mangel an Kreativität und Verwegenheit, dass die politischen Eliten übervorsichtig in ihren Lagern verharrten, nicht neu sondierten – oder gar neu sortierten, was sich auch gesellschaftlich und sozialkulturell zumindest an einigen Stellen schon neu konstelliert hatte.

Redekunst als Elixier der Demokratie

So sind wir also bei den politischen Eliten. So sind wir bei den Parlamentariern. Sie werden es nicht einfach haben. Denn die Regierungsmehrheit ist knapp. Das ist für den Kanzler durchaus kein Nachteil. Denn knappe Mehrheiten – auch das ist in den letzten Tagen häufig genug, gerade von den „bewährten Fuhrmännern" der Sozialdemokratie, gesagt worden – disziplinieren. So ist es. Und eben das ist das Problem. Denn natürlich werden Kanzler, Fraktionschef und Parlamentarische Geschäftsführer auf unbedingte Geschlossenheit, auf straffe Zentralisierung, auf möglichst widerspruchslose Einfügung dringen. Es wird noch schwieriger, Gegenpositionen einzunehmen, Eigensinn zu zeigen, abweichende Wege zu gehen. Indes: Kreative Eliten müssen solche Wege, von Fall zu Fall jedenfalls, gehen. Sie müssen auch große Kontroversen und Kräche austragen und aushalten, müssen sich vom Mainstream unterscheiden, auch einmal einsam und bedrückend isoliert dastehen, sich in einigen Fragen neu exponieren und profilieren, selbst wenn der Rest der Mannschaft und der oberste Gruppenführer vor Empörung schäumen. Es ist jedenfalls kein Zufall, dass die rot-grünen Schlachtrösser der letzten Jahre, die Herren Schily, Fischer und Schröder, als störrische Rebellen nach oben kamen, am Ende vieler Kabalen, Undiszipliniertheiten und Eigenwilligkeiten, nicht aber als Ausfluss von Ein- und Unterordnung, berechenbarer Subordination und verlässlicher Gleichförmigkeit. Ein bisschen Mut und Verwegenheit sollten daher junge sozialdemokratische Abgeordnete trotz knapper Regierungsmehrheit in den nächsten Jahren schon gelegentlich zeigen. Denn ohne Mut und Verwegenheit werden sie, nun ja, in zehn Jahren die Sozialdemokratie und die Regierung der Republik im Berliner Haifischbecken eben auch nicht führen können.

Nochmals: Einfach wird das nicht. Denn gerade die hochmoderne Mediengesellschaft fördert einen neoautoritären Zug in der Politik. Parteien und Fraktionen müssen heute strikt geschlossen agieren, alle Kontroversen und Zwistigkeiten eliminieren. Sonst gelten sie in der schrillen Kommentarlage von „RTL" bis zur „Süddeutschen" als chaotisch, zerstritten, nicht regierungsfähig. Infolgedessen aber verstummen Parteien und Fraktionen. Das aber wiederum beschleunigt ihren Bedeutungsverlust, mindert ihren Respekt auch bei den Wahlbürgern. Denn interessant, gar spannend und fesselnd ist die politische Debatte an ihrem ursprünglich dafür vorgesehenen Orten nicht mehr. Die von oben kujonierten Abgeordneten verziehen sich – in einem bis zur Ära Schmidt noch unbekannten Ausmaß – in die Detailarbeit ihrer jeweiligen Ausschüsse; an den großen Leitkontroversen der Republik beteiligen sie sich kaum noch. Die fulminanten, mitreißenden, hoch erregten Feldschlachten im Parlament um die Kernfragen der Nation fallen aus bzw. sind als „Sachgespräche" in die verschlossene Kleinräumigkeit expertokratisch zusammengesetzter Kommissionen verlegt worden. Doch „eine Demokratie ohne Redekunst ist im Verdorren", wusste schon der große Verfassungspatriot Dolf Sternberger. „Wie sollen die Leute an politischen Entscheidungen teilnehmen können, wenn die Politiker nicht beredt sind? Ein Parlament aus Spezialisten wäre am Ende nichts als eine Nachahmung der Bürokratie."

Es geht um nicht weniger als um die auch künftige Legitimität der parlamentarischen Demokratie. Denn so selbstverständlich ist das nicht. Moderne Kooperationsdemokratien werden immer mehr zu Verhandlungsdemokratien. Deren Absprachen aber finden immer mehr in intransparenten Räumen jenseits des parlamentarischen Ortes und seiner Kontrollmöglichkeiten statt. So sollten dann zumindest die Voraussetzungen und Ergebnisse der verhandlungsdemokratischen Arrangements in der offenen, harten und intellektuell angemessen inspirierten Debatte im parlamentarischen Raum wieder hineinverlagert werden. Sonst werden irgendwann durchaus nicht nur die Verdrossenen und Frustrierten am Rand, sondern auch kluge, reflexive und partizipationsorientierte Menschen in der Mitte der Republik fragen, wozu man das Parlament denn eigentlich noch brauche.

Wahrscheinlich ist diese skeptische Frage nach der Legitimität und Wirksamkeit der parlamentarischen Demokratie in naher Zukunft sogar unvermeidlich. Denn irgendetwas ist in der Tat ins Rutschen gekommen. Gelungene parlamentarische Demokratien lösten in ihrer Entstehungsgeschichte Aufruhr, Revolten und Revolutionen, den Einsatz von Gewalt als Mittel politischer Veränderungen ab. Denn in funktionsfähigen parlamentarischen Demokratien war Gewalt nicht mehr nötig, vor allem nicht mehr legitim. Schließlich hatten die Staatsbürger mit der Demokratie wirksame Instrumente zu Verfügung, um Einfluss zu nehmen, Kontrolle auszuüben, den Wandel friedlich zu vollziehen: das Stimmrecht, repräsentativ zusammengesetzte

Vertretungskörperschaften, durch Mehrheitsbeschluss gebildete Regierungskabinette. Doch seit ein, zwei Jahrzehnten entziehen sich – wie wir alle wissen, aber kaum jemals auf die Konsequenzen hin gründlich zu Ende diskutieren – mehr und mehr Weichenstellung der Ökonomie und der Ökologie dem nationalen Raum und daher den Festsetzungs-, Interventions- und Kontrollmöglichkeiten der Parlamente. Wesentliche Entscheidungen, die die nationalen Gesellschaften in ihren Auswirkungen treffen, tief prägen und weitreichend durchpflügen, fallen nicht mehr im Berliner Reichstag, auch nicht in den Parlamenten (oder Regierungen) in Paris, Rom, London, Moskau, Washington. Irgendwann – man kann sich sicher sein – werden junge Menschen in jungen Bewegungen die Frage nach der Legitimität von Mitteln jenseits der Verfahrensregeln einer unzuständig gewordenen parlamentarischen Demokratie wieder neu aufwerfen – und dies dann mit gewiss größerem Recht als die exaltierten Stoßtrupps der 1970er Jahre. Gerade deshalb kommt es darauf an, dass sich junge sozialdemokratische Parlamentarier nicht pausbäckig mit der politischen Entleerung des Parlamentarismus abfinden, sondern mit einiger, auch aggressiver Energie den parlamentarischen Raum erweitern, den parlamentarischen Ort der Kontrolle, Entscheidung und – keineswegs zuletzt – der offenen Kontroverse dehnen, weiten, strecken. Wir alle lieben ja Franz Müntefering. Aber nicht immer muss der Helm enger geschnallt und in Reih und Glied marschiert werden, wenn der Fraktionschef das künftig und zackig verlangt.

Die Rückkehr der Partizipationsgeneration

Gleichwohl: Es wird in den nächsten vier Jahren viel von Disziplin die Rede sein. Von Geschlossenheit. Vom Kanzler-den-Rücken-freihalten. Von neuen Räumen für Disput und Partizipation wird man weniger gern reden, wird das bei den harten Politprofis gewiss als verblasenen Idealismus abtun. Dabei basiert Rot-Grün, basiert auch die neuerliche Mehrheit von 2002 auf dieser Kollektiverfahrung von Disput und Partizipation – allerdings zurückliegender Jahre. Als Rot-Grün im Sommer des Wahlkampfes schon fast darniederlag, aktivierten sich noch einmal die Kraftpotentiale und kulturellen Mentalitäten der siebziger und frühen achtziger Jahre. Man hatte nachgerade ein Deja-vu-Erlebnis, als die verschiedenen rot-grünen Unterstützerkreise aus Sport, Kultur, Unterhaltung und Wissenschaft im August und September ihre Anzeigen schalteten – fast alles Namen, die 1972 schon für Willy kämpften und 1980 dann noch Strauß stoppten: von Lothar Emmerich bis Jürgen Habermas, von Wolfgang Völz bis Günter Grass, von Katja Epstein bis Walter Jens, von Ilja Richter bis Ulrich Beck, von Senta Berger bis Johann Baptist Metz, von Marius Müller-Westernhagen bis Peter Schneider. Und zighaft so weiter. Ein Revival der 70er. Und das war es ja, was ganz urplötzlich die schon müden Heerscharen der ersten bundesrepublikanischen Partizipationsgeneration rund sechs Wochen vor der Wahl reaktivierte. Vielleicht war Schröder nicht ihr Held, aber Stoiber war doch eindeutig der Feind. Die Partizipationsgeneration von einst machte nach größerer Auszeit für ein paar Wochen wenigstens wieder mit, verteidigte trotzig dabei die eigene politische Sozialisation, Wertewelt und Kultur gegen die vermeintlich drohende Gefahr der „Schwarzen". Das war im Übrigen der im Grunde konservative Mentalitätskern des Wahlsieges von Rot-Grün des Jahres 2002. Eine neue Mitte, ein neues Establishment der linkslibertären Küsschen-auf-die-Wange-Geber sah die eigenen Lebensformen, die eigenen kulturellen Errungenschaften durch den „reaktionären Bayern" bedroht – und schlug im letzten Moment nach einer lange währenden Phase ästhetisch nörgelnder Reserve heftig zurück. Währenddessen blieben im Westen der Republik diejenigen, die es sozial nicht in die grünrote Neue-Mittelschicht-Schickeria geschafft hatten, in keineswegs unerheblichen Teilen den Urnen fern oder konvertierten zur Union.

So schöpfte Rot-Grün in den dramatischen Schlusswochen des Wahlkampfes noch einmal und bemerkenswert erfolgreich aus alten Quellen. Rot-Grün remobilisierte die (neuakademische) Beteiligungskohorte der sozialliberalen Jahre. Aber man wird nicht für alle Zeiten und zu allen Gelegenheiten aus alten Depots zehren können. Ein paar neue Vorräte müssen schon angelegt, einige Bewegungs- und Energiequellen neu erschlossen werden. Insofern haben sich junge Sozialdemokraten einer neuen Generation auch um neue Beteiligungsformen zu kümmern. Denn allein aktive Beteiligung am Politischen bindet und prägt – auch über den Tag hinaus. Potential und Kompetenz dafür gibt es, wie Partizipationsforscher mit eindrucksvollen Belegen zu betonen nicht müde werden, in der Gesellschaft genug, aber die Politik vermeidet es seit gut zwanzig Jahren, dieses Potential ernsthaft institutionell – mit neuen Räumen, neuen Formen und natürlich auch neuen Risiken – einzubeziehen. Das ist auch bei den Sozialdemokraten nicht anders. Hier hatten all die Netzwerke, die in den letzten Jahren bundesgeschäftsmäßig ausgerufen worden sind, ganz überwiegend die Funktion, medialen Wirbel auszulösen, nicht aber schwierige, konfliktreiche, schwer steuerbare Beteiligungsstrukturen dauerhaft zu etablieren und in die Meinungsbildungsprozesse der Partei einzufügen. Doch wenn Menschen sich nicht beteiligen, obwohl sie dazu von Kompetenz und Intellektualität in der Lage wären, dann verlegen sie sich auf schlecht gelaunte Nörgelei und zynische oder resignative Distanz. Dann wird das rot-grüne Vorfeld mit der Zeit verdorren.

Sinnentleerung und Sinnerneuerung

Natürlich: Menschen beteiligen sich nur, wenn sie darin einen Sinn sehen, wenn ihre Aktivitäten einen Sinn ergeben. Sinn ist der Ausgangspunkt und Antriebsstoff für Engagement, Anstrengungen, Zuwendung, ja für Selbstlosigkeit und Solidarität. Früher haben das die Parteien sehr genau gewusst, haben ihren Sinn- und Überzeugungskern daher außerordentlich pfleglich behandelt. Heute sind es bemerkenswerterweise eher privatwirtschaftlich tätige Markt- und Zukunftsforschungsinstitute, die auf die im Übrigen gar noch gewachsene Bedeutung von Sinn hinweisen. Moderne Gesellschaften verschlingen und verbrauchen die traditionellen Sinnreserven, aber zugleich wächst gerade in ihnen durch ihre rhapsodischen und fragmentarischen Sozialbeziehungen der Bedarf nach Sinn und Identität. Allein, die Parteien, die das alles – nochmals – schon einmal sehr genau wussten, gehen heute mit der Sinnfrage ganz nonchalant und schnoddrig um, die Sozialdemokraten keineswegs zuletzt. In den Parteien dröhnen und dominieren die Nur-Pragmatiker, auch da stehen die Sozialdemokraten nicht hinten an.

Eben das hätte sie 2002 fast die Macht gekostet. Da die modernen sozialdemokratischen Pragmatiker über eine eindeutige Sinnperspektive ihres Tuns nicht verfügten, wechselten sie im 14-Tage-Turnus ihre Formeln, Parolen und Metaphern. Die eigenen Anhänger waren monatelang verwirrt und deaktiviert. Das Plakat- und Spotmarketing der sinnentleerten Pragmatiker mochte wohl professionell gewesen sein, aber Richtung, Begründung, Perspektiven, Ziel und Zukunftsbild der eigenen Politik blieben unklar. Auch der Kanzler half da nicht weiter. Er ist ein großer und zweifellos begnadeter Situationist, der Gelegenheiten früh – früher vor allem als andere – wittert und beherzt nutzt, aber keinen Begründungsbogen seiner pointilistischen Politik spannen und Sinnperspektiven darüber wölben kann. So griff er dann gut zwei Monate vor dem Wahltag in die alten Sinntöpfe, spielte auf der Klaviatur traditionsreicher sozialdemokratischer Friedenssehnsüchte und sozialer Gerechtigkeitsgefühle. Erst dadurch transferierten sich seine demoskopischen Popularitätswerte in sozialdemokratische Zustimmungsraten und bauten schließlich die Kanzlermehrheit auf.

Doch ewig wird das Spiel so nicht weitergehen. Ewig werden die sinnentleerten Neopragmatiker des sozialdemokratischen Managements nicht in Notsituationen auf die sonst verachteten Sinnreserven der sonst verachteten alten Sozialdemokratie zurückgreifen können. Die überlieferten Sinnströme versiegen einfach mit der Zeit. Man wird also – und auch hier sind die jungen Sozialdemokraten gefordert – über neue Muster von Sinn und Identitäten nachdenken müssen, die die eigenen Anhänger überzeugen und in Bewegung setzen können. Man wird es sich jedenfalls nicht mehr gefallen lassen dürfen, dass sozialdemokratische Programmdebatten kühl von oben für ein ganzes Wahljahr ausgesetzt werden, wie es der Kanzler auf dem Parteitag 2001 widerspruchslos dekretiert hat. Die Grünen, wenngleich ebenfalls keine allzu diskursive Partei mehr, haben es schließlich anders gemacht, haben zu Beginn des Wahljahres ihr neues Programm offen und öffentlich diskutiert, am Ende verabschiedet. Geschadet hat es ihnen bekanntermaßen nicht. Es ist immer das gleiche Problem: Die Sozialdemokraten fürchten seit den neunziger Jahren die Kontroverse, den Streit, den großen Konflikt. Dabei würde das offenkundig erwartete Chaos sowieso nicht ausbrechen, weil für die furiose innerparteiliche Auseinandersetzung in der SPD die Energie und Leidenschaft mittlerweile fehlen. Im Übrigen aber: Konflikte bergen und produzieren stets das Sozial- und Normenkapital von morgen; sie binden und prägen Beteiligte und Mitwirkende auch für eine lange Zukunft. Zurzeit aber lebt die Sozialdemokratie ganz überwiegend aus dem Normenkapital, aus den Loyalitäten und Bindungsbezügen der Vergangenheit, aus der Konfliktära des Sozialliberalismus. Will sie aber auch in 12 Jahren noch erfolgreich Wahlkämpfe führen, dann wird sie heute durch eine gewiss nicht ganz einfache Phase der Dispute, der Partizipation und der Sinnerneuerung hindurchgehen müssen.

Gesucht: Führungsnachwuchs mit phantasiereichem Zukunftsblick

Es gibt schon merkwürdige Ungleichzeitigkeiten. Vor gut dreißig Jahren reideologisierte sich die bundesdeutsche Republik – eigentlich ohne einen vernünftigen Grund. Denn schließlich war die Gesellschaft längst bereits im Fluss, war mithin schon vor den außerparlamentarischen Bewegtheiten ein gutes Stück auf dem Weg zu mehr Toleranz, Liberalität, Vielfalt, Offenheit und auch sozialer Emanzipation vorangekommen. Heute dagegen gehört es zum guten Ton, Pragmatiker zu sein, ironisch über Visionen zu reden, Witzchen über Programme zu machen, bekennender Gegner von radikalen Entwürfen und fundamentalistischen Einstellungen zu sein. Doch im Unterschied zu den siebziger Jahren sind die Probleme der Gesellschaft inzwischen in der Tat fundamental, dramatisch, von historischem Ausmaß. Kein Situationist und Nur-Pragmatiker ohne Perspektive und Prioritäten wird sie lösen können. Daher wäre es gegenwärtig nicht schlecht, wenn ein entschlossener Führungsnachwuchs den selbstgenügsamen und ziellosen Pragmatismus hinter sich lässt und die radikale Leidenschaft, unerbittliche Konsequenz und konzeptionelle Zielorientierung aufbringt, die man braucht, um die bislang sedierten Stimmbürger aufzurütteln und von einem schwierigen politischen Weg zu überzeugen. Aus dem ideologischen Überschwang in den 1970er Jahren konnte gewiss nur ein vernünftiger, nüchterner Pragmatiker herausführen. Um aus der Ödnis und Erstarrung des zielentleerten Pragmatismus heute herauszukommen, braucht man aber wohl demnächst eher ein paar Politiker mit Phantasie, analytischer Schärfe, weitem Zukunftsblick, kühnem Mut und reformerischer Radikalität.

Wir werden sehen, ob es diesen Typus in der Nach-Schröder-Generation gibt. Wenn nicht, dann wird es in der Tat nicht ganz einfach für die Sozialdemokratie in Deutschland.

(2002)

Politik in der Vetogesellschaft

Es ist Oktober. Und die Deutschen sind wieder einmal unzufrieden mit ihren Regierenden. Das werden wir übrigens auch im Herbst 2003 so erleben. Genau so gut im Herbst 2004. Und daran wird sich nicht das Geringste geändert haben, wenn im November 2006 der Kanzler womöglich nicht mehr Schröder heißt, sondern vielleicht Merkel, Koch, Platzeck, Gabriel oder wie auch sonst. Immerfort wird man in den Zeitungen dieser Republik verlässlich zu lesen bekommen, dass die Regierung lediglich Flickwerk betreibt, dass die große politische Linie fehlt, dass der Kanzler nicht konzeptionell führt. Ab und an werden uns deftige Schlagzeilen überdies darüber belehren, dass wir eigentlich überhaupt noch niemals so jämmerlich, dilettantisch und visionslos regiert wurden wie gerade jeweils jetzt.

Westminster ist kein Maßstab

Denn so läuft es seit eh und je in der deutschen Bundesrepublik. Politik war hier nie der große, kühne, ordnungspolitisch streng nach einem Masterplan agierende Vollstrecker des Volkswillens; Politik im Innern war stets Krisenmanagement, Stückwerk, natürlich auch Intrige, Zerwürfnis, Verrat. Die Panne und der Misserfolg, der schlechte Kompromiss auf dem kleinsten Nenner, das Vertagen des Problems waren nicht die Ausnahme, sie waren die Substanz der Politik schlechthin – von Adenauer bis Kohl, über Brandt und Schmidt. Aber kurioserweise stellen sich das die Menschen in diesem Lande immer noch anders vor. Es ist nach wie vor der große Befreiungsschlag, die generalstabsmäßig verfasste Strategie, die professionell akkurate Umsetzung, die harmonische Geschlossenheit von Regierung und Regierungsparteien, die sie von Politik erwarten. Und merkwürdigerweise haben sie stets den Eindruck immer gerade in der je aktuellen Gegenwart besonders jämmerlich und chaotisch regiert zu werden, obwohl sie in all den gut fünfzig Jahren zuvor ganz ähnlich schon über Kanzler und Kabinette geschimpft, geprangert und gehämt haben.

Insofern ist es kaum mehr als ein Running-Gag, dass auch jetzt wieder die gesamte Journaille von links bis rechts, soweit solche Richtungsmerkmale in dieser mittlerweile soziologisch-kulturell ziemlich uniformierten Einheitsklasse der Deutungseliten überhaupt noch erkennbar sind, wieder mit dick aufgeblasenen Backen in die Empörungstrompete bläst. Alles fragt auch diesmal mit der üblich monotonen Gedankenlosigkeit nach dem großen Aufbruch, attackiert natürlich den Kanzler wegen seines fehlenden Mutes zur großen Reform. Und so weiter. Es ist eben wie stets, nur noch ein Stückchen alarmistischer, dröhnender, ultimativer und ungeduldiger als in den Jahrzehnten zuvor. Auch das wird, man muss es befürchten, künftig so weitergehen. Doch könnte das dann in eine neue Qualität der politischen Desorientierung führen. Denn das Bild von Politik wird im Zuge der medienmodernisierten Kommunikation und Reduktion allmählich nachgerade vormodern. Es gibt da die eine Hauptstadt, die eine Regierungsmacht, den einen Regierungschef. Auf diesen einen Punkt konzentrieren sich alle politischen Kommentare und Erwartungen wie zu Zeiten nicht weiter differenzierter Gesellschaften. Der Staat ist in dieser Perspektive immer noch Zentrum und Spitze der Gesellschaft. So vermitteln es schließlich nicht nur die Medien. So konnte man es auch in der Schule lernen, wo ganze Tausendschaften von unkundigen Sozialkundelehrern den Schülern die Demokratie am Beispiel des englischen Westminstermodells erklären. Dort gibt es das Mehrheitswahlrecht; da ist die eine in Wahlen siegreiche Partei, die an der Spitze eines Zentralstaats dann ungestört durch lästige Koalitionszwänge und föderale Beschränkungen über die gesamte Legislaturperiode hinweg die Möglichkeit hat, ihr politisches Programm kohärent zu verwirklichen und die Gesellschaft tief zu durchdringen. Eben diese Vorstellung von Staat und Regierung, als die zentral regelnden, steuernden und prägenden Leitinstanzen der Gesellschaft, dominiert auch den politischen Alltagsdiskurs in Deutschland. Denn dies ist die Erwartung der Menschen an Staat, Regierung und Politik seit jeher. Im Prozess der Modernisierung mit ihrem rasch wachsenden Problemhaushalt hat sich diese Erwartung an den Staat als den zügig handelnden und kohärent steuernden Problemlöser noch weiter erhöht. Die Crux allerdings ist, dass im Zuge der gesellschaftlichen Ausdifferenzierung der Steuerungsbedarf moderner Gesellschaften zwar erheblich angewachsen ist, die Steuerungskapazitäten des modernen Staates aber erheblich abgenommen haben. Wir denken an den alten Staat der Vormoderne und verlangen, was der moderne Staat gar nicht mehr bieten und leisten kann.

Jedenfalls nicht in Deutschland. In Deutschland vor allem taugt die reine Lehre des englischen Westminstermodells nicht, um die Politik der Regierungen zu beurteilen. Doch ist dieses Modell der Maßstab des politischen Kommentars schlechthin in Deutschland. An diesem Maßstab aber kann sich

Regierungspolitik hierzulande nur übel blamieren. Politik wird an Kriterien gemessen, die sie nicht zu erfüllen vermag. Ständig wird der große Aufbruch, das konzise Projekt, der stimmige Reformentwurf postuliert. Das alles aber kann es aus allerlei strukturellen Gründen nicht geben. Deutsche Politik wäre vernünftigerweise daran zu messen, ob ihren Akteuren ein guter Kuhhandel gelingt, ob sie einen ordentlichen Flickenteppich weben, ob sie geschickt ausgleichen, hin und wieder auch im richtigen Moment wegtauchen, ob sie das Management der Widersprüchlichkeiten und Interessengegensätze zustande bringen. Doch das, was das Optimum deutscher Politik wäre, ist nach den Maßstäben des politischen Kommentars immer nur ein schlechter Kompromiss, ungenügendes Stückwerk, visionsloses Kleinklein. Irgendwann sollte man vielleicht doch einmal darüber nachdenken, wie sehr der Maßstab des politischen Kommentars in Deutschland zur Depolitisierung der Nation beigetragen hat.

Institutionelle Reformfeindlichkeit

Dabei ist eigentlich schon oft genug erzählt worden, warum in Deutschland Politik als Projekt nicht funktioniert, jedenfalls nicht in der Innenpolitik. Es mangelt nicht an luziden Analysen darüber, wieso die große Reform oder die scharfe Wende trotz aller vollmundigen Rhetorik einst schon bei den Herren Brandt und Kohl nie zustande kam. In Deutschland fehlen im Unterschied zu England die zentralstaatlichen Machtquellen und Instrumente, um über Politik die Gesellschaft kohärent zu formen und zu bewegen. Dazu ist die Macht in Deutschland zu sehr zersplittert; dazu fahren hier der Bundesregierung zu viele mächtige Vetospieler in die Parade. Der Bundesrat und die Ministerpräsidenten – vor allem natürlich die der Opposition – konterkarieren den Kanzler; das Bundesverfassungsgericht zieht dem Bundeskabinett enge Grenzen; die autonome europäische Notenbank diktiert den Regierungen die Geldpolitik. Schließlich hat ein deutscher Bundeskanzler in aller Regel noch Rücksicht auf einen Koalitionspartner zu nehmen. Überdies gibt es seit der Partizipationsrevolution der 70er Jahre ganze Legionen von artikulationsfreudigen Bürgerinitiativen und Verbänden, die den rasch kuschenden Politikern robust klar machen, was sie alles nicht haben wollen. Das meiste davon braucht einen englischen Prime Minister nicht zu scheren. Er kann in kurzer Zeit von oben geradlinig durchsetzen, was ein deutscher Kanzler nur in langen Zeiträumen nach vielen Umwegen und noch mehr Kompromissen höchstens in kleinen Schritten Stück für Stück zu erreichen vermag. Höchstens, wie gesagt. Schröder kann nicht Blair sein, erst recht nicht Thatcher – selbst wenn er es wollte. Und für den Kandidaten aus Bayern, wäre er denn erfolgreich gewesen, hätte das im Übrigen ganz genauso gegolten.

Schon institutionell also ist die deutsche Politik nicht für den großen kohärenten Wurf, für kraftvolle Reformen aus einem Guss gerüstet. Doch ist der öffentliche Maßstab der Politik immer noch das stimmige Konzept und die wuchtige Aktion. Und zum öffentlichen Bild von einem guten Politiker gehört der entschlossene Vorkämpfer, der entscheidungsfreudige Anführer, der Mann mit mitreißenden Visionen, präzisen Strategien und großer sachlicher Kompetenz. Von alledem aber darf ein Politiker, der es in Deutschland weit bringen und auch etwas in Bewegung setzen will, nicht allzu viel haben. Er würde sonst brutal scheitern. In der fragmentierten bundesdeutschen Gesellschaft mit ihren vielen antagonistischen Machtzentren muss ein guter Politiker vielmehr ein sehr geschmeidiger Mensch sein, sehr integrativ, sehr flexibel, sehr anpassungsfähig, mit viel wachem Instinkt für Stimmungen und möglichst wenigen, dann aber unbeirrbaren, granitenen Grundüberzeugungen in den zwei bis drei Kernfragen der Republik. In allen anderen Fragen braucht er sich weder exzellent auszukennen noch irgendwelche festen Glaubensbekenntnisse zu besitzen; das würde nur stören. Er muss zäh sein, geduldig, muss lange Wege gehen und viele Enttäuschungen ertragen können. Er darf vor allem kein dogmatischer Ordnungspolitiker sein. Mit Ordnungspolitik ist in der Verhandlungsdemokratie, bei der stets ein ganz verwaschener Kompromiss herauskommt, nichts zu bestellen.

So bringen in aller Regel auch erfolgreiche Wirtschaftsführer, erstklassige Ökonomen, hervorragende Naturwissenschaftler und großartige Ingenieure oder Techniker in der Politik nichts zustande. Sie übertragen die Regeln ihrer Profession auf die Politik, gehen logisch vor, definieren scharf die Ziele und konstruieren danach einen streng berechneten Aktionsplan. In der Politik aber geht es ganz unlogisch zu; Stimmungen spielen eine erheblich größere, wenn nicht ausschlaggebende Rolle; die Ziele wechseln oder kristallisieren sich oft erst im politischen Prozess heraus; und feste Pläne begrenzen nur den Handlungsspielraum, den Politik in komplexen und dynamischen Gesellschaften braucht. Wirtschaftsführer treffen ihre Entscheidungen rasch und effizient in kleinen Kreisen; die Betriebsinteressen sind eindeutig festgelegt; die Öffentlichkeit schaut nicht hin und muss nicht überzeugt werden. Die Politiker dagegen stehen mit all ihren Handlungen im Scheinwerfer der Öffentlichkeit; sie müssen sich nicht nur dort, sondern in etlichen Gremien, Institutionen, Ausschüssen rechtfertigen und sukzessive Mehrheiten aus

Gruppen mit oft höchst unterschiedlichen Interessen zusammenbasteln. Die Politiker müssen improvisieren, lavieren und taktieren, die Wissenschaftler und Wirtschaftsführer dürfen es nicht. Die Ökonomen und Manager müssen Effizienz, Rationalität und Kohärenz anstreben, der Politiker kann es nicht. In der Politik gibt es gewissermaßen die Funktionalität der Ineffizienz. Das Pech für die Politik ist, dass man sie aber an Maßstäben misst, die als Regelsysteme für die Teilsektoren Ökonomie und Wissenschaft trefflich passen, für die politische Steuerung von sozial komplexen und politisch fragmentierten Gesellschaften indessen ganz unangemessen sind.

So aber bleibt die Aufgeregtheit und Radikalität der politischen Kritik in Deutschland richtungs- und wirkungslos. Alle tun so, als wollten sie die große Reform, als wollten sie Politik als zielorientiertes und strategisches Projekt, aber niemand tritt in Deutschland zumindest für die institutionellen Voraussetzungen einer solchen Politik ein. In Feiertagsreden wird gern der Primat der Politik beschworen. Im Alltag tritt kaum jemand für die Einführung des Mehrheitswahlrechts ein, für die Liquidierung des Föderalismus, für die Abschaffung des Bundesverfassungsgerichts, für die Entmachtung der autonomen europäischen Notenbank, für die Auflösung des Bundesrates. Denn nur dadurch würde man eine Zentralregierung bekommen können, die Reformen autonom und zügig auf den Weg bringen und die Gesellschaft kräftig durchpflügen kann. Davor aber schrecken in Deutschland alle zurück. Sie ahnen, dass es dann vorbei wäre mit der lauen Behaglichkeit der politischen Kultur, mit der angenehmen Sedierung scharfer Konflikte. Es würde vielmehr ziemlich ungemütlich werden. Das aber möchte die Regierung nicht. Das will natürlich auch die Opposition nicht wirklich. Und das Volk schätzt es erst recht nicht. So werden auch künftig alle weiter ganz folgenlos nölen und nörgeln – und laut nach der großen Reform schreien, die sie im tiefsten Inneren doch so furchtbar fürchten.

(2002)

Flickschusterei? So war es doch immer

Politik in Berlin: ziemlich viel Chaos, ein großes und ratloses Hin und Her, Zwistigkeiten zwischen den Koalitionspartnern und immerzu dramatische Krisenszenarien, Gerüchteparolen, aufgeblasene Empörung. Alles ganz furchtbar. Aber alles auch ganz trivial. Denn so lief das schon fünfzig Jahre lang zuvor in der kleinen Bundeshauptstadt am Rhein. Die Hundert-Tage-Bilanzen der Regierungen fielen bereits damals regelmäßig trostlos aus. Auch die erfahrensten Strategen unter den deutschen Kanzlern bekamen in den ersten Wochen und Monaten nach den Wahlen nicht viel hin, hatten allesamt ihre liebe Mühe, das Räderwerk des Regierungsgeschäfts zum Laufen zu bringen. Vor allem der als effizienter Macher und Manager noch heute weithin gepriesene Helmut Schmidt war nach den Wahlsiegen 1976 und 1980 völlig von der Rolle, hatte sich seinerzeit schon des Vorwurfs der „Rentenlüge", des Wahlkampfbetrugs also, zu erwehren. Und der große Staatsmann und Langzeitkanzler Helmut Kohl brauchte ein langes halbes Jahrzehnt, um das Kanzleramt zu einer einigermaßen funktionsfähigen Schaltzentrale der Regierungspolitik zu machen. Bis dahin gab es eben viel Durcheinander, viel Konfusion, viele Konflikte zwischen den Regierungsparteien und immer wieder dramatische Gerüchte über das vorzeitige Aus der Kanzlerschaft Kohl. Ludwig Erhard, Willy Brandt und selbst Konrad Adenauer ging es keineswegs anders. Man hat das alles nur wunderlicherweise verdrängt.

Politik als improvisiertes Zusammenbasteln

So gesehen bräuchte sich Gerhard Schröder eigentlich nicht zu sehr zu grämen und zu viel Sorgen zu machen, selbst wenn alles so weitergehen sollte, was mittlerweile Tag für Tag in grellen Schlagzeilen lauthals angeprangert wird: Die Regierung wird an keiner Stelle eine Politik aus einem Guss betreiben; sie wird ihre Gesetzesvorlagen ständig korrigieren, umwerfen, abschwächen, neu zurechtzimmern. Der eine Minister wird zwischenzeitlich dies, der andere darauf etwas ganz Anderes verkünden. Der Kanzler wird dazu lange schweigen, später dann beides energisch dementieren. Am Ende all des Kuddelmuddels und Gewurschtels wird viel Flickschusterei, ein ziemlich richtungsloser Kompromiss stehen. Exakt so wird es kommen. Und exakt so würde Politik auch dann noch verlaufen, käme es 2006 zu einem Regierungswechsel mit einem christdemokratischen Kanzler – und 2010 die Rolle rückwärts nochmals erfolgen sollte. Denn das alles sind keine zeitweiligen Pannen und Missgriffe; es ist die Substanz und es ist die Struktur von Politik in Deutschland schlechthin.

Natürlich wissen alle erfahrenen politischen Praktiker, ob nun in den Parteien oder im kommentierenden Journalismus, dass es so ist und so sein muss. Aber dennoch tun alle so, als wäre es auch ganz anders möglich. Die gesamte politische Öffentlichkeit operiert mit einem Begriff des Politischen, der zumindest in Deutschland nicht von dieser Welt ist. Eben dadurch wird fast jeder Kommentar über den wirklichen Politikbetrieb in Bonn zu einem aufgeregten Krisenmelodram, zu einer dramatischen Katastrophenoper, zu einem alarmistischen Paukenschlag. Und politisch bleibt alles ganz folgenlos.

Irgendwie sind es immer noch die Maßstäbe aus den frühen demokratietheoretischen Modellen des 19. Jahrhunderts, die da einflussreich herumgeistern: Eine Mehrheit der Wähler schickt demnach eine Partei in die Regierung, damit diese von dort aus mit den zentralstaatlichen Machtinstrumenten ihre programmatischen Konzepte verwirklichen und so die Gesellschaft durchformen, gestalten, prägen kann. Das mag ein wenig so noch immer für das englische Regierungssystem gelten. Das entspricht aber schon längst nicht mehr der Realität der meisten europäischen Staaten. Für Deutschland jedenfalls trifft es gar nicht zu. In Deutschland gibt es den zentralstaatlichen politischen Souverän nicht. In Deutschland haben wir gewissermaßen einen, wie es die amerikanischen Politologen nennen, „semisovereign state". In Deutschland ist die politische und gesellschaftliche Macht extrem fragmentiert; hier gibt es eine Menge Nebenregierungen und Einflussparzellen, die das Bonner Kabinett zu einem sicher nicht gänzlich einflusslosen, aber auch nicht uneingeschränkt souverän entscheidenden Akteur unter vielen anderen in der Arena der Macht reduzieren. Das Bundesverfassungsgericht schreibt der Regierung detailliert vor, wie sie Familienpolitik zu betreiben hat. Die Notenbank hat nicht zu kümmern, was die Bundesregierung zins- und geldpolitisch für richtig hält. Ohne die Zustimmung der Ministerpräsidenten kann der Kanzler in Bonn innenpolitisch kaum etwas zuwege bringen. Gegen die Interessenverbände lassen sich in Deutschland Gesetze nicht durchsetzen.

Und über all diese Institutionen ist immer auch die politische Opposition weiter mit im aktiven Spiel, in den Entscheidungsprozess eingebunden, aber natürlich am Erfolg der Regierung keineswegs interessiert. Überdies gibt es seit der Partizipationsrevolution der siebziger Jahre ganze Hundertschaften von artikulationsfreudigen Bürgerinitiativen und Organisationen, die den Politikern robust klarmachen, was sie alles nicht haben wollen. In einer solchen Machtstruktur ist Politik, gleichviel welcher Couleur, immer zu einer mühsam ausbalancierten Kompromisspolitik gezwungen, meist auf dem kleinsten gemeinsamen Nenner. Die Alternative ist allein: völlige Blockade, Paralyse, rien ne va plus. Kein Kanzler, gleich welcher Partei, bekommt unter diesen Machtverhältnissen ein konzises politisches Projekt durch. Politik bedeutet unter diesen Bedingungen immer flexibles, improvisiertes Zusammenbasteln von gegensätzlichen, heterogenen, disparaten Positionen. Besonders schön fällt das Endprodukt einer solchen Politik nie aus. Ein stimmiges, kohärentes Projekt kommt dabei nicht zustande.

Zwischen Telegesellschaft und Kompromisszwang

Doch ist dieses kohärente Projekt der Maßstab des politischen Urteils in Deutschland. Und einiges spricht ja auch dafür, dass das Land zielgerichtet aus seinen kumulierenden Dilemmata herausgeführt werden muss. Zugleich aber denkt keine einflussreiche Kraft in der deutschen Republik ernsthaft daran, die institutionellen Voraussetzungen für „Politik als Richtungsprojekt mit rotem Faden" herzustellen. Niemand tritt in Deutschland für die Abschaffung der vielen Regionalwahlen ein, für die Liquidierung des Föderalismus, für die Beseitigung oder auch nur die Reform des Bundesverfassungsgerichts und der autonomen Notenbank. Und so weiter. Für eine solche Systemtransformation gibt es nirgendwo einen gesellschaftlichen oder politischen Motor. Das aber macht die Fundamentalkritik in Deutschland am muddling through sämtlicher Regierungen so richtungs- und wirkungslos. Alle haben sich mit den Voraussetzungen der föderalen Verhandlungs- und Konkordanzdemokratie abgefunden (weil ihre unzweifelhaften Stabilitätsvorteile ja auch sehr angenehm sind), aber alle tun trotzdem so, als wünschten sie eigentlich die zentralstaatlich orientierte Wettbewerbsdemokratie, um kraftvolle Innovationen und Reformen zustande zu bringen.

Doch wäre es unter scharfen wettbewerbsdemokratischen Bedingungen dann passé mit der kommoden Stabilität der politischen Kultur. Es wäre vorbei mit Konsens, sozialem Frieden, Integration und Ausgleich, was in Wahrheit die Deutschen doch so über alles schätzen. Minderheiten jedenfalls haben in Wettbewerbsdemokratien nichts zu lachen; sie werden politisch chronisch vernachlässigt und benachteiligt. Und oft genug werden in harten Wettbewerbsdemokratien mit starker Zentralmacht eben mangels geduldiger Kooperation und austarierendem Konsens die Gesetze überstürzt und schlampig im wilden Parforceritt durch die Parlamente gepeitscht. Solcherlei Fundamentalreformen stiften am Ende mehr Schaden als Nutzen – und sind schließlich nur noch schwer zu korrigieren, meist allein nach empörten öffentlichen Massenprotesten, gar militant geführten Streiks. Nichts davon wollen die behäbigen und ängstlichen Deutschen natürlich ernsthaft. Und doch ist die zentralstaatliche Wettbewerbsdemokratie Kriterium und Maßstab des politischen Diskurses in Deutschland, am Stammtisch so gut wie in den Zeitungsredaktionen.

Verrückterweise spielen die Politiker – voran natürlich diejenigen der jeweiligen Opposition – dieses Spiel mit, obwohl sie immer mehr zum Opfer ihrer eigenen Inszenierung werden. Sie wissen, wie eng ihr Handlungsraum ist. Sie wissen, wie stark die Verhandlungs- und Vermittlungszwänge ihre politische Souveränität einschnüren und begrenzen. Aber sie tun doch jederzeit so, als wären sie die potenten politischen Gladiatoren, die mächtigen Lenker der Staatsgeschäfte. Doch dann müssen sie die selbst erzeugten Erwartungen immer enttäuschen, weil die reklamierte kraftvolle Führung mit der realen saftlosen Moderatorenrolle nicht recht harmonisieren will. Eben das hat den tiefen Frust erzeugt, der wie ein depressiver Schleier über der Republik liegt.

Darin liegt die Gefahr vor allem einer exponierten Fernsehpolitikerschaft. Die Telegesellschaft verstärkt den Eindruck einer im Grunde allmächtigen Zentralregierung mit einem im Grunde allmächtigen Bundeskanzler an ihrer Spitze. In der Telegesellschaft kommen Handlungsrestriktionen, institutionelle Einflussstrukturen, kommen Kompromisse und Zwänge nicht vor. In der Telepolitik zählt allein die Person ganz oben, die gewinnt oder verliert. Dazwischen gibt es nichts. Und da die Spitzenpolitiker als Telepolitiker nun nicht gut die Rolle des Verlierers und Schwachen spielen können, mimen sie pausenlos die kraftvollen Machertypen, die alles entscheidungsfreudig ganz fest – „Chefsache" – im Griff haben. Doch das Krisenmanagement des Kompromisses, das den wahren Alltag des Regierens ausmacht, delegitimiert diese Attitüde peu à peu. Und es führt zur Geringschätzung, ja Verachtung von Politik, Parteien, Parlament.

Dazu: Es ist in der Telegesellschaft schwer, unorthodoxe und eigensinnige Reformprojekte auf den gesetzgeberischen Weg zu bringen. Denn die Scheinwerfer der Telegesellschaft leuchten schon die frühen tastenden Diskussionsprozesse und ersten Referentenentwürfe in den Ministerien aus. Das mobilisiert dann eher denn je die laut drohenden Verhinderungsbataillone der Gesellschaft und drängt die Regierenden in aller Regel zu eiligen Dementis und hastigen Rückzugsbewegungen. Insofern ist auch die Telegesellschaft, zumindest in dieser Hinsicht, ein Statusquo-Instrument der bundesdeutschen Konkordanzdemokratie. Man wird jedenfalls dem Arkanbereich der klassischen Politik noch nachweinen, in dem sehr verborgen und in aller Ruhe Politik gründlich vorbereitet, ihre Folgen reflexiv ausgemessen und ihre Umsetzung kaltblütig betrieben werden konnte. Irgendwann in den fünfziger Jahren war das. Seither wurde es immer schwieriger.

Doch nutzen solche Sentimentalitäten natürlich nichts. Politik wird auch künftig zu einem großen Stück Telepolitik sein. Überdies, es ist gewiss schwierig, aber es ist zu machen: Man kann mit Telepolitik auch Strukturen in Bewegung bringen, Vorhaben initiieren, neue politische Ansprüche und Ideen stimulieren, Bevölkerungsmehrheiten gegen begrenzte Gruppeninteressen mobilisieren. Ronald Reagan hat dies in den frühen 1980er Jahren glänzend exerziert. Aber auch der österreichische Sozialist Bruno Kreisky hat es vorgemacht, der damit während der siebziger Jahre dreimal hintereinander die absolute Mehrheit für seine Partei holte, was sonst keiner sozialdemokratischen Partei dieser Welt jemals gelungen ist. Auch Kreisky war ein brillanter Journalisten- und Telepolitiker. Aber er wusste – wie Reagan und ein bisschen auch Tony Blair – wohin er wollte. Sie alle waren wendige und bedenkenlose Taktiker, doch sie hatten dabei scharf umrissene Ziele, waren gewissermaßen durchdrungen von einer spezifischen Idee, ja Mission. Bei ihnen verschmolz Telepolitik mit richtungsorientiertem Leadership.

Darauf aber wartet man bei Gerhard Schröder. Die große Fundamentalreform wird er in Deutschland nicht lancieren. Schon gar nicht durchsetzen. Aber ein wenig erkennbar in eine solche Richtung könnte er schon seine teleplebiszitären Auftritte lenken. Mehr kann man von einem Kanzler in Deutschland nicht erwarten. Soviel allerdings wird man auch erwarten dürfen. Wer mehr will, der muss an die Grundlagen des politischen Systems der Bundesrepublik heran. Davor scheuen bislang aber alle zurück. Dadurch aber fehlen dem wütenden Lamento dieser Tage Richtung und Ziel. Daher bleibt allein die folgenlose Depression.

(2002)

Durchwursteln als Daseinsform

Natürlich, Arnulf Baring hat mit seiner Brandschrift nicht ganz Unrecht: Die deutschen Parteien befinden sich in einem erbärmlichen, besorgniserregenden Zustand. Seit Jahren schon führen sie keine harten, leidenschaftlichen, erregten Debatten mehr über die Kernfragen der Nation. Sie sind stillgelegte, ermattete, im Grunde erloschene Gebilde. Es gibt dort niemanden mehr, der einen glanzvollen, stimmigen, originären Entwurf des Sozialdemokratischen oder Liberalen oder Christdemokratischen oder Ökologischen ausbreiten könnte. Es gibt, überhaupt, nicht mehr den Typus des Programmatikers, des Vordenkers, des Konzeptionalisten. Da ist niemand mehr, der den Ethos der Partei fortzuschreiben vermag, der in langen Linien denkt, der Bilder von der wünschenswerten Gesellschaft des Jahres 2010 oder 2020 zeichnen könnte. Man findet dort auch nicht mehr den Typus des wuchtigen, mitreißenden, von seiner Mission unbeirrt überzeugten und daher aktivierenden Rhetoren und Tribunen. Und man stößt erst recht nicht auf den großen Parteiführer, der die Traditionsbataillone zwar sorgfältig sammelt und behutsam zusammenhält, aber doch auch mit harter Hand, verwegenem Mut und klarem Blick für die künftige Richtung vorantreibt, weiterzieht, nach vorn drängt.

Denn für all das muss man schließlich wissen, wohin die Reise eigentlich führen soll; man braucht einen harten Überzeugungskern; man sollte über eine sichere Vorstellung vom Morgen und Übermorgen verfügen. Doch das alles ist perdu. Und es ist die schreckliche Folge jenes pausbäckigen, dröhnenden Pragmatismus der 1990er Jahre. Gewiss, die pragmatische Attitüde war als Reaktion und Antwort auf den doktrinären Ideologismus der 1970er Jahre verständlich. Aber der sinn- und zielentleerte Pragmatismus hat letztlich nicht allein den weltfremden Ideologismus zur Strecke gebracht, sondern jede Form programmatischer Nachdenklichkeit und politischen Konzeptionsanspruchs denunziert. So verschwanden die Epplers, Löwenthals, Maihofers, Flachs, schließlich auch die Biedenkopfs und Weizsäckers ersatzlos aus der Welt der Parteien. Das waren dann die Jahre, in denen alle – eben auch das jetzt so wütend lärmende deutsche Bürgertum – Gerhard Schröder liebten. Alle Welt frohlockte und jubelte entzückt, als Schröder damals sich über Grundsätze seiner Partei lustig machte, Prinzipen verspottete, Visionen diskreditierte. Aber jetzt, in diesen Tagen, ist der Republik der Spaß an ihrem

Schröder vergangen, da sie sieht, dass die Schröders der Politik – zu der natürlich ebenso auch Frau Merkel, Herr Stoiber und der im Moment so unglückliche Liberalenchef gehören – nach jeder demoskopischen Umfrage, nach allen veränderten ökonomischen Prognosen, getrieben von der jeweiligen Kommentarlage in den deutschen Gazetten schwanken wie die Rohre im Wind. Denn sie wissen allesamt nicht, wohin es gehen soll. Sie haben es nie gewusst, keiner von ihnen. Früher wurde das merkwürdigerweise als nüchterner, gar moderner, jedenfalls ideologiefreier Pragmatismus gepriesen. Jetzt beklagt die Republik in ihrer Not die Richtungslosigkeit der Politik – wo doch zuvor all diejenigen, die über Richtungen und, ja, Zukunftsvisionen reden wollten, verächtlich als verblasene Idealisten in die Ecke isolierten Außenseitertums abgestellt worden waren.

Was den Zustand der Parteien angeht, hat Baring also zweifelsohne Recht. Ein bisschen schwieriger – und der kluge Berliner Professor weiß dass natürlich – ist es mit den Rezepten, die er empfiehlt. Baring möchte, dass die Parteien wieder in die Lage geraten, „die Bevölkerung mit klaren Alternativen zu konfrontieren und damit Richtungsentscheidungen zu erzwingen". Eine solche scharfe, inhaltlich unterfütterte Polarisierung wäre für die politische Kultur der Republik nach all der heillos verschwiemelten Mittigkeit der letzten Jahre in der Tat recht wünschenswert. Man weiß es ja: Wirkliche Auseinandersetzungen und harte Kontroversen profilieren die Positionen, aktivieren die eigenen Anhänger, bewegen auch die Bürger – und führen sie in der Regel wieder näher an die Parteien heran. Nicht von ungefähr jedenfalls waren die hocherregten und hochpolarisierten 1970er Jahre Glanzzeiten der Mitgliederparteien und zugleich Gipfelpunkte der Wahlbeteiligung.

Depressive Paralyse: die Vetostrukturen der Bundesrepublik

Aber – und das eben ist das Problem dieser Republik – institutionell ist Deutschland für eine solche scharfe Wettbewerbsdemokratie, für eine kristallinklare, stringente Richtungs- und Regierungspolitik aus einem Guss nicht ausgestattet. Deutschland ist nicht England. Niemand wird hier je ein deutscher Thatcher oder ein deutscher Blair werden können, wäre er vom Temperament und Charakter noch so ein kühner, harter Reformer. Es gibt nun einmal auf dieser Welt kein anderes Land, in der die große Oppositionspartei strukturell – über Ministerpräsidenten, Bundesrat, öffentlich-rechtliche Einrichtungen – so mächtig in den gouvernementalen Entscheidungsprozessen eingewoben, am Erfolg der Regierungspolitik zugleich systematisch uninteressiert ist wie in Deutschland. Selbst wenn eine Bundestagswahl als große Richtungsschlacht ausgetragen würde, könnte die siegreiche Partei die klare Richtungspolitik danach keineswegs umsetzen. Sie hätte – und das ist eben der Unterschied zur Wettbewerbsdemokratie und allen Westminstermodellen – Rücksicht auf den kleinen Koalitionspartner zu nehmen, die Bedenken des Bundesverfassungsgerichts vorab einzukalkulieren, die Zinspolitik der von ihr ganz unabhängigen Notenbank hinzunehmen, die Obstruktion des Bundesrates auszuhalten. Und dergleichen mehr. All diese Vetomächte mahlen jede ursprüngliche Richtungspolitik klein – unweigerlich, mit unerbittlicher Konsequenz, seit Jahrzehnten schon. Eben deshalb schleppt sich Politik in Deutschland so mühselig, ohne Drang, Kraft und große Kontur, nur in kleinsten Trippelschritten voran. Angesichts der institutionell fest eingebauten Vetostrukturen hat Regierungspolitik hierzulande nur dann Chancen, wenn sie die Vetomächte einbindet, auf polarisierte Richtungsentscheidungen verzichtet, den Kompromiss gleichsam strukturell und präventiv integriert. Versucht es Regierungspolitik anders, riskiert sie die Konfrontation, um ordnungspolitisch kohärent zu handeln – dann landet sie in aller Regel, wenn die große Oppositionspartei nicht völlig von der Rolle ist, in der Blockade. Richtungspolitik per Konfrontation bringt, so wie Deutschland verfasst ist, nicht den erwünschten Befreiungsschlag. Im Gegenteil: Richtungspolitik verstärkt nur noch die Paralyse, die depressive Lage des Nichts-geht-mehr.

Möchte man es anders, bieten sich im Grunde nur zwei Alternativen: Entweder die Republik verändert radikal ihr Institutionengefüge, oder die beiden Großparteien überwinden zumindest für eine begrenzte Phase das blockierende Gleichgewicht gegenseitiger Vetomächtigkeit durch Bildung einer Großen Koalition. Will das Land aber weder das eine noch das andere – und alles deutet darauf hin, dass das so ist – dann wird es beim kraft- und richtungslosen Gewurschtel bleiben. Und die Nation wird weiter ziellos unzufrieden sein und ihre Depression ratlos pflegen.

(2002)

Die Stunde des Charismatikers?

Gesucht wird der deutsche Churchill für das Jahr 2003. So jedenfalls tönt es immer einmal wieder seit nun fast einem halben Jahr schon bei den Leitartiklern dieser Republik. Das Hauptobjekt ihrer Kritik und Häme ist in diesen Monaten der Kanzler, über dessen Wendigkeit und Schnoddrigkeit sie zuvor lange begeistert gejuchzt und freudig gefeixt hatten. Jetzt aber vermissen sie – und bekanntermaßen nicht nur sie alleine – bei Schröder Richtung, Ziel, Begründung, Ethos; im Jargon des Pressekommentars: die Kraft zur Reform, den Mut zur Grausamkeit, die Energie für den großen Befreiungsschlag. Eine lange Ära zunächst basisdemokratischer Nonchalance, dann provokativ-spaßgesellschaftlicher Albernheit in der deutschen Gesellschaft scheint damit ganz offenkundig zu Ende zu gehen. Die Republik weiß, dass es bitterernst ist. Das Volk möchte nicht mehr unterhalten werden. Es will, dass seine politischen Anführer wirklich führen – statt bloß zu inszenieren, zu moderieren, zu repräsentieren.

Deutschland im Jahr 2003. Das ist im Grunde ein Land mit der geradezu klassischen, gleichsam idealtypischen Voraussetzung für die charismatische Versuchung. Große politische Charismatiker brauchen bekanntlich ihre Zeit und ihren Ort. Nationen, die mit sich und ihrer politisch-ökonomischen Entwicklung im zufriedenen Einklang leben, deren Institutionen intakt und hinreichend wandlungsfähig sind, benötigen keine Charismatiker, bringen sie auch nicht hervor. Die Stunde der Charismatiker schlägt allein in der großen physischen oder psychischen Not, in Zeiten der Depression, der Verzweiflung, der Paralyse, der Ratlosigkeit, des lähmenden gesellschaftlichen Stillstandes. Das ist die Bühne für die kühnen politischen Propheten und Missionare mit ihren prätentiösen Heilsversprechen, ihren weitreichenden Alternativen und groß angelegten Projekten. Wenn die inspirationslosen Manager des Kleinklein ratlos auf der Stelle treten, wenn Bürokratien und Administratoren lediglich blockieren, dann wird der Raum frei für die Magier, Visionäre und wortmächtigen Tribunen der Politik, die die alten Mythen und Erzählungen aktivieren, die neue Geschichten und eigene Legenden schaffen. Sie brechen dann nicht selten mit ihrem Zukunftsoptimismus die depressive Stimmung und bleierne Apathie auf. Sie entfachen dadurch Leidenschaften, regen die kollektive Phantasie an, legen unterdrückte Energien frei. Charismatiker fühlen sich von einer großen Mission getrieben. Das ist die spezifische Quelle ihrer außergewöhnlichen Kraft. Sie setzen langfristige Ziele. Sie übertragen ihre politischen Vorstellungen in imaginative Bilder, Metaphern, Symbole. Damit vitalisieren sie die gestanzten, verdorrten politischen Sprachformeln. So begeistern sie ihre Anhänger. Dadurch bringen sie, kurzum, die erstarrten politischen Verhältnisse zum Tanzen.

Ein wenig von diesem charismatischen Antidepressivum, ein bisschen Tanz und Tumult könnte die deutsche Gesellschaft gegenwärtig in der Tat ganz gut gebrauchen. Das Land ist in Not. Und doch ist nirgendwo der neue politische Prophet, der visionäre Erwecker, der große Charismatiker in Sicht. Gewiss: Man kann darüber aus vielen guten Gründen erleichtert sein. Denn schließlich ist dem Land dadurch bislang der populistische Rattenfänger von rechts erspart geblieben. Die Erfahrung aus den Jahren 1933ff. haben das Heldenverlangen, den Kult des Heroischen bei den Deutschen – besonders Konrad Adenauer sei da Dank – gehörig abgedämpft. So mag man das Ausbleiben des großen Charismatikers, nochmals: mit guten Gründen, als zivilisatorische und republikanische Reife mittlerweile der deutschen Republik betrachten. Denn besonders aufgeklärt geht es zwischen Charismatikern und ihrem Volk in etlichen Fällen eher nicht zu. Oft genug wirkt und agiert der Charismatiker wie ein säkularisierter Heiland. Seine Anhänger bilden eine Art hingebungsbereite Glaubensgemeinschaft, die dem visionären Verkünder beim Aufbruch in das gelobte Land der neuen Freiheit folgsam hinterher schreitet. Insofern erzeugen Charismatiker oft mehr Stimmungen semireligiösen Pathos, metaphysischer Ekstase, dionysischer Trunkenheit als solche besonnener und rationaler Politik.

Zudem: Weit kommt man mit der charismatischen Attitüde besonders auf dem Terrain komplexer Verhandlungsdemokratien sowieso nicht. Der angekündigte Befreiungsschlag bleibt in der Regel aus, verheddert sich im dichten Flechtwerk unzähliger Vetomächte. Die historische Sendung des neuen Erlösers findet kaum ihren erfolgreichen Schlussakt. Das politische Pfingsten geht jäh in den prosaischen Alltag über. Die Aura des Charismatikers schwindet dann, die Ausstrahlung verblasst rasch, zerfällt schließlich – „versandet", wie es bei Max Weber heißt. Der Zauber währt nur eine kurze Zeit. Es will partout nicht gelingen, dem charismatischen Flair Kontinuität und Dauer zu geben. Zurück bleibt Ernüchterung. Der Prophet und seine Jünger erschlaffen. Und es beginnt erneut das unspektakuläre Tagewerk der grundsoliden politischen Manager und Administratoren, die immer dann zur Stelle sein müssen, wenn die Stars und Matadore des wortmächtigen Pathos kläglich die Kanzel verlassen.

Helden politischer Feste

Aber zuvor können Charismatiker doch einen tollen Tanz veranstaltet haben. Charismatiker sind jedenfalls die Helden politischer Feste, sind die Artisten des Ungewöhnlichen, der kraftvollen Entgrenzung. Und vermutlich sind in der Tat nur Charismatiker mit Sendungsbewusstsein und visionärer Perspektive in der Lage, wenigstens für einen historischen Abschnitt Leidenschaften zu entfesseln und Spannungen zu erzeugen, um Routinen des Alltags zu entweichen, Konventionalitäten zu verlassen, Versäulungen überlieferter Macht und überkommener Interessen aufzulösen, um schon resignierte oder kraftlos gewordene Menschengruppen/Gesellschaften aus Erschlaffung und dumpfer Trägheit zu reißen. Charismatiker sind Aktivierer. Ihr Drang richtet sich nach „draußen". Ihnen genügt nicht die Enge eines abgeschotteten Milieus, einer separierten Peer-Group, eines verschlossenen Ortsvereins, eines bürokratisch betreuten Sozialstaats. Sie sind nicht binnenzentriert und politisch autistisch, sondern außengewandt und eben missionarisch – moderner und politischer formuliert: immer auf der Suche nach neuen Anhängern, neuen Wählern, neuen Mehrheiten, neuen Bewegungen für ein neues strategisches Ziel. Allein den ideengetriebenen, überzeugungsgeleiteten Charismatikern gelingt es zeitweilig, Politik mit Leben, Emotionen und Sinn zu füllen. Charismatiker hinterlassen infolgedessen, wenn sie von der Bühne abtreten, lang anhaltende Prägungen, konstante Bindungen, bleibende Orientierungen. Sie hinterlassen politische Loyalitäten und feste Gesinnungen, lassen zumindest keine launisch in der politischen Landschaft herumzappenden Wechselwähler zurück. Und charismatische Propheten produzieren eine neue, besonders einsatz- und initiativfreudige Apostelschar. Erneut etwas moderner und parteipolitisch angemessener ausgedrückt: Durch den charismatischen Impuls und Weckruf vollzieht sich ein Wechsel, eine grundlegende Erneuerung in der Funktionärsschicht einer politischen Organisation. Die Alten, Verzagten und Müden treten ab, machen frischen, noch enthusiastischen und kreativen Kräften Platz.

Politiker wie Ludwig Erhard oder Willy Brandt trugen eine Zeitlang gemäßigt charismatische Züge. Als Realpolitiker an der Spitze der Bundesregierungen scheiterten sie letztendlich ziemlich ruhmlos, wie fast alle Charismatiker in modernen Demokratien. Doch hatten sie zuvor mit großen Orientierungen, mit klaren Grundsätzen, ehrgeizigen Plänen, konzisen Visionen viel riskiert, dadurch den politischen Spielraum weit über den Normalzustand hinaus geöffnet und am Ende für langfristig wirkende politische Einstellungsmuster bei ihren politischen Bataillonen und Anhängerschaften gesorgt. Mit Grundbegriffen aus der politischen Semantik und Überzeugungswelt von Brandt und Erhard können Sozialdemokraten und Christdemokraten noch heute die Wurzeln und Zielperspektiven ihres politischen Engagements erklären. Man muss kein Prophet sein, um die Prognose zu formulieren: Nicht so sehr viele Menschen werden in zwanzig Jahren ihre politischen Handlungsmotivationen und Leitziele auf Frau Merkel und Herrn Schröder zurückführen.

Magier und Organisatoren

Natürlich: Die Fest- und Aktionstage der Charismatiker sind zeitlich eng limitiert. Sie dürfen sich auch nicht zu häufig wiederholen. Die Ausstrahlung der Charismatiker lebt davon, dass man ihnen nur selten begegnet, dass sie nur in Ausnahmefällen aus dem Hintergrund der Gesellschaft und oft genug verkorkster Biographien in den Mittelpunkt der Politik treten. Charismatiker in Permanenz würden Nationen auch nicht verkraften können. Denn Charismatiker sind keine ordentlichen Handwerker der Politik. Die großen Interpretations- und Deutungssysteme strukturieren sie zwar neu; das ist ihre originäre, oft unverzichtbare (Ordnungs-)Leistung. Aber in den Details der praktischen Politik richten sie häufig Unordnung an, ein ziemliches Durcheinander, zuweilen Chaos. Auf den kurzen Frühling der Charismatiker folgt daher stets der lange Herbst der pedantischen Organisatoren. Auf Willy Brandt etwa folgten daher Helmut Schmidt im Kanzleramt und Hans-Jochen Vogel in der Partei. Und das musste so sein. Denn zweifellos: Der politische Manager des je Gegenwärtigen ist der Normaltypus, repräsentiert den Normalzustand repräsentativer, komplexer und nüchterner moderner Demokratien.

Aber in regelmäßigen Abständen leiden Demokratien doch an Inspirationsdefiziten, an Vakuen von Sinn und Zielen, an Alternativlosigkeiten, Verkeilungen, Verharzungen. Dann helfen keine Pragmatiker und Administratoren. Dann helfen nur die im Alltag ungenauen politischen Männer oder Frauen mit dem Mut, der Magie und dem Missionsschwung zur Zukunft. Allein sie können den elementaren, vielleicht sogar genuinen Kern des Politischen freilegen; jenen Drang, jenseits von institutionellen Zwängen, strukturellen Verpflichtungen, bürokratischen Einhegungen eigene und ganz unorthodoxe, zuweilen gar gefährliche Wege zu gehen. Nochmals: Zu viel von diesem Drang können komplexe Demokratien nicht vertragen. Doch haben sie davon zu wenig, was gerade in ergrauenden Gesellschaften natürlicherweise der Fall ist, fehlt ihnen der charismatische Weitblick und die charismatische Kühnheit, dann werden sie starr, veränderungsunfähig, immobil.

Indes: Im deutschen Parteiensystem ist niemand mit einem solchen charismatischen Potential zu erkennen. Aber gerade das mag das charismatische Bedürfnis demnächst noch weiter erhöhen. So war es im Übrigen schon häufig in der Geschichte: Die Charismatiker kamen immer dann, wenn keiner mit ihnen rechnete, wenn niemand sie zuvor erkannte. Ausschließen also kann man nicht – so wenig dafür gegenwärtig gewiss auch sprechen mag –, dass irgendwo bei den Jüngeren in der SPD, die in ihrer politischen Pausbäckigkeit und frühen (mitunter wirklich befremdenden) Saturiertheit so ganz und gar uncharismatisch wirken, der Prophet einer neuen Sinnperspektive, das Kampf- und Trüffelschwein für neue Ideen, der kraftvoll aufrüttelnde Volksredner lauern mag. Eigentlich erwarten die meisten professionellen Beobachter im riesigen Generationenloch der SPD nach Schröder zwar nur das hoffnungslose Mittelmaß, die uninspirierte Leidenschaftslosigkeit, daher eine lange und tiefe Depressionszeit der Partei. Doch eben das ist die Grundkonstellation für den Erfolg des Außenseiters, der unter normalen, krisenfreien Umständen in einer intakten, durchrationalisierten, funktionsfähigen Partei ohne jede Chance wäre, vielleicht verborgene charismatische Talente zu entfalten.

Warten wir es also ab. Indes, die Lösung des sozialdemokratischen Problems wäre auch der einsame Charismatiker nicht. Natürlich nicht. Denn schließlich stößt der Charismatiker in der bundesdeutschen Verhandlungsdemokratie allzu schnell und brutal an Grenzen. Gerade die Bundesrepublik Deutschland ist schon institutionell kein gutes Land für charismatische Politikertypen. Und so bündelte die SPD in ihren besten Jahren – als bezeichnenderweise nicht nur einer allein ganz vorne stand, sondern mindestens eine Troika – daher immer gleich mehrere Talente, Begabungen, Lebensgeschichten an ihrer Spitze: zum Einen eben den Charismatiker, der seiner Partei Identität und Ziel gab, zum Zweiten den straffen und harten Administrator, der die Schlagkraft und Präsenz der Organisation sicherte und zum Dritten, dabei keineswegs zuletzt, den verhandlungsversierten Kooperationspolitiker, der der SPD in der deutschen Koalitions- und Kooperationsdemokratie die Regierungsfähigkeit durch das geschickte Management des Kompromisses ermöglichte bzw. garantierte. Auf diese drei Führungsqualitäten kommt es

an. Diese drei Führungsprofile muss die SPD nach Schröder noch finden –
irgendwo wohl zwischen Potsdam und Hannover, Leipzig und Saarbrücken.

(2003)

Christstollen für Angela Merkel

Vielleicht war es wirklich nur ein Pyrrhussieg, damals am 22. September 2002. Großen Sinn jedenfalls machte eine zweite Legislaturperiode „Rot-Grün" nicht. Schon den rot-grünen Wahlkämpfern fiel auf den Marktplätzen in den langen und oft deprimierenden Frühjahrs- und Sommermonaten 2002 nicht sonderlich viel ein, wenn die ratsuchenden Bürger sie nach den weiteren sozialökologischen Projekten fragten. Im Grunde war ja das spezifisch Rot-Grüne – von der Homoehe bis zur Ökosteuer – abgearbeitet, erledigt, erreicht. Und im Köcher befanden sich keine weiteren Pfeile mehr. Auch in den Regionalparlamenten war die Zahl rot-grüner Allianzen in den vier Jahren zuvor kräftig zusammengeschmolzen. Allein zwei Regierungen dieses Typs gab und gibt es noch in den 16 Bundesländern der deutschen Republik; 1998 waren es noch fünf. Rot-Grün regiert somit gewissermaßen ohne Fundament. Die Regierung kann kühne Konzepte entwickeln und schöne Agenden aufstellen, wie sie mag und möchte. Ohne die Zustimmung des Bundesrates, ohne die bürgerliche Mehrheit dort, ohne also das Plazet der christlichen Union kann sie nichts bewegen, nichts wirklich kraftvoll durchsetzen. Machtpolitisch sind die Grünen für die Sozialdemokraten ohne Wert. Schröder braucht Merkel und Koch, nicht Fischer und Trittin. Und dadurch kommt eine neue Regierungsvariante zyklisch in die Debatte und in den medialen Verdacht: die Große Koalition.

Man kann sich ganz sicher sein: Auch in den nächsten Monaten wird in schöner Regelmäßigkeit über sie geredet, geschrieben, gestritten. Und die Kritiker eines solchen Regierungsbündnisses werden zweifelsohne besonders schrill protestieren. Sie werden uns in zahlreichen Kommentaren mahnend darüber belehren, dass sich im Falle einer Großen Koalition erst recht der Mehltau der Stagnation über die bundesdeutsche Gesellschaft legt. Dass die Volksparteien sich in diesem Fall noch weiter angleichen und anpassen. Dass das Parlament noch stärker entmachtet wird. Dass das Land dann vollends in Lethargie und Bräsigkeit versinkt. Natürlich auch: dass die politischen Extreme an Zulauf gewinnen. So reden die 55 bis 60 Jahre alten Meinungseliten in den Lehrerzimmern, Universitäten und Chefredaktionen schließlich schon seit nunmehr gut 35 Jahren, seit sie sich als junge Menschen in den Zeiten von Jimmy Hendrix und Janis Joplin über das Kabinett Kiesinger/Brandt außerparlamentarisch empörten.

Doch stimmten all die sinistren Unheilserwartungen schon damals nicht, bei der ersten und bislang einzigen Großen Koalition der Republik. Und sie werden auch dann nicht Realität, wenn im Herbst Wolfgang Clement oder wer auch immer mit Angela Merkel oder wem auch immer koalieren sollte. Wenn, wie gesagt. Im Gegenteil: Große Koalitionen haben in institutionell hochfragmentierten Systemen wie der Bundesrepublik als einzige politische Formationen die Chance, wirklich weitreichende Weichenstellungen vorzunehmen und harte Zumutungen auch an die Mitte der Gesellschaft zu richten. Sie erhöhen außerdem – und ganz entgegen eines verbreiteten Vorurteils – die Souveränität und den Spielraum der Parlamentsfraktionen. Und wenn sie ihre Aufgabe erfüllt haben, nötigen sie die Großparteien wieder zur schärferen Abgrenzung voneinander, fördern dadurch die Politisierung, schärfen die Differenz. Da sich überdies die Geister an einer solchen Koalition besonders leidenschaftlich und erregt scheiden, geben sie den kritischen Köpfen Auftrieb, erhöhen die öffentliche Wachsamkeit und steigern infolgedessen das politische Gesamtinteresse. So erlebten wir denn auch schon am Ende der Großen Koalition von Kiesiger nicht den Durchmarsch der politischen Extreme, auch nicht die viel befürchtete autoritäre Deformation und erst recht nicht die häufig beschworene gesamtgesellschaftliche Apathie, sondern den Beginn des sozialliberalen Aufbruchs und der neuen Ostpolitik, die Entstehung allerlei partizipationsfreudiger Bürgerinitiativen und kunterbunter sozialer Bewegungen. Eine Große Koalition, kurzum, hat die Funktion, durch eine Allianz von Bürgertum und Arbeitnehmern – statt der sonst üblichen Binnenintegration nur des einen Lagers, was im Falle der rot-grünen Eliten lediglich das Bündnis des öffentlichen Dienstes mit sich selbst bedeutet – die großen und fälligen Reformen wenn nötig auch mit verfassungsändernden Mehrheiten zu realisieren und im Anschluss daran die Voraussetzungen für eine neue Politik und Kultur diesseits ihrer selbst zu schaffen. So alle dreißig bis fünfunddreißig Jahre könnte das die deutsche Republik gut gebrauchen. Insofern wäre eine solche Koalition auch jetzt wieder mit guten Gründen fällig.

Rückkehr zu Montesquieu: Chancen einer Großen Koalition

Denn viel geht, wie jedermann weiß, seit Monaten nicht mehr zusammen in der deutschen Innenpolitik. Und das wird auch erst einmal so bleiben. Dabei sind die Probleme, die dieser Republik zu schaffen machen, Legion. Wir alle können sie inzwischen im Schlaf herunterbeten: Deutschland leidet an einer beispiellosen Wachstumsschwäche; die Investitionsquote ist bedrückend gering und nähert sich rezessiven Werten; die Kommunen stehen vor der Pleite; die öffentlichen Einrichtungen sind abschreckend marode; Schulen und Hochschulen schleppen sich mühsam durch die Maläse einer dramatischen Unterfinanzierung; die Bundeswehr ist nur bedingt einsatzfähig; das Schienennetz der Bundesbahn braucht eine flächendeckende Remedur; das Gesundheitswesen droht zu kollabieren; und über dem gesellschaftlichen Zukunftszusammenhang tickt weiterhin die demographische Bombe. Von der dauerhaften Massenarbeitslosigkeit gar nicht zu reden. Keines der Probleme ist neu; nichts davon hat primär die Regierung Schröder zu verantworten; das alles hat sich in den letzten dreißig Jahren Zug um Zug aufgeschichtet. Weder Brandt noch Schmidt noch Kohl noch Schröder ist der große Befreiungsschlag gelungen, auf den die Wähler gleichwohl irgendwie hoffen. Aber da können sie wohl noch lange warten, zunehmend verdrossen, zynisch oder einfach nur – demoskopisch hinreichend belegt – gleichgültig gegenüber Politik und Parteien. Denn keine kleine Koalition wird in Deutschland den gordischen Knoten zerhauen können, selbst wenn sie die tüchtigsten Pragmatiker und klügsten Visionäre in ihren Reihen hätte.

Denn es gibt kaum ein anderes demokratisches Land der Welt, in dem der politische Gestaltungsraum machtinstrumentell so begrenzt ist wie in Deutschland. Nirgendwo jedenfalls ist das Vetodepot der Opposition so aufgefüllt wie hierzulande. In England etwa ist die Opposition durch und durch ohnmächtig; sie kann lärmen, polemisieren und resolutionieren, es interessiert niemanden. In Deutschland aber ist die Opposition machtpolitisch stets mit von der Partie, über ihre Ministerpräsidenten, im Bundesrat, in den öffentlich-rechtlichen Gremien, über ihre Repräsentanten und Parteimitglieder in den Tarifauseinandersetzungen, in den üblichen korporatistischen Bündnissen. Das hat natürlich viel mit den föderalen Strukturen und Kompetenzen zu tun, die in diesem extremen Ausmaße ebenfalls ein Unikum in dieser Welt sind. Eine Regierung in Deutschland kann nicht einfach regieren, wie sie es für gut und richtig hält und wofür sie eigentlich auch gewählt wurde. Eine Regierung in Deutschland braucht zum Erfolg fast durchweg – bei zumindest neun von zehn wichtigen Gesetzen – die große Oppositionspartei. Aber diese Opposition ist ihrerseits natürlich keineswegs am Erfolg der Regierung interessiert. Und so ereignet sich immerfort das, was zunehmend mehr Menschen in dieser Republik auf die Nerven geht: die zähen Stellungskriege zwischen Regierung und Opposition, das monatelange Gefeilsche und Gezerre um einen dann denkbar unzureichenden Kompromiss, oft genug auch einfach nur Blockade und Paralyse. Wir werden all dies in den nächsten Monaten ermüdend häufig noch erleben. Nur wenn die Opposition kopflos durch die Landschaft irrt, wie die CDU nach Abgang von Kohl und Schäuble 1999/2000 oder die SPD unter Klose und Scharping in der ersten Hälfte der 1990er Jahre, vermag ein taktisch gewiefter und kaltblütiger Regierungschef den Spielraum vorübergehend zu erweitern. Aber damit kann auch der große Spieler Schröder nicht mehr ernsthaft rechnen, da die Merkels, Kochs und Stoibers dazugelernt haben, mittlerweile zu lafontaineistischen Obstruktionen und schröderschen Raffinessen reif und fähig sind.

So bleibt allein die Große Koalition. Sie ist gewissermaßen die zumindest zeitweise erforderliche innere Konsequenz aus dem kooperationsdemokratisch angelegten Institutionengefüge der bundesdeutschen Republik. So wie Deutschland verfasst ist, gelingt Politik nur durch Kooperation, nur dadurch, dass beide Parteien gleichermaßen am gouvernementalen Erfolg interessiert sind. Entweder man verändert im Kern die Verfassungsordnung, schafft zumindest die Abhängigkeit der Zentral- und Mehrheitsregierung vom Bundesrat ab – was im Grunde vernünftig, ja zwingend wäre, wofür es aber in der politischen Landschaft dieser minister-präsidentiellen Republik nicht die geringste Chance gibt – oder man lässt sich, wenn man das erste nicht will, von Fall zu Fall auf großkoalitionäre Zweckbündnisse ein, sonst, ja sonst geht es mit der kumulativen Krisenentwicklung in Deutschland dramatisch weiter, gleichviel übrigens, ob die heißersehnte weltwirtschaftliche Trendwende nun irgendwann kommt oder auch nicht.

Einiges spricht im Übrigen dafür, dass die Große Koalition noch zwei weitere Fehlentwicklungen korrigiert, über die wir uns in den letzten Jahren häufig beklagen: den Souveränitätsverlust des Parlaments und die Entpolitisierung der Parteien. In der Tat haben die Parlamentsfraktionen der Regierungsparteien in den letzen Jahren an Einfluss enorm eingebüßt. Viele der großen gesellschaftlichen Debatten sind bekanntermaßen in Kommissionen, Räte und Gremien verlagert worden. Und sobald sich in den Bundestagsfraktionen von SPD und Grünen Minderheitenauffassungen auch nur vorsichtig herauszukristallisieren beginnen, greift sofort und rüde der Disziplinierungsdruck der „eigenen Regierungsmehrheit" zu. In der Tat: Knappe Majoritäten erzwingen Einordnung und Subalternität. Große Mehrheiten aber verschaffen Raum, ermöglichen auch quere Diskussionslinien, lassen gar innerkoalitionäre Opposition zu. Exakt so sah es aus in den Jahren 1966-1969. Man kann das im Übrigen sehr schön in den Erinnerungen des damaligen sozialdemokratischen Fraktionschefs Helmut Schmidt nachlesen, in denen er überaus einleuchtend resümiert, „dass in der Geschichte der Bundesrepublik das Parlament niemals eine derart eigenständige Rolle und ein so entscheidendes Gewicht gegenüber der Regierung gehabt hat wie in den drei Jahren" der Großen Koalition; „weder vorher noch nachher hat es eine klarere Gegenüberstellung von Exekutive und Legislative gegeben, niemals eine wirksamere Kontrolle durch das Parlament."

Politologen und Historiker, die sich in der Politik der Endsechzigerjahre exzellent auskennen, haben die Wahrnehmung des späteren sozialdemokratischen Kanzlers wiederholt bestätigt. In der Tat: Die kritische publizistische Öffentlichkeit hatte zu Beginn der Großen Koalition noch in düstersten Farben den drohenden Niedergang der Parlamentskultur gezeichnet. Doch das Gegenteil trat ein. Nie zuvor und vermutlich auch niemals danach konnten die Parlamentarier der Regierungsfraktionen so frei und frech ihr Mandat wahrnehmen wie in diesen drei Jahren. Fast näherte sich der deutsche Bundestag für einige Jahre noch einmal dem montesquieuschen Idealzustand an. Die Regierungsfraktionen waren nicht mehr Schwert und Panzer der Exekutive, fungierten nicht lediglich als der in das Parlament verlängerte Arm des Kabinetts, sondern bildeten zusammen mit der Opposition ein wirkliches Kontrollorgan gegenüber der Regierung. Sperriger und obstinater jedenfalls traten Parlamentarier der Mehrheitsfraktionen niemals auf. Und das ging von Beginn an so. Zweiundachtzig Abgeordnete der Regierungsfraktionen stimmten bei der Wahl des Bundeskanzlers gegen den eigenen Kandidaten Kurt Georg Kiesinger – ohne dass dadurch die Welt der Republik oder zumindest die Stabilität der Regierung zusammengestürzt wäre. Die Zahl der öffentlichen Hearings, in denen sich die Regierungsmitglieder peinlichen Nachfragen stellen mussten, schnellte sprunghaft nach oben. Und Abstimmungen wie die über die Abschaffung der Zuchthausstrafe verliefen quer durch die parlamentarischen Lager. Sozialdemokraten stimmten in der ersten Lesung mit den oppositionellen Freidemokraten für die Regierungsvorlage; die CSU-Abgeordneten und ein Teil der CDU-Fraktion votierten dagegen. Wie gesagt: Den Fortbestand und die Handlungsfähigkeit der Regierung hat das alles nicht gefährdet – wie das in kleinen Koalitionen zuvor und seither unzählige Male drohend und disziplinierend kolportiert wurde –, aber die Abgeordneten gewannen an Selbstbewusstsein, Gestaltungsraum, Individualität, an politischer Farbe.

Von der Einflussmehrung der Abgeordneten hat die gesamte Innenpolitik und Debattenkultur im Parlament noch in den 70er Jahren erheblich profitiert. Danach ist viel davon wieder verloren gegangen. Die Politik ist in der Folge langweiliger geworden, die Qualität der politischen Eliten gesunken. Gerade bei den Jungparlamentariern der beiden Regierungsparteien vermisst man Kontur und Substanz, argumentative Schärfe und konzeptionellen Weitblick, Originalität und Eigensinn, Verwegenheit und Mut. Auch in dieser Hinsicht also wäre eine großkoalitionär bedingte Aufwertung von Parlament und Fraktionen, von Debatte und Diskurs mithin nur wünschenswert.

Schließlich wird die Große Koalition, sobald sie einigermaßen die Großaufgaben gelöst hat und der zweiten Legislaturhälfte zusteuert, wieder die beiden Parteien politisieren. Auch das hat man in den 1960er Jahren gut verfolgen können. Bis zum Eintritt in die Große Koalition betrieben die Sozialdemokraten als Oppositionspartei lediglich eifrig die Anpassung an die regierende Union, wollten nur die „beste CDU aller Zeiten" sein, wie es selbstironisch in der SPD hieß. Doch ab 1968 suchten die Sozialdemokraten in der Koalition mit der CDU die Unterscheidbarkeit, das scharfe Eigenprofil. Und sie fanden beides in der Außen- und Wirtschaftspolitik. Deutlicher waren die Unterschiede zwischen Union und Sozialdemokraten in den gesamten sechziger Jahren nicht als damals, zum Ausgang der Großen Koalition. Und das hat die Republik im Weiteren ungemein beflügelt, hat neue Debatten und Bewegungen entfacht, neue Werte und Kulturen angestoßen. Eine Wiederauflage der Großen Koalition im Sommer oder Herbst 2003 könnte durchaus ähnliche Folgen haben. In den ersten beiden Jahren haben die beiden Großparteien gewiss zuvörderst die Krisenagenda abzuarbeiten – gemeinsam, unideologisch, kompromissfähig, pragmatisch eben. Dann aber werden sie – schon aus Gründen des Wahlkampfes und um die Oppositionsparteien nicht zu stark wachsen zu lassen – Differenz und Distinktion herausstellen, werden die unterschiedliche Substanz ihrer Werte und Leitideen hervorheben, werden erstmals nach Jahren wieder über Programmatisches nachdenken. Beides braucht die deutsche Gesellschaft: eine mittlere Frist wirklich handlungsfähigen und problemlösenden Pragmatismus, dazu aber und danach auch langfristig ausgerichtete Großdebatten über Leitideen, Zielperspektiven und normativen Grundlagen der Politik. Die Große Koalition könnte für das eine und das andere Impuls und Voraussetzung sein.

Zäher Stellungskrieg oder unideologischer Pragmatismus?

Natürlich: Mag schon sein, dass nicht alles so schön kommen muss, wie es hier gewiss recht optimistisch ausgemalt wurde. Aber die Gefahren für Demokratie und Liberalität sollte man erst recht nicht übertreiben. So furchtbar groß ist eine Große Koalition im Vierparteiensystem nun auch nicht mehr. Im Parlament würden diesmal, im Unterschied zu 1966, zwei selbstbewusste Oppositionsparteien lauern, die mächtig Druck machen können und werden. Und da sind überdies noch alle die vielen jungen und ehrgeizigen Hauptstadtredakteure des deutschen Journalismus, die oft bedauerlicherweise nicht sonderlich viel von Politik verstehen, aber als Experten des hämischen Kommentars den Großkoalitionären tagtäglich tüchtig einheizen werden. Uninteressanter – oder wie sagt man gerne: bleierner – wird es daher in Berlin nicht zugehen, sollte es tatsächlich zu einer Großen Koalition kommen.

Bleibt aber alles so wie bisher, dann werden sich die beiden Volksparteien auch künftig gegenseitig misstrauisch belauern und in einem zähen Stellungskrieg gegenüberstehen um die vier bis fünf Prozentpunkte, die über Regierung und Opposition entscheiden. Dann wird der jeweilige Oppositionsführer von Zeit zu Zeit weiterhin den großen Konfrontateur mimen, mitunter mit verschlagen-taktischer Attitüde auch den kompromissbereiten Vermittler, ganz überwiegend aber den besorgten Fürsorger kleinbürgerlicher Ängste und Furchtsamkeiten (ob vor sozialen Veränderungen, neuen Steuern, demographischem Wandel oder was auch immer), die ihm später dann regelmäßig das eigene Regieren schwer, wenn nicht gar unmöglich machen. Die großen Oppositionsparteien erzeugen jedes Mal Mentalitäten, über die sie hernach gouvernemental stolpern. Dabei sind all die taktischen Schlitzohrigkeiten, mit denen die großen Volksparteien gegeneinander ringen und rangeln, seit Jahren von den Wählern nicht mehr recht nachvollziehbar. Inhaltlich haben sich die beiden Großparteien längst angenähert. Schröder und Merkel reden von denselben „Realitäten", zu denen es nach ihrer festen Überzeugung keine Alternativen gibt. So dreht sich der Streit zwischen SPD und Union längst nicht mehr um riesige ideelle Unterschiede, unüberbrückbare programmatische Differenzen, fundamentale konzeptionelle Gegensätze, kontrastscharfe visionäre Leitperspektiven. Das aber, die inhaltliche Entleerung des Parteienwettbewerbs, macht die Kooperations- und Koalitionsunfähigkeit der beiden Volksparteien erst recht so banal, so substanzlos, im Grunde so unpolitisch, für die meisten Wähler: so abstoßend. Wenn aber Deutschland wirklich kurz vor dem Kollaps steht, wenn tatsächlich die Zeit dramatisch drängt; und wenn die Differenzen zwischen den beiden Großparteien in der Kernfrage der ökonomischen Sanierung mittlerweile minimal sind – und sie sind es –, dann kann sich die Republik, da sie nun einmal kooperationsdemokratisch verfasst ist, wettbewerbdemokratisch inszenierte Scheinantagonismen längst nicht mehr leisten.

Aber natürlich: Die entscheidenden politischen Akteure müssen eine solche Große Koalition schon wollen, müssen sie zielstrebig anstreben, frühzeitig lagerübergreifend Kontakte herstellen, durchaus ganz im Stillen Vertrauen aufbauen, personelle Brücken schlagen. Herbert Wehner hatte dies in der ersten Hälfte der 1960er Jahre zäh, kalt und virtuos betrieben. Nächtelang trank der Diabetiker mit den Granden der Union Wein, schickte ihnen zu Weihnachten selbstgebackene Christstollen, spielte ihnen an langen Abenden auf seiner Mundharmonika vor – und gewann sie auf solche Weise für sich. So holte der sächsische Machtstratege die Union in das Bündnis mit den lange stigmatisierten Sozialdemokraten (und als ab 1969 alles vorbei war, interessierte sich Wehner keine Sekunde mehr für die über Jahre gehätschelten und mit allerlei Liebenswürdigkeiten und Sentimentalitäten umworbenen Christdemokraten). Wehner übrigens wäre ganz gewiss nie ein Dogmatiker eines „rot-grünen Regierungsprojekts" gewesen. Wehner hätte längst subkutan schon mit aller ihm eigenen Energie, Härte und Skrupellosigkeit an neuen Optionen und Allianzen gebastelt. Nun steht Wehner der Sozialdemokratie und der bundesdeutschen Politik seit über 20 Jahren bekanntermaßen nicht mehr zur Verfügung. Und ein neuer, zeitgemäßer Herbert Wehner? So recht mag man ihn nicht erkennen, schon gar nicht unter den verblüffend früh saturierten Jungabgeordneten mit ihren pausbäckigen Staatssekretärsambitionen. Vielleicht hocken die politischen Lager auch deshalb so starr, unbeweglich und steril in ihren Schützengräben.

(2003)

Die Nase voll vom Reform-Palaver

Ein bisschen unübersichtlich ist die Lage der Republik schon, zum Ende des Jahres 2003. So erlebten wir im späten Herbst wieder einmal eine Rebellion der Studenten. Das hatte man lange in diesem Land nicht mehr sehen können. Überdies war der studentische Aufstand diesmal auch ganz anders als in früheren Jahren. 1968 und die nächsten 15 Jahre danach protestierten die Studenten regelmäßig gegen das Establishment, den Kapitalismus, das herrschende System. In den nasskalten November- und Dezembertagen 2003 dagegen beriefen sich die Studenten auf all das, was Ihnen das Establishment, der Kapitalismus und das herrschende System in den letzten Jahren nahe- und beigebracht hatten: Sie verlangten nach Bildung, Wissen, Lernen.

Die Studenten des Jahres 2003 waren somit in der Tat die ganz und gar gelehrigen und folgsamen Zöglinge der Agenda 2010. Sie glaubten fest daran, was ihnen die politischen Reformherolde wieder und wieder erzählt hatten: dass man in die Zukunft, nicht in die Vergangenheit investieren müsse; dass es gerade in der rohstoffarmen Bundesrepublik Deutschland auf das Humankapital ankomme. Und dergleichen mehr. Doch jetzt erlebten die im Prinzip überaus braven Studenten, dass ausgerechnet bei der Bildung gespart wird, dass ausgerechnet die Wissenschaftsetats kalt zusammengestrichen werden. Deshalb begehrten sie auf. Es war der Aufstand der Lernwilligen, die das Versprechen der Agenda 2010 und die Verkündungen der Propheten der Chancengesellschaft ernstnahmen, aber gleichsam durch die Differenz zwischen großspurigen Ankündigungen und trister Realität in die – zweifelsohne noch recht moderate, sehr leise und ziemlich sanfte – Rebellion getrieben wurden.

Mit trippelschrittigen Tapsereien in die Innovationseuphorie

Nun ist die Reserve zu den Regierenden nicht nur beim akademischen Nachwuchs mit den Händen zu greifen. Im ganzen Volk herrscht Misstrauen. In den 1970er Jahren haben linke Theoretiker oft und gerne von einer Legitimationskrise des bürgerlichen Staates in Deutschland gesprochen. Empirische Belege für diesen düsteren Befund aber hatte es seinerzeit nie gegeben. Im Grunde war die Mehrheit der Deutschen in jenen Jahren ganz zufrieden mit ihrer zivilen Republik und ihrer wohlständigen Gesellschaft. Gegenwärtig aber ist das anders. Merkwürdigerweise fehlen jetzt jedoch die Alarm schlagenden Intellektuellen. Nie in bundesdeutschen Zeiten haben Meinungsforscher eine derart große Distanz des Wahlvolkes zu ihren politischen Repräsentanten gemessen wie in den letzen Monaten. Der Regierung wird kaum noch etwas zugetraut. Der Opposition indessen auch nicht. Das allerdings ist neu, dass die parlamentarische Alternative keine großen Hoffnungen auf politische und ökonomische Besserung auf sich zu ziehen vermag. Eben dies aber ist – ein bisschen jedenfalls – die Legitimationskrise, von der zuvor lediglich verbalradikal die Rede war.

Die SPD hat bei den letzen Wahlen in einem Umfang verloren, der in fünfzig Jahren Bundesrepublik zuvor unbekannt war. Vor allem verliert sie nachgerade dramatisch ihre Stammwählerschaft, die 140 lange Jahre für die Konsolidität und Kontinuität der dadurch ältesten Partei Deutschlands gesorgt hat. Und die Stabilität der Volksparteien wiederum war eine entscheidende Voraussetzung auch der Stabilität der bundesdeutschen Republik. Insofern ist es tatsächlich verblüffend, wie nahezu gleichmütig der fortschreitende innere Zerfall eines der beiden tragenden politischen Stützpfeiler dieser Gesellschaft auch von den professionellen Deutern betrachtet wird. Zumal man ohne große orakelnde Verwegenheit antizipieren kann, dass es der christlichen Union, sollte sie 2006 an die Regierung gelangen, nicht viel besser gehen dürfte. Die Union ist derzeit ein ganz heterogenes Oppositions- und Frustrationsbündnis, das dann sofort und mit großem Krach auseinanderfallen würde, wenn es in der Exekutive tatsächlich ernst und unpopulär wird. Schließlich: Auch in der CDU/CSU werden in den nächsten Jahren die Traditionskerne bröckeln, wird die Stammwählerschaft zerbröseln. Der Anteil jedenfalls der kirchengebundenen oder zumindest kirchennahen Menschen in Deutschland ist in der Generationenfolge zuletzt erdrutschartig abgesunken. Bei den bundesrepublikanischen Katholiken, die das 30. Lebensjahr noch nicht überschritten haben, ordnen sich nur noch 18 % dem Lager der Kirchenverbundenen zu; der katholische Durchschnitt lag bisher aber bei ca. 55 %. Nun war gerade die praktizierte Kirchlichkeit über Jahrzehnte der alles entscheidende Stoff für die Loyalität zur christlichen Union. Dieser Stoff dürfte spätestens zum Ende des Jahrzehnts kursorisch zur Neige gehen. Kurzum: Beiden Volksparteien droht, in mittlerer Frist zumindest und sollten sie keinen Ersatz für Kernbotschaften und Kerntruppen finden, gewissermaßen die schleichende Implosion.

Dabei verhalten sich die Volksparteien seit einiger Zeit exakt so, wie es ihnen die Meinungseliten in diesem Land seit Jahren hartnäckig anempfehlen.

Die Volksparteien haben sich – obwohl sie unter den hochfragmentierten Machtbedingungen der Deutschen Republik nur zu trippelschrittigen Tapsereien und langwierigen Kompromissen in der Lage sind – mittlerweile ganz dem Reformjargon der Tonangeber in den Medien verschrieben. Herr Schröder und Frau Merkel überbieten sich im Herbst/Winter 2003 geradezu in finster entschlossener Reformrhetorik, in der Pose kraftmeierischer „Chefsachen". Das allerdings ist in der Tat ein Abschied vom alten Modell der Volksparteien, die sich bislang stets überaus vorsichtig gerade im Wandel verhielten, sich durchaus empfindsam an den realen, eher ängstlichen Mentalitäten und Lebenslagen der Bevölkerung orientierten. Und beim Gros der Deutschen gibt es weiterhin zähe Resistenzen und trotzige Einwände gegen die unduldsamen Imperative der Reformer. Ob Zahnersatz, Rente, Selbstbeteiligung im Gesundheitsbereich – rund zwei Drittel bis vier Fünftel und mehr der Wahlbürger sind unverdrossen, und dies nun schon seit etlichen Jahren, anderer Meinung als die reformenthusiastischen Leitartikler, kommissionsgestählten Professoren und innovationseuphorischen Altbundespräsidenten. Der herrische Reform- und Modernisierungsduktus der Interpretationseliten der Berliner Republik hat dadurch einen irritierend obrigkeitsstaatlichen Zug. Jedenfalls sind die Eliten zwar nicht im realen Kooperationsverhalten, so aber doch in ihren Realitätsdeutungen zusammengerückt wie noch nie; aber sie befinden sich damit zugleich in einer bemerkenswert radikalen normativen Differenz zur Bevölkerungsmehrheit – ebenfalls wie noch nie.

Wohin führt uns das Ganze? Schwer zu sagen. Es kann sein, dass der Elitenkonsens von oben tatsächlich letzten Endes zu einer Neuprägung der Republik führt, währenddessen die Bürger zwar misstrauisch bleiben, sich aber letztlich mürrisch fügen mögen. Historiker werden das dann später wohl Führungsstärke nennen. Es könnte aber ebenfalls sein, dass in den nächsten Jahren irgendwann einmal all die großspurigen Redner aus Politik, Wirtschaft und Gutachtenwissenschaft von den Podien und Bühnen der Talkshowgesellschaft gejagt werden, die weiterhin penetrant und leerformelhaft von „Optimierungsprogrammen", „Anreizsystemen", „Synergieeffekten", kurzum und gedankenarm: von „Reformen" palavern. Auszuschließen ist jedenfalls nicht, dass die nachdenklichen, bodenständigen und wertkonservativen Menschen dieser Republik – gleichviel ob politisch links oder rechts – in mittlerer Zukunft von der allumfassenden McKinseyisierung des Landes die Nase einfach gestrichen voll haben werden.

(2003)

III. Die Krise der Schröder-SPD

Die ausgebrannte Kanzlerpartei

Gewiss: Es gab schon bessere Monate für den Kanzler. Die ökonomischen Daten sind einigermaßen besorgniserregend. Auf dem Arbeitsmarkt hat es die avisierte positive Wende nicht gegeben. Bei vielen der ursprünglichen Reformprojekte hakt es. Das kreidet man allmählich auch dem Chef der Regierung an. Dennoch: Insgesamt sieht es nach wie vor nicht schlecht für Schröder aus. Die Umfrageergebnisse sind – zumindest bei Abschluss dieses Beitrags Ende 2001 – immer noch ordentlich; die christdemokratische Opposition irrt weiterhin suchend durch die politische Landschaft; der grüne Koalitionspartner verhält sich verlässlich devot; neue Koalitionsoptionen wurden für den Fall der Fälle in den letzten Jahren immer einmal wieder taktisch raffiniert ins Spiel gebracht. Und die eigene Partei, diese einst so schwierige Truppe aus Idealisten und Ideologen, macht jetzt alles diszipliniert mit, ist ganz ungewöhnlich folgsam, muckt nicht auf, nörgelt nicht herum. Sie folgt dem Kanzler gehorsam in der Vertrauensfrage; sie ordnet sich ihm ohne Protest und Opposition auf Parteitagen unter. Man hatte dergleichen in früheren Zeiten schon ganz anders erlebt.

Entzauberte Sozialdemokratie

Dem Kanzler ist es gewiss recht. Aber den Parteivorsitzenden hätte es eigentlich beunruhigen können. Denn in der SPD ist es nicht ruhig, weil die Mitglieder und Aktivisten mit dem Lauf der Politik enthusiastisch übereinstimmen. In der SPD geht es still und leise zu, weil die Mitglieder ermattet sind, weil ihnen die Kräfte ausgegangen, die Energien erloschen sind. Es sind Ratlosigkeit und Apathie, die die SPD domestiziert haben. Man kann das auf vielen sozialdemokratischen Versammlungen beobachten. Dort finden sich immer noch überwiegend die alten Haudegen ein, die während des letzten Vierteljahrhunderts etliche Parteitagsschlachten geschlagen haben. Heute aber schlagen sie nichts mehr; heute sitzen sie nur noch stumm da, hinter ihren Mineralwassergläsern – Bier hat vielen von ihnen der Arzt mittlerweile verboten –, irgendwie entkräftet, ausgebrannt, verschlissen. Sie haben sich in unzähligen, wenngleich weit zurückliegenden Flügelkämpfen aufgerieben. Und keiner ist sich mehr sicher, ob die wüsten innerparteilichen Bataillen überhaupt irgendeinen Sinn gehabt hatten.

Ihre Gesichter sind erschöpft. Was früher in der SPD überschüssig war, ist heute ganz verschwunden. Niemand geht mehr auf sozialdemokratischen Veranstaltungen an das Rednerpult, um mit zitternder oder sich überschlagender Stimme die Ungerechtigkeiten dieser Welt anzuprangern. Niemand hat noch den Schwung, hat noch genügend unbeirrte Überzeugung, um Empörung zu wecken, Emotionen zu schüren, Leidenschaften zu entfesseln, zum Aufbruch zu blasen. In den müden Augen der abgekämpften Aktivistengeneration der SPD spiegelt sich meist nur noch Melancholie und Resignation. Der heilige Zorn früherer Zeiten ist aus sozialdemokratischen Zusammenkünften verschwunden; die Träume und Utopien sind perdu. Ersatz wurde nicht recht gefunden.

Ihre Partei regiert. Aber deshalb sind die Sozialdemokraten nicht glücklich. Sie sind aber auch nicht verzweifelt oder wütend, wie noch in den letzten Jahren der Regierung Schmidt. Die Sozialdemokraten sind einfach nur ratlos. Sie wissen nicht, was sie von dem halten sollen, was sich da politisch in der neuen Hauptstadt abspielt. Ihnen sind die Maßstäbe und Ziele abhanden gekommen, die man braucht, um politisch mit Gewissheit und Impetus handeln zu können. In den 70er und 80er Jahren waren sie noch mit Inbrunst und Eifer dabei, weil sie an die Grundaxiome sozialdemokratischer Weltanschauung felsenfest glaubten: wirtschaftliche Mitbestimmung, demokratische Rahmenplanung, gewaltfreie Außenpolitik, vielleicht auch Investitionslenkung, besonders die sozialökologische Gesellschaftsreform.

Mittlerweile aber ist der Zauber all dieser Formeln längst verflogen, auch in sozialdemokratischen Kreisen. Geblieben war in den 90er Jahren zunächst allein noch die Kampfparole von der „sozialen Gerechtigkeit". Hierfür haben sich noch einmal eine Menge Fußsoldaten der SPD 1998 in das Wahlkampfgetümmel gestürzt. Hier kam noch einmal so etwas auf wie Rausch, Verve, Begeisterung, als man damit die Kohl-Regierung aus dem Felde schlug. Aber dann kam die neue Mitte, kam das Schröder-Blair-Papier, kamen die ungeduldigen Supermodernisierer wie Wolfgang Clement, die nicht mehr von Gerechtigkeit, sondern von dynamischem Wachstum und forciertem Wandel sprachen, ganz so wie zuvor allein die stets empört attackierten „Neoliberalen". Und dann gab es schließlich die Militäreinsätze, die noch zu Zeiten von Kohl für jeden guten Sozialdemokraten ganz undenkbar gewesen wären. Am Ende jedenfalls lag die herkömmliche sozialdemokratische Vorstellungswelt in Trümmern. Die sozialdemokratischen Aktivisten hatten ihre erlernte Sprache verloren, ihre traditionelle Semantik, ihre gewohnten Bilder, ihre eingeschliffenen Argumentationsmuster, den Sinn ihres Tuns. Sie waren gewissermaßen symbolisch enteignet und politisch deaktiviert. Von der eigenen Partei- und Regierungsspitze. So empfanden es viele, schweigend und jeder für sich. Der Kanzler reklamierte für sich zwar Führung, zog – gerade in der Außenpolitik – forciert auf neues Terrain, aber er vermittelte das nicht sinnfällig konzeptionell und didaktisch, deutete die veränderte Politik nicht neu und trotzdem sozialdemokratisch verständlich aus. Er ging einfach voran und weiter, und die Fußtruppen seiner Partei schleppten sich müde und ratlos hinterher.

Und deshalb kam selbst bei Schröders gefeiertem Coup in der Steuerreform damals im Sommer 2000 keine Begeisterung im sozialdemokratischen Fußvolk auf, erst recht nicht bei der Rentenreform im Frühjahr 2001. Gewiss, man freute sich, dass der Kanzler bei den Bundesratsmanövern die „Schwarzen" so gekonnt ausgetrickst hatte. Es tat damals auch gut, endlich einmal freundliche, statt der lange üblichen hämischen Kommentare über die eigenen Leute in den Zeitungen nachlesen zu können. Schön war und ist es für die Genossen zweifellos ebenfalls, nach langer Zeit wieder jemanden an der Spitze zu haben, der es an Machtwillen, Schlitzohrigkeit und Härte jederzeit mit den Politikern des bürgerlichen Gegners aufnehmen konnte. Das hatte es schließlich historisch nicht so häufig gegeben bei den in früheren Jahrzehnten einfach zu anständigen und daher machtpolitisch chronisch unterlegenen Sozialdemokraten.

Aber die sozialdemokratischen Basisaktivisten können an ihren Infoständen auf den Marktplätzen der Republik nicht überzeugend erklären, warum das gut sozialdemokratisch sein soll, was da die Regierung in der Steuer-, Renten- und Konsolidierungspolitik treibt. Es fällt ihnen schwer die Freistellung der Veräußerungsgewinne großer Kapitalgesellschaften von der Steuer durch das Eichel-Ministerium mit dem Versprechen der „sozialen Gerechtigkeit" in Konkordanz zu bringen. Man hatte schließlich bis in den März 1999 eigentlich immer das Gegenteil davon vertreten, ein ganzes sozialdemokratisches Leben lang. Und so sind die sozialdemokratischen Aktivisten artikulationslos. Sie wissen nicht, wie sie es begründen, warum sie sich für das einsetzen sollen, was die Regierung in Berlin macht. Sie begreifen nicht, warum der private Reichtum der ökonomischen Elite auch unter der sozialdemokratisch geführten Regierung weiter explosiv anwächst, während die kollektiven Güter und Einrichtungen vielfach nachgerade dramatisch verkommen und verfallen. Sie erkennen nicht die sozialdemokratische Erzählung, nicht den sozialdemokratischen roten Faden, nicht das sozialdemokratische Signum des Regierungshandelns. Deshalb sind sie stumm, passiv, gelähmt.

Schröder ohne Enkel

Nun gibt es da in der SPD-Wahlkampfzentrale, der „Kampa" Numero 2, und wohl auch im Kanzleramt einige ganz coole Politstrategen, die das alles gar nicht weiter schlimm finden. Denn für sie ist Politik allein ein professionelles Geschäft, in dem Laien mit ihrem oft trotzigen und inflexiblen Idealismus lediglich stören. Die Erschlaffung der Basis ist ihnen daher ganz willkommen. Das erleichtert den Marketingexperten und Werbefachleuten in den Wahlkampfstäben künftig nur die Arbeit. Sie können die Politik dann im anstehenden Bundestagswahlkampf so coachen, wie sie es für einzig profitabel halten: personalisierend, dramatisierend, hochflexibel, medial inszeniert, die Aussagen minikurz und miniknapp auf einige sound bites reduziert. Dabei stehen in der Tat Basisaktivisten, denen es immer noch um irgendeine Sache, die Inhalte, den konzeptionellen Entwurf, die reflexive, ernsthafte und ausführliche Debatte geht, ziemlich lästig im Weg.

Dummerweise aber scheinen auch hochmoderne Parteien in hochmodernen Mediengesellschaften ohne diese rückständigen Basisaktivisten nicht ganz auszukommen. Zumindest haben all diejenigen Parteien in Europa, die das moderne Spindoktorentum oder branding rigide an die Stelle des überkommenen Funktionärswesens und der lästigen Basispartizipation gesetzt haben, zuletzt deftige Niederlagen bei Wahlen erlitten. Denn diese Parteien verloren ihre soziale und weltanschauliche Erdung, büßten die Fähigkeit zur unmittelbaren interpersonalen Kommunikation ein, auf die es in Wahlkampfzeiten ganz offenkundig weithin ankommt und die auch durch eine noch so virtuose Medieninszenierung allein nicht zu ersetzen ist. Parteien brauchen nach wie vor einige Tausendschaften von Aktivisten, die von ihrer Sache sichtlich überzeugt sind, die nur deshalb überzeugend auftreten und glaubwürdig argumentieren können, die in den Lebenswelten und Assoziationen der Gesellschaft präsent sind. Hat eine Partei diese Aktivisten nicht, dann geht sie bei Wahlen unter, selbst wenn ihr von Werbespezialisten die schönsten und griffigsten Slogans aufgeschrieben worden sind.

Gewiss: Die Deaktivierung der Mitglieder und des Funktionärskörpers hat Schröder das Regieren erheblich erleichtert. Er brauchte sich nicht mit rebellischen und protestierenden Parteimenschen herumzuplagen. Er konnte nach außen als Chef einer geschlossenen Truppe auftreten, was das Wahlvolk denn doch mehrheitlich höher schätzt als den lustvoll streitenden Diskussionszirkel. Und er hat dadurch in der Tat die im Prinzip gegen alles Rot-Grüne misstrauischen Grenzwähler im Zwischenbereich von SPD und CDU beruhigt und bisher erfolgreich bei der Stange gehalten.

So allerdings ist die SPD nun eine eher undynamische, eher langweilige, mit kapriziösen Individualisten nicht gerade üppig bestückte Partei. Es gibt in ihr keine nachwachsenden Programmatiker mehr; es gibt unter den Sozialdemokraten kaum noch einen Bildungspolitiker, kaum noch einen Außenpolitiker, nicht einmal einen Sozialpolitiker mit intellektuellem Esprit, historischem Begriff und konzeptionellem Sinn. Niemand in der SPD kann aus dem Stück- und Flickwerk des Regierungshandelns noch eine Choreographie des kohärenten sozialdemokratischen Reformismus komponieren. Doch das regt die Sozialdemokraten mittlerweile auch gar nicht weiter auf. Streit löst es unter den ermüdeten Genossen erst recht keinen mehr aus.

Eben gerade darum aber steht die SPD demoskopisch besser da als in früheren, als in lebendigeren Zeiten. Denn in der Mediengesellschaft mit ihren aufgeblasenen Scheindebatten für jeweils vier Tage hat eine Partei wohl tatsächlich keine Chance, die eine wirkliche, ernst gemeinte, ungesteuerte, harte, zähe und über Monate dauernde Kontroverse führt. Sie gilt dann sofort als hoffnungslos zerstritten, tief gespalten, unzeitgemäß verbohrt und dogmatisch, kurz: als nicht regierungsfähig. Die SPD hat diese Lektion mit den Jahren anscheinend gelernt: Sie hat daher Disput und Diskurs eingestellt; sie möchte lieber Wahlen gewinnen.

Die SPD reüssiert, weil sie als Partei stillgelegt ist. Zugleich aber – und das wird oft übersehen – lebt die Partei aus der Substanz der früheren wilden Jahre. Ihre treueste Wählerkohorte sind die heute 40- bis 50-Jährigen, die in jenen Jahren politisch groß geworden sind, als die SPD noch ziemlich chaotisch, aber eben auch auffällig schillernd und farbig, daher für damals junge Menschen irgendwie anziehend war. Konflikte stoßen nicht nur ab, sie binden auch und das oft sehr nachhaltig. Vor allem: Die entscheidenden Anführer der stillgelegten Partei des Jahres 2001 haben ihr Handwerkszeug allesamt seinerzeit im Chaos der Intrigen- und Richtungskämpfe der alten SPD gelernt. Und gerade deshalb behaupteten sie sich in den letzten beiden Jahren so pragmatisch souverän in der Schlangengrube der Berliner Hauptstadt – allen voran der Bundeskanzler selbst und sein kühler, raffinierter Parteigeneral im Willy-Brandt-Haus.

Wären die beiden in einer stillgelegten Partei groß geworden, dann wären sie längst im unbarmherzigen Kabalenspiel der Politik untergegangen. Allein die scharfen Flügel-, Kultur- und Politikkämpfe der früheren, unordentlichen SPD brachten ihnen die Fähigkeiten bei, die man braucht, um auch mit abgezockten Medienmenschen, mit knochenharten Verbandsvertretern, mit egozentrischen Landesfürsten, mit aggressiven Oppositionsführern fertig zu werden. Im Haifischbecken der vergangenen sozialdemokratischen Chaostruppe schärften sich beim Kanzler und bei seinem obersten Parteimanager die Gefahreninstinkte, die man benötigt, um Fallgruben rechtzeitig zu erkennen, um strategische Züge des Gegners präventiv zu durchkreuzen, um politische Gelegenheiten früher als andere zu wittern und kalt zu nutzen. Schröder und Müntefering sind die souveränen und mit allen Wassern der politischen Taktik gewaschenen Truppenführer in Berlin, weil sie durch das Stahlbad unzähliger Konflikte, Krawalle und Konfusionen in der einst so außerordentlich schwierigen Enkel-SPD gegangen sind.

So ist das Chaos von früher paradoxerweise die Voraussetzung für die Stabilität von heute. Dummerweise gilt das aber auch umgekehrt. Die Stabilität von heute könnte die Depression von morgen bedeuten. Denn in einer stillgelegten Partei ist die programmatische Phantasie erloschen, das Feuer der Kontroverse ausgetreten, die Kraft rednerischer und demagogischer Begabungen versiegt. Die stillgelegte Partei fördert das Mittelmaß, den berechnenden Karrieristen, den Typus des pausbäckigen Dezernenten mit Staatssekretärsambitionen. Den Typus Schumacher, Brandt, Lafontaine und Schröder fördert eine solche Partei nicht mehr, erst recht nicht den Typus des Visionärs, Vordenkers und eigenwilligen Ideenproduzenten. Die Sozialdemokraten werden, na sagen wir: im Jahr 2006, wenn der Kanzler Schröder dann den Stab abgeben und weiterreichen möchte und muss, gewiss ausreichend tüchtige Kommunalpolitiker, achtbare Ministerpräsidenten, kompetente Staatssekretäre, fleißige Fachreferenten haben. Aber es kann ihnen gut passieren, dass da niemand mehr ist, der noch eine sozialdemokratische Erzählung schreiben, der die Partei neu führen, binden und orientieren, der die Republik aus dem Kanzleramt sicher regieren könnte.

Die Partei des mittleren Lebensdrittels

Wenn, ja, wenn alles so weiterginge in der SPD. Aber das muss es nicht unbedingt. Historisch hat man das bei den Sozialdemokraten schon häufig erlebt, dass nach Phasen des Pragmatismus, der Realpolitik, der nüchternen

Gegenwartsorientierung ganz plötzlich wieder ideologischer Eifer, programmatisches Bekennertum, die Sehnsucht nach Transzendenz und Utopie ausbrach. Das war so in den letzten Jahren der Weimarer Republik, als Vertreter der jungen Generation in der SPD über radikale Alternativen zum knochentrockenen republikanischen Reformismus des Parteiestablishments nachsannen. Und das wiederholte sich vierzig Jahre später, als alle Welt in der bundesrepublikanischen Wohlstandsgesellschaft schon felsenfest vom Ende der großen Weltanschauungen überzeugt war und die Sozialdemokraten gerade erst mit ihrem „Godesberger Programm" Abschied von einem langen ideologischen Zeitalter genommen hatten. Doch dann, gleichsam wie aus heiterem Himmel, kehrten ab 1967 die Ideologien wieder zurück, und die Auseinandersetzungen in der zuvor von Herbert Wehner mit harter Hand stillgelegten SPD refundamentalisierten sich jäh und für nahezu zwei Jahrzehnte. Kurzum: Ähnliches könnte sich auch im ersten Jahrzehnt des neuen Jahrhunderts wieder ereignen. Erneut ist die Partei stillgelegt, aber erneut lauert in mittlerer Ferne eine neu bewegte Jugend. Davon jedenfalls ist Peter Glotz, der Witterungsexperte für gesellschaftliche Kommunikationstrends und ehemalige Parteimanager, überzeugt: „Alles steuert auf eine Revolte zu" – der „Entschleuniger", der „Ökologisten", vor allem natürlich: der „Antiglobalisierer". Und das könnte dann auch in die SPD hinüberschwappen, könnte sie, wie schon in früheren Abschnitten ihrer Geschichte, wieder reideologisieren, stärker nach links treiben, unruhiger und zerrissener machen. Vorbei wäre es dann mit der stillgelegten Partei.

Allerdings muss sich die Geschichte so nicht wiederholen. Es ist sogar wenig wahrscheinlich. Jugend ist einfach nicht mehr wichtig genug in Zeiten einer mehrheitlich ergrauenden Gesellschaft. Vor allem ist Jugend für die SPD keine entscheidende, vor allem keine wahlentscheidende Größe mehr. In früheren Zeiten war das noch anders. Die Jugendrevolten von ehedem, die auf die Sozialdemokratie ausstrahlten und sie gründlich veränderten, waren stets Rebellionen extrem geburtenstarker Alterskohorten. Im Grunde ist deshalb die gegenwärtige SPD die Mehrheitspartei schlechthin jener letzten Baby-Boomer-Generation in der modernen deutschen Sozialgeschichte. Mehr noch: Man kann die Geschichte der SPD in den vergangenen drei Jahrzehnten geradezu als Kohortengeschichte der geburtenstarken Jahrgänge nach dem Zweiten Weltkrieg beschreiben. Als die Baby-Boomer ab Ende der sechziger Jahre ins Wahlalter kamen, als sie an die Universitäten drängten und mit kulturrevolutionären Losungen durch die Straßen zogen, da wandelte sich auch die SPD zu einer Partei jugendbewegter Partizipation und Emanzipation, postulierte sie Chancengleichheit und den Ausbau der Hochschulen, gab sie sich juvenil, modern und libertär. Als die Baby-Boomer in den neunziger Jahren dann in die Mitte des Lebens und der Gesellschaft rückten, da mutierte auch die SPD zur Partei dieser, ja, neuen Mitte, setzte nun nicht mehr stürmisch auf Demokratisierung, Politisierung und Sozialisierung, sondern verlässlich und berechenbar auf Moderation, auf Entlastung (bei den Steuersätzen und Lohnnebenkosten), auf mehr Kindergeld, auf sichere Altersvorsorge. Sie wurde eben zur Partei der „Sicherheit im Wandel". Das ist die gegenwärtige SPD: Sie ist die Partei vorwiegend des mittleren Lebensdrittels. Im mittleren Lebensdrittel aber sind die Menschen besonders belastet, durch den Beruf, durch finanzielle Bürden, durch familiäre Verpflichtungen. Im mittleren Lebensdrittel, so erklären uns Soziologen und Altersforscher, ist man signifikant „sozialintegriert", verfügt über wenig Zeit, leidet unter hohen beruflichen Anforderungen, ist oft erschöpft, ruhebedürftig, entkräftet, neigt nicht zu unkalkulierbaren Experimenten. Eine Partei des mittleren Lebensdrittels ist daher nun einmal eine Partei der Müden und Ausgebrannten, ist naturgemäß eine eher stillgelegte Partei. Wir sahen es.

Doch damit könnte es bald vorbei sein. Einiges spricht dafür, dass es in der SPD, in vielleicht etwa fünf Jahren, wieder lebendiger zugeht. Doch wird das, im Unterschied zu früheren Epochen, dann nicht auf die Impulse einer radikalen Jugendrevolte zurückzuführen sein. Im Gegenteil und so paradox es auch klingen mag: Die SPD wird wieder lebendiger und diskursiver, weil ihre Kerngruppen noch weiter gealtert sein werden. Ihre geburtenstarke Anhänger- und Mitgliederschicht wird in den nächsten Jahren das mittlere Lebensdrittel verlassen. Sie wird dann die große, auf dem Wählermarkt entscheidende Gruppe der neuen, jungen Alten bilden, die die Kinder aus dem Haus haben, sich der Bürden des Berufs fast oder schon ganz entledigt haben, jedenfalls nicht mehr so mächtig unter Karrierestress stehen, die mehr Zeit finden, wieder Kraft sammeln, neuerlich Lust auf Aktivitäten und gesellschaftliche Mitwirkung zeigen. Davon jedenfalls sind die Altersforscher überzeugt: Am Ende des mittleren Lebensdrittels beginnen „die gewinnenden Jahre", mit wieder mehr Neugier, wieder mehr Offenheit, wieder mehr Engagement, kurzum: mit einem großen Reservoir an gesellschaftlichen Teilhabemöglichkeiten und -bereitschaften.

Die SPD wird auch weiterhin die Partei dieser quantitativ so starken Kohorte bleiben, wird sich wie in den letzten dreißig Jahren in erster Linie an den Erwartungen, Einstellungen und Ansprüchen dieser Altersgruppe orientieren. Und diese Kohorte der früheren Rebellen und gegenwärtig Erschöpften wird zwar gewiss nicht in die frühere Mentalität der ungestümen Revolte zurückfallen, aber sie wird doch stärker wieder gesellschaftlich, auch politisch mitmachen, wird deutlicher als zuletzt die Wertedimension der Politik einfordern, wird mehr als in den vergangen Jahren über Fragen des gesellschaftlichen Zusammenhalts und der Lebensqualitäten diskutieren und sich nicht mehr allein mit Pragmatismus, Ökonomismus und treuer Kanzlerorientierung begnügen. In die SPD wird ein altersmilder reflexiver Wertereformismus hinein- und zurückkommen, nicht stürmisch, nicht rechthaberisch, nicht militant, eher suchend und nachdenklich, aber doch eindringlich und ernsthaft. Und womöglich wird sich dieser altersmilde Wertereformismus mit der enragierten Ungeduld neujugendlicher Revolteure gegen die „Profitorientierung und Kälte" des globalisierten Kapitalismus verbinden und so zu einer Allianz gegen den pausbäckigen Pragmatismus und Empirismus der Zwischengeneration führen. Doch so genau wissen wir das natürlich nicht. Denn historisch war die SPD schließlich noch nie die Partei der Alten in einer ergrauenden Gesellschaft. Daran muss man sich tatsächlich erst noch gewöhnen – auch daran, dass ausgerechnet das Altern der Sozialdemokratie zu einer Reaktivierung der Partei führen könnte.

Wir werden sehen.

(2001)

Die Leere der Linken

Am 22. September 2002 mag der nächste Dominostein der europäischen Linken fallen. An diesem Sonntag werden die Deutschen ihren Bundestag wählen. Und es sieht nicht gut aus für die Herren Schröder und Fischer. Mit Rot-Grün wird es im Herbst möglicherweise zu Ende gehen. Und ebenfalls nicht gänzlich undenkbar ist, dass die Sozialdemokraten nach nur einer Legislaturperiode das Kanzleramt schon wieder räumen müssen – sollten sie nicht doch noch in den verbleibenden Wochen an die Union heranrobben und dann die verwegene Lust auf rot-rot-grüne oder ampelige Koalitionsabenteuer verspüren.

Noch vor vier Jahren war die Stimmung ganz anders. Als Gerhard Schröder vor vier Jahren deutscher Bundeskanzler wurde, da schien der Triumph des demokratischen Sozialismus in Europa komplett. Die Linke regierte in den skandinavischen Ländern, sie regierte in Frankreich, in England, in Italien. Und so weiter. Ab 1998 also dann auch in Deutschland – erstmals nach sechzehn Jahren wieder. Sozialdemokratische Regierungschefs waren seinerzeit beinahe unter sich, wenn sie sich zu Gipfeltreffen versammelten. Niemand sprach damals mehr düster vom Ende des sozialdemokratischen Jahrhunderts, alle redeten verzückt von „dritten Wegen". 1998 dominierte vielmehr der Eindruck vom unaufhaltsamen Niedergang der europäischen Christdemokratie. Auch der jugendlichere Neoliberalismus hatte deutlich seine beste Zeit bereits hinter sich. Einer erneuerten Sozialdemokratie hingegen, die ihren Frieden mit Markt und Wettbewerb gemacht hatte, die den Staat nicht länger vergötterte, die ihre Klientel zwar weiterhin förderte, aber nun auch mit einiger Strenge forderte, die den gesellschaftlichen Zusammenhalt mit ökonomischer Innovation verknüpfte, einer solchen modernisierten Sozialdemokratie also schien zum Ende des letzten Jahrhunderts/Jahrtausends die Zukunft zu gehören.

Doch dann kam es, wie es eben so kommt: Dem rauschhaften Taumel folgte der Katzenjammer, folgte die politische Depression. Den Reigen sozialistischer Niederlagen eröffnete die österreichische SPÖ des Viktor Klima. Das setzte sich in Italien fort. Und es ging dann munter weiter: in Norwegen, Dänemark, Portugal, den Niederlanden und Frankreich. Und in einigen Wochen vielleicht eben auch in Deutschland. Fraglos: ein Desaster für die europäische Linke.

Dabei waren die bisher aus dem Amt gejagten sozialdemokratischen Regierungen keineswegs dramatisch gescheitert. Sie hinterließen durchaus keinen Scherbenhaufen. Die Sozialdemokraten hatten überwiegend die Schuldenberge haushälterisch sorgsam abgetragen, sie hatten die Inflationsraten niedrig gehalten, hatten zwischen Amsterdam und Oslo, zwischen Lissabon und Kopenhagen, zwischen London und Wien vielfach für Arbeitsplätze und Investitionen gesorgt. Sie hatten mithin – im Unterschied zu der wohlfahrtsstaatlichen Partyzeit der siebziger Jahre – den wirtschaftlichen Aufschwung nicht gehemmt, hatten den öffentlichen Sektor und die Institutionen des Staates nicht ausgedehnt und über Gebühr belastet. Doch trotzdem – oder vielleicht auch gerade deshalb? – wurde den Sozialdemokraten rüde das Vertrauen entzogen. Mit der großen Überzeugungskraft eines glanzvoll regenerierten bürgerlichen Lagers hatte das nichts zu tun, da es dergleichen nicht gab. Das europäische Wahlvolk wählt eben seit einigen Jahren lediglich ab, unsentimental und herzlos. Aber es drängt deshalb nicht zu klaren Alternativen, konturiert keine eindeutige Richtung heraus. Und so kann es gut sein, dass schon bald die ersten sozialdemokratischen Parteien, nach kurzer Auszeit in der Opposition, wieder in die Kabinette zurückkehren.

Aber auch das wird dann keine kraftvolle Renaissance des Sozialdemokratischen in Europa bedeuten. Denn es ist gerade die Kraftlosigkeit, die so charakteristisch ist für den Zustand der meisten etablierten linken Parteien. Und so war es eben doch nicht nur ein Zufall, auch nicht einfach nur die Laune eines durch chronischen TV-Konsum auf Abwechslung und Zapping eingestimmten Wählerpublikums, dass zuletzt ein halbes Dutzend sozialdemokratischer Regierungen in Serie abgewählt wurde und dabei – wie in Holland – bis zur Hälfte seiner ursprünglichen Wählerschaft verlustig ging. In einer gewissen Weise ist die Krise der europäischen Sozialdemokratie schon elementar. Präziser: Es ist die Geschichte eines mehrfachen Verlustes. Noch genauer: Die sozialdemokratischen Parteien haben an Energie, an Sinn, an Richtung und an Kernanhängerschaft verloren. Dies zusammen macht die gegenwärtige Depression des europäischen Sozialismus aus.

Kraftlos, grauhaarig und melancholisch

Lange Jahrzehnte sprühten die sozialistischen Parteien, auch (und gerade) in den bitteren Jahrzehnten der Opposition und Ohnmacht, vor Energie. Denn lange Jahrzehnte waren sie Parteien der Jugend, Parteien des Zukunftsversprechens, Parteien einer durchaus mitreißenden Vision. Viel ist davon nicht geblieben. Heute sind die sozialistischen Parteien eher Organisationen der mittelalten Müden und Ausgebrannten. Das Gros ihrer Aktivisten entstammt aus der Baby-Boom-Generation der Nachkriegsjahre, aus der Kohorte mithin, die in den 1960er und 1970er Jahren in großen Massen und mit viel Verve in die Politik strömte, vor allem in die Parteien links der Mitte. So strampelt und quält sich der typische Funktionär im west- und mitteleuropäischen Sozialismus nun schon seit einem Dritteljahrhundert im Organisationsgeflecht seiner Partei ab. Das bedeutet ein langes, kräftezehrendes Leben in zeitraubenden Gremien, in intrigenreichen Flügelkämpfen, in abendfüllenden Kungelrunden. Infolgedessen sind viele der heute 55 bis 60 Jahre alten Funktionäre, die das Bild der Sozialdemokratien im westlichen Europa bestimmen, mittlerweile erschöpft, ausgelaugt und verschlissen. Und da im Grunde alle ihrer früheren politischen Träume und Hoffnungen verflogen und verloren sind, neigen sie eher zur Melancholie, mehr zur Resignation als zur politischen Courage und kreativen Verwegenheit. Daher wirken sozialdemokratische Parteien heute überwiegend verzagt, ängstlich und angepasst. Große rhetorische Tribunen, gar instinktsichere agitatorische Demagogen oder virtuose Theoretiker findet man in ihren grauhaarigen Reihen nicht mehr. Und kraftvollen, drängenden Nachwuchs gibt es schon gar nicht – wie nach jeder Ministerentlassung bedrückend deutlich wird.

Natürlich hängt der Verlust an Energie mit dem Verlust an normativem Sinn zusammen. Hier ist der Sozialdemokratie in der Tat viel abhanden gekommen. Über ein Jahrhundert waren sich die europäischen Sozialdemokraten ihrer Sache, ihres historischen Auftrags und ihrer sozialen Mission absolut sicher. Die innere Überzeugung war der Treibstoff für den umtriebigen Aktivismus, der für Sozialisten und Sozialdemokraten lange so charakteristisch war. Die Aktivisten begeisterten sich für die industrielle Demokratie, schworen auf demokratische Rahmenplanung, machten sich in großen Teilen für eine Lenkung der Investitionen stark, traten mit großer Leidenschaft für eine gewaltfreie Außenpolitik ein und redeten eine Zeit lang viel von einem sozialökologischen Reformprojekt.

Aber im Laufe der neunziger Jahre erlosch der Zauber all dieser Begriffe und Losungen. Sie büßten auch für Sozialisten selbst ihren Charme ein, ihre prickelnde Aura. Denn vieles davon hatte sich durch den Gang von Gesellschaft, Ökonomie und Politiker falsifiziert, einiges auch trivialisiert, manches gar diskreditiert. So jedenfalls schien es den meisten vor dem Hintergrund einer nachgerade erdrückenden Hegemonie marktideologischer Phrasenhaftigkeit unter den europäischen Meinungseliten. Vor allem aber: Die reale sozialdemokratische Regierungspolitik in Europa der neunziger Jahre hatte mit all den überkommenen Maximen der sozialdemokratischen Aktivisten nicht viel zu tun. Sozialdemokratische Regierungen betrieben unter dem Handlungsdruck ökonomischer Restriktionen eine Politik der Austerität, nicht der expansiven Finanzen und Ausgaben. Auch sozialdemokratische Regierungen deregulierten Arbeitsmärkte und Sozialsysteme; auch sozialdemokratische Regierungen beschlossen den Einsatz von Militärs in auswärtigen Konflikten. Die sozialdemokratischen Aktivisten der mittleren Parteiebenen diesseits der gouvernementalen Verantwortung spürten, dass ihre alte Vorstellungswelt zugrunde gegangen war. Aber sie fanden sich im Neuen nicht zurecht, wollten dies auch nicht. Das machte sie politisch sprachlos, das hatte sie deaktiviert. Sie waren gleichsam symbolisch enteignet, ohne das gewohnte Vokabular, ohne die überlieferten Bilder und eingeschliffenen Argumentationsmuster. Das nahm den sozialdemokratischen Aktivisten gewissermaßen ihre Aktivität, ihren Elan, ihre Einsatzbereitschaft. Der Sinn und die Gewissheit ihres Tuns – Voraussetzung und Fundament allen ehrenamtlichen Engagements – waren perdu. Das hatte die sozialdemokratischen Wahlkämpfe in den letzten Jahren demobilisiert; und dies ausgerechnet zu einem Zeitpunkt, als die Legitimationsgrundlagen des entgrenzten Kapitalismus durch Firmenzusammenbrüche, Aktienstürze, manipulierte Geschäftsbilanzen jäh erschüttert wurden. So verloren die um ihre Deutungsmuster und Aktivierungsappelle gebrachten sozialistischen Parteien bei Wahlen schließlich kräftig.

Humus für den rechtspopulistischen Aufstieg

Denn als rat- und sprachlose, als ermattete Parteien, die ihre Kerntruppen nicht in Bewegung setzen konnten, strahlten sie auch nicht auf die vielumworbenen Wechselwähler aus. Verstärkt wurden die Mobilisierungsschwächen noch durch die Richtungslosigkeit sozialdemokratischer Politik, präziser: durch den allumfassenden Drang zur Mitte. Natürlich war die strikte Mitte-Orientierung der europäischen Sozialdemokratien in den 90er Jahren gut verständlich. Schließlich hatten die meisten sozialdemokratischen Parteien historisch zu lange am Rande des politischen Systems gesiedelt, waren dadurch zu weit vom Herz der politischen Macht entfernt gewesen. Als Parteien der Mitte steuerten sie dann ins Zentrum des politischen Systems, wurden zu Scharnierparteien von Regierungs- und Koalitionsbildung. Doch mussten sie als Mitteparteien ihr Profil weiter abflachen, mussten Ecken und Kanten abhobeln, durften sich nicht allzu präzise festlegen, konnten sich scharfe und stringente politische Inhalte nicht mehr leisten. Denn Mitte-Parteien wollen weiträumig Wähler gewinnen, wollen niemanden vor den Kopf stoßen. Dadurch aber entleeren sie sich politisch, verlieren an Farbe und Kontur, schwächen am Ende die emotionalen Bindungen zu ihren Anhängern. So verlieren Mitte-Parteien letztlich den vitalen Bezug zur Gesellschaft, in deren Mitte sie doch eigentlich stehen wollen.

Die neue Mittigkeit der Sozialdemokraten – aber auch der Christdemokraten und Konservativen – in Europa war schließlich Humus für den rechtspopulistischen Aufstieg. Wo die neumittigen Sozialisten vage blieben, gaben sich die Parteien der populistischen Rechten eindeutig, pointiert, markant und geradlinig, eben: ohne Wenn und Aber. Vor allem bei den jungen männlichen Arbeitern in Europa kam das nicht schlecht an. In diesem Segment wurde der rechte Populismus zur neuen Protestformation einer Arbeiterklasse, die mit den Sozialdemokraten in der Mitte und an der Regierung nichts mehr anfangen konnte, die sich dadurch nicht mehr repräsentiert fühlte.

Man kann das als Verlust der Kernanhängerschaft bzw. Stammwählerschaft deuten, wie es vielfach geschieht. Und ohne Zweifel haben die deftigen Niederlagen der Sozialisten in Europa damit zu tun: mit der Entkopplung der neuen Unterschichten von den klassischen Sozialdemokratien. Im Grunde begann die tiefe kulturelle und lebensweltliche Entfremdung zwischen den Akteuren der Sozialdemokratie und dem Restproletariat schon in den 1970er Jahren. Damals schwappte die mächtige Welle der Bildungsexpansion quer durch Europa. Zu den Gewinnern dieser Bildungsexpansion zählten die Söhne und Töchter der sozialdemokratischen Facharbeiterelite, die nun Abitur machten, auf die Universitäten gingen – und am Ende die Arbeiterquartiere verließen. Kurzum: Der neue Typus des akademischen Sozialdemokraten kehrte den proletarischen Wohnvierteln und Lebenswelten den Rücken. Die zurückgebliebenen Verlierer der Transformation zur Wissensgesellschaft waren nunmehr politisch unbehaust und organisatorisch verwaist. Die Emanzipation der einen verschärfte die bittere Erfahrung der Unterprivilegierung und randständigen Isolation der anderen. In diese neue Heimatlosigkeit, in diese Leere tiefer Frustrationen drangen dann in den 1980er und 1990er Jahren die Populisten von rechts, während die Sozialdemokratie immer mehr zur Interessenvertretung der mittleren Lagen der Gesellschaft wurde. Die sozialdemokratischen Nutznießer der Bildungsexpansion – die Aufsteigergruppe des letzten Vierteljahrhunderts – sprachen nicht mehr die Sprache der Unterklassen, teilten nicht mehr deren Stil, deren Habitus, deren Werteorientierung, im Übrigen auch nicht deren soziale Interessen. Die neuakademischen Sozialdemokraten waren vielfach postmaterialistisch eingestellt; die jungen Arbeiter der neuen Unterklasse dagegen hatten für Ökologie, Homoehen, Frauenquoten, großzügige Einwanderungsgesetze nicht das Geringste übrig. Die enttraditionalisierte und gewerkschaftsferne Unterschicht, mehr an „Cash" als an „Solidarität" oder „Nachhaltigkeit" interessiert, ging weit nach rechts oder – wo es dafür keine intakte Partei gab – in die Wahlenthaltung. Das eben dezimierte das sozialdemokratische Wählerpotenzial beträchtlich; das war eine entscheidende Ursache für die Niederlagenserien der europäischen Sozialisten in den letzen drei Jahren.

Aber auch das bedeutet nicht das Ende der Sozialdemokratie. Die historischen Gegner der Sozialisten – die Christdemokraten, Konservativen und Liberalen – sind in keiner besseren Verfassung, haben ebenfalls viel an normativen Sinn, an Organisations-, Integrations- und Mobilisierungskraft verloren. Auch sie werden gewiss bald wieder kalt und brüsk abgewählt werden. Es ist einfach vorbei mit den langen und prägenden Ären, seien sie nun christdemokratisch oder sozialdemokratisch. Es wird eben in Zukunft abwechslungsreicher zugehen. Man mag das für das Richtige halten in pluralistischen Gesellschaften nach Auflösung der geschlossen weltanschaulichen Lager. Aber gerade in wechselvollen Zeiten, mit schnellen Schnitten und Zäsuren, bräuchte man doch eigentlich Parteien, die im Kern kräftig, vital und kreativ sind. Im Moment aber überwiegt in der Parteilandschaft die Ermattung und Erschlaffung, ja die politische Leere.

(2002)

Verschreckt und verwirrt

Da liegen sie nun im Staub, die deutschen Sozialdemokraten, nach den vernichtenden Niederlagen bei den Landtagswahlen in Niedersachsen und Hessen vom 2. Februar 2003. Und es wird noch eine schlimme Woche für sie geben. Die Zeitungslektüre jedenfalls dürfte ihnen wenig Freude bereiten. Überall werden sie auf die Begriffe „historisches Desaster", „Kanzlerdämmerung", „Niedergang" etc. stoßen, wenn im medialen Kommentar von ihrer Partei die Rede ist. Das wird die sowieso schon reichlich verunsicherten Sozialdemokraten noch weiter verschrecken und verwirren. Das, was man zuletzt gerne als Kakophonie bezeichnet hat, wird erst jetzt so richtig ausbrechen. Die Kanzlerleute werden die Reformrhetorik reaktivieren; die gewerkschaftsnahen Traditionstruppen werden eben das lautstark verdammen; die Restlinken werden wieder einmal von neuen Visionen murmeln; und zwei oder drei einst prominente und nunmehr lediglich sentimentale Sozialdemokraten werden tatsächlich erneut flammende Plädoyers für die Reintegration des Oskar Lafontaine in die deutsche und internationale Arbeiterbewegung halten.

Kurzum: Das politische Theater in der deutschen Republik inszeniert also wieder einmal das sozialdemokratische Drama. Titel: „SPD am Ende?". Sehr aufregend ist das mittlerweile nicht mehr. In der Tat hat sich selbst am Wahlsonntag keine ganz so außergewöhnliche Sensation abgespielt, wie das jetzt überall anklingt. Dergleichen hat die Republik in den gut fünfzig Jahren ihrer Geschichte mehrere Male erlebt. Zu Beginn ihrer zweiten Legislaturperiode fallen die gerade noch wiedergewählten Kanzlerparteien in schöner Regelmäßigkeit in tiefe und üble Depressionen. Es ist schließlich nichts mehr so wie bei der ersten Wahl vier Jahre zuvor. Der Schwung des Anfangs ist längst perdu, der Zauber des Neubeginns gänzlich verblasst. Die wiedergewählten Kanzler sind müde, die Minister ausgebrannt. Die Personalreserven der Regierungsparteien sind nach einigen Pannen und Ministerwechseln ziemlich erschöpft. Vor allem: Das Koalitionsprojekt ist im Großen und Ganzen bereits abgearbeitet. Die Regierungen wirken zum Anfang der zweiten Runde chronisch lustlos, schwankend, von der Rolle.

So war es, wie gesagt, im Grunde schon immer – ob unter Adenauer, Erhard, Brandt, Schmidt oder Kohl. Sie alle hatten elende Zeiten, schlimme

Landtagswahlniederlagen nach ihrer jeweiligen Wiederwahl durchlitten. In mediengesellschaftlichen Zeiten geht alles nur noch ein bisschen rüder, brutaler, im Ergebnis schriller und schrecklicher zu. Minister kippen noch eher und noch schneller. Wahlkämpfe werden länger, unberechenbarer und erbarmungsloser. Der rasche Kräfteverschleiß bei den Regierenden hat über die Jahrzehnte erheblich zugenommen. Und die Wähler strafen gnadenloser ab denn je.

Doch hinzu kommt diesmal, dass Rot-Grün früher als jede andere Regierungsallianz zuvor nicht mehr wusste, was sie eigentlich wollte. Denn im Kern war Rot-Grün nie ein politisches Projekt. Rot-Grün war vorwiegend eine kulturelle Attitüde, ein Generationsausdruck, ein Lebensgefühl. Das aber setzte sich gesellschaftlich schon in den 1980er/90erJahren weitschichtig durch. Was rechtlich davon noch in einzelnen Fällen sanktioniert werden musste, geschah im ersten Kabinett Schröder-Fischer durchaus früh und zügig. Aber seither, seit etwa zweieinhalb Jahren, ist Rot-Grün ohne politische Plattform und Perspektive. Und im ganzen langen Wahljahr 2002 konnten weder Rote noch Grüne in irgendeiner Weise deutlich machen, was sie diesseits eines gemeinsamen Lebensgefühls politisch noch antrieb und weshalb ausgerechnet ihre sozial verengte Allianz aus hauptsächlich öffentlich Bediensteten zur großen Reform der Gesellschaft taugen sollte. Aus dieser tiefen politischen Leere resultierte das sprach- und begründungslose Wirrwarr der Bundesregierung seit dem Herbst 2002.

Es ist der Fluch dieser Generation: In den 1970er Jahren kokettierte sie mit einigen dogmatischen Ideologien. In den 1980er Jahren setzte sie sich davon flott und ironisch ab. Und in den 1990er Jahren glaubte sie an nichts mehr. Ihr ursprünglich geistiges Gebäude lag in Trümmern. Derart normativ unbehaust kam sie an die Macht – und das noch dazu mit acht Jahren Verspätung, da ihnen die deutsche Einheit den schönen Zeit- und Karriereplan durchkreuzt hatte. Die rot-grüne Regierungsgeneration also kam zu spät, daher schon ermattet, ausgelaugt, mittlerweile ohne feste Prinzipien, ohne den kristallinharten Überzeugungskern, den man wohl braucht, um Politik – die viel beschworene Reform der Gesellschaft – kraftvoll und trotz aller taktisch raffinierten Umwege auch zielorientiert zu betreiben. In Schröder kulminierte diese Grundsatzindifferenz der Politik, bündelte sich das Unvermögen, all die oft ja durchaus imponierenden Winkel- und Schachzüge einer beinharten Machtpolitik auf eine Grundphilosophie zurückzuführen, auf eine Werteprämisse und einen strategischen Fluchtpunkt. Rot-Grün, die Formation der früheren Diskursgeneration, verfügt darüber nicht. Rot-Grün ist in gewisser Weise das sinn- und begründungsloseste Regierungsbündnis seit Bestehen der Bundesrepublik.

Auf der Suche nach dem sozialdemokratischen Trüffelschwein

In alledem liegt die Tragödie des ja zweifellos ungewöhnlich begabten Siegmar Gabriel. Man hat es häufig gesagt in den letzten Wochen: Gabriel hat die Methode Schröder imitiert. Genaugenommen war es die Methode Lafontaine, der schon in den frühen 80er Jahren damit begann, was Schröder für sich allein dann in den 90er Jahren erfolgreich zum Abschluss brachte: Man schert von Fall zu Fall provokativ aus der Parteiräson aus, bricht einige kanonisierte Tabus der Parteikonvention, kümmert sich nicht groß um Gremien, Institutionen, Beschlusslagen der eigenen Partei, spielt sein eigenes Spiel. Und man bringt das alles mit viel Tara in die Medien. Vor zwanzig Jahren war diese Methode zweifellos ganz neu, sehr aufregend, wirklich originell. Und sie war angesichts einer ziemlich doktrinären, apparathaft versteinerten, höchst unflexiblen sozialdemokratischen Partei vielleicht sogar nötig und nützlich. Aber mittlerweile gibt es die programmatisch überladene, von ideologielastigen Funktionären beschwerte, durch die Dominanz von Parteivorständlern blockierte Partei und Politik gar nicht mehr. Jetzt ist die Sozialdemokratische Partei vielmehr leer, ohne Ethos und Entwurf, ohne Funktionäre und interessierte Führung. Die Sozialdemokraten brauchen daher nicht den eintausendsiebenhundertdreiundvierzigsten Tabubruch. Sie brauchen jemanden, der ihnen ein paar Prinzipien und Perspektiven zurückgibt, der ihr Selbstbewusstsein und ihre Souveränität wiederherstellt, ja: der sie ernstnimmt, sie wieder mobilisierungs- und kampagnefähig macht.

Die Sozialdemokraten sind, noch verhalten und latent, auf der Suche nach dem neuen Leitwolf. Aber Leitwolf kann dort nur derjenige werden, der den Sozialdemokraten zurückvermittelt, was ihnen Schröder über ein Jahrzehnt alles genommen hat. Der neue Leitwolf muss wenigstens die Ahnung einer programmatischen Kontur haben; er muss sich um die zerfallene sozialdemokratische Organisation kümmern; er muss – wie eben der gerade erfolgreiche Hesse aus dem anderen politischen Lager – innerparteiliche Bataillone sammeln, die sich für ihn auch in den harten Zeiten medialen Gunstentzugs schlagen. Er muss der große Integrator sein, aber auch der konzeptionelle Identitätsstifter, der Mittelstürmer, der Scout, das Trüffelschwein für die Themen von Morgen.

Man hat allerdings derzeit nicht den Eindruck, dass es diesen Typus bei den Sozialdemokraten schon gibt. Und deshalb sind die Genossinnen und Genossen so mutlos, so verzagt, ja nahezu hoffnungslos. Den Sozialdemokraten fehlt nicht generell der Nachwuchs, wie es oft heißt. Unter den ganz jungen Abgeordneten gibt es zahlreiche durchaus disziplinierte, überaus fleißige, akkurate Fachleute. Als gut vernetzte Gruppe führen sie regelmäßig interne und öffentliche Diskussionen mit Experten aus Politik, Wirtschaft und Kultur. Sie veranstalten Konferenzen, geben die wohl anspruchsvollste parteipolitische Zeitschrift der Republik heraus. Einige von ihnen werden in mittlerer Frist und nach einer gewiss noch schwierigen Durststrecke respektable Ministerpräsidenten; viele werden – wenn denn in acht oder zwölf Jahren auch die kommende CDU-Regierung abgewirtschaftet haben wird – hochkompetente Staatssekretäre und Minister. Doch der sozialdemokratische Nachwuchs ist nicht – wie die Kochs, Wulffs, Müllers von der Gegenseite – in elementaren Auseinandersetzungen, scharfen Disputen und misstrauisch geführten Grundsatzdebatten großgeworden. Die jungen Sozialdemokraten hatten nie viel Rivalen und mussten daher nicht unerbittlich miteinander konkurrieren. Daher fehlen ihnen der Biss, das Feuer und die zündenden Leitideen. Und ihnen fehlt der verwegene Truppenführer, der sie alle mitreißt, antreibt, der entschlossen und kalt die Machtfrage zunächst in der Partei, dann in der Republik stellt. Es fehlt vielleicht ein deutscher Wouter Bos, der in den Niederlanden nach der schlimmsten Niederlage der dortigen PVDA in ihrer Geschichte im Frühjahr des letzten Jahres gleichsam aus dem Nichts heraus an die Spitze der Partei drängte, das alte Establishment unsentimental nach Hause schickte – und damit unlängst einen grandiosen Wahlerfolg feierte.

Exakt 140 Jahre gibt es die Sozialdemokratie nun schon in Deutschland. Doch noch nie wirkte die Partei, die wahrlich eine Menge Schläge einzustecken hatte, so führungslos – intellektuell und organisatorisch. Wer immer das Führungsvakuum künftig ausfüllen will, der wird dies nicht nach der Methode Schröder/Lafontaine tun dürfen. Sollte er es aber dennoch so machen, dann allerdings ist die Sozialdemokratie ernsthaft und zum ersten Mal in ihrer Geschichte in der Substanz gefährdet.

(2003)

Die Rückkehr des Spagats

Eine schon beinahe vergessene sozialdemokratische Turnübung aus den 1980er Jahren kehrt zurück – und kaum jemand merkt es: der Spagat. Damals, im letzten Jahrzehnt der alten westdeutschen Bundesrepublik, quälten sich die Sozialdemokraten bekanntermaßen mit dem Problem, dass sie unter allen Parteien die heterogenste Wählerschaft besaßen. Links gab es die radikalen, dabei materiell gut situierten Postmaterialisten, rechts standen die autoritär disponierten und meist männlichen Jungarbeiter aus den gesellschaftlichen Kellergeschossen der Republik. Und dazwischen tummelten sich im sozialdemokratischen Elektorat noch, nun ja, etwa acht andere Lebensstilgruppen mit jeweils ganz unterschiedlichen Erwartungen an gute Politik. Das forderte von den Sozialdemokraten eben den permanenten Spagat. Doch der gelang ihnen über viele Jahre nur höchst unzureichend. Daher verbannte es sie sechzehn bitterlange Jahre auf die unbequemen Bänke der Opposition.

Der Einmarsch ins Kanzleramt erfolgte erst, als sich die Gegensätze in der sozialdemokratischen Anhängerschaft abmilderten. In den 90er Jahren hatte der Postmaterialismus in seinen nunmehr älter und dadurch moderater gewordenen Trägerschichten an Rigidität erheblich verloren. Die Integration mit den „Materialisten" wurde infolgedessen leichter. Man traf sich dann bekanntlich in der „neuen Mitte". Doch damit scheint es jetzt schon wieder vorbei zu sein. Die SPD bröckelt abermals und auch diesmal an verschiedenen Seiten. Die Klammern der 1990er Jahre halten nicht mehr. Und die sozialdemokratische Identität gerät erneut ins Schwimmen.

Geradezu auf dem Spiel steht die historische Identität der Sozialdemokratie durch die Flucht der Arbeiterklasse. Bei den Landtagswahlen im Februar 2003 vermeldete die niedersächsische SPD einen Verlust von 24 Prozentpunkten bei den Arbeitern; in Hessen waren es 15 Prozentpunkte. Das setzte lediglich den Trend fort, der schon bei den Bundestagswahlen im September des letzten Jahres zu beobachten war, als die Sozialdemokratie in ihrer Traditionsklientel 7 Prozentpunkte einbüßte. Mehr noch: Es ist die weitere Station eines Prozesses, der seit den 1980er Jahren – und das europaweit – zu beobachten ist. Arbeiterklasse und Sozialdemokratie entkoppeln sich voneinander, verlieren ihre lebensweltlichen Bindungen und Bezüge. Im Ursprungskern hat diese Entwicklung schon im großen Jahrzehnt der sozialliberalen Reformer begonnen. In jenen 1970er Jahren hatte sich die Sozialdemokratie in ihrem Kaderbereich von den Unterschichten gelöst. Denn damals stiegen die Töchter und Söhne sozialdemokratischer Dreher, Tischler, Metallarbeiter sozial auf – durch Bildung. Der baföggeförderte Nachwuchs der sozialdemokratischen Funktionärselite machte Abitur, studierte, ergriff einen akademischen Beruf – und verließ die alten Wohnquartiere. Und so verloren die Arbeiterviertel ihre Organisatoren, die jahrzehntelang Politik, Freizeit und Vereinsleben geformt und sozialdemokratisch durchdrungen hatten. Dadurch löste sich das Milieu auf. Die sozialdemokratischen Aufsteiger und die zurückgebliebenen Unterschichten entfernten und entfremdeten sich voneinander. Das einsam zurückgelassene „neue Unten" in der Republik konnte mit dem Postmaterialismus und den rot-grünen Projekten des sozialdemokratischen Establishments nichts anfangen.

Es reagiert im Gegenteil aggressiv ablehnend darauf. Den Unterschichten ist an Ökosteuern und großzügigen Einbürgerungsrechten nichts gelegen. Europaweit interessiert die entsozialdemokratisierte, organisatorisch und kulturell unbehauste Arbeiterklasse vor allem eins: die Cash-Frage – wie viel hat man am Ende in der Tasche? Da es mit dem Cash seit einiger Zeit bekanntlich höchst bescheiden aussieht, hat sich der Exodus der unteren Schichten aus dem sozialdemokratischen Wählerlager nach all den Jahren lebensweltlicher und habitueller Distanziertheit noch weiter forciert.

Geistig haben die Sozialdemokraten diesen Auflösungsprozess im eigenen historischen und sozialen Fundament noch nicht verkraftet. Immer war der Bezug auf die Arbeiterklasse Kernbestand ihres spezifischen Selbstbewusstseins und Optimismus. Die Sozialdemokraten begriffen sich über ein Jahrhundert als Vertreter der entscheidenden, nachgerade geschichtsmächtigen Produktionsklasse, der Formation von Emanzipation, Zukunft und Befreiung. Natürlich erwartet dergleichen heute kein Sozialdemokrat mehr von der Rest-Arbeiterklasse, gar von den Zurückgebliebenen und Verlorenen aus den Arbeitslosenzonen der Gesellschaft. Nur: Eben das hat der SPD ihr Subjekt, auch ihren sozialen Ort genommen. Gleichwertigen Ersatz hat sie dafür nicht gefunden. Nicht zuletzt deshalb wirken die Sozialdemokraten derzeit so labil, richtungslos, politisch fahrig und unsicher, ja so ort- und bodenlos. Einzig in der gleichsam klassenübergreifenden „Friedensfrage" haben sie noch den Halt, die Selbstgewissheit und den historischen Stolz, sich selber treu und im Übrigen die besseren Menschen geblieben zu sein.

Auf der anderen Seite des politischen und sozialen Spektrums verläuft die Entwicklung eher umgekehrt. Anhänger von christlicher Union und FDP sind in den letzten Jahren wieder erheblich stärker „bürgerlich". Sie bekennen sich mit beträchtlicher Emphase zum „bürgerlichen Lager", zu „bürgerlichen Werten", zu ihrer ökonomischen „Selbstständigkeit", eben „bürgerlichen Existenz". Sie haben auf diese Weise zu ihrer historischen Klassenlage zurückgefunden, treten daher selbstbewusster, politisch auch kampagnenfähiger auf, achten auf gruppenstiftende Distinktion. Ein Aktivist oder eine Aktivistin der Jungen Union (oder der Jungliberalen) etwa ist heute nicht selten ganz explizit bereits am Oberhemd oder an der Bluse – und in welcher Anordnung das alles getragen wird – zu erkennen, ein Jungfunktionär der Jusos oder der Grünen hingegen keineswegs. Kurzum: Schon im Habitus und Stil wird wieder deutlich, was „bürgerlich", nicht aber was „sozialdemokratisch", „rot-grün" oder „links" ist. Vor 25 Jahren verhielt es sich exakt umgekehrt.

„Generation Mutlangen" auf Abstand

Mithin: Auch als Kohortenbewegung und kultureller Ausdruck hat Rot-Grün an Kontur und Kraft eingebüßt. Die Landtagswahlen in Hessen und Niedersachsen markierten hier eine einschneidende (merkwürdigerweise in ihrer dramatischen Dimension bislang kaum beachtete) Zäsur: Nirgendwo verloren die Sozialdemokraten so drastisch wie in den Jahrgängen 1957-1967. Fast 20 Jahre bildeten indes gerade diese Jahrgänge die konstante Kerntruppe und Avantgarde von Rot-Grün, waren auch in schlimmen Depressionszeiten ein tragender, fester Pfeiler für die SPD. Schließlich war dies die Generation von Brokdorf, Gorleben und Mutlangen, der bewegenden Jahre also des Anti-AKW-Protests und der Demonstrationen gegen die Mittelstreckenraketen. Die stürmische Zeit hatte nachhaltig sozialisiert und politisch lange rot-grün gebunden. Um so bemerkenswerter ist der tiefe Einbruch zu Beginn des Jahres 2003, der jähe Wechsel der Lager ausgerechnet dort. Die Protest- und Bewegungsgeneration von einst ist nunmehr im Zyklus des Lebens in der Mitte angekommen, ist also um die 40 Jahre alt. Die Mutlangen-Kohorte ist im Elternalter, steht im Zentrum des Berufslebens. Sie vor allem hat gegenwärtig nahezu alle Probleme und Lasten der Gesellschaft zu tragen: Erziehung der Kinder, oft Pflege der Eltern, Steuern, Abgaben etc. Und ganz offenkundig war für die „Generation Mutlangen" in den letzten Monaten das Ende der Fahnenstange erreicht. Die rot-grüne Kernkohorte hat sich zwar

Die Rückkehr des Spagats

nicht grundsätzlich von ihren biographisch eingeschliffenen Grundmentalitäten verabschiedet. In Sachen Krieg und Frieden wird man sie weiterhin weit eher an der Seite von Schröder und Fischer als auf der von Merkel und Koch finden. Doch hat die rot-grüne Kerngeneration die Geduld über rot-grüne Regierungsineffizienzen im Ökonomischen verloren. Auch hier ist „Cash" längst nicht mehr sekundär. Und so hat die rot-grüne Exekutive nicht nur die unterschichtigen Problemgruppen an den Rändern der Gesellschaft abgestoßen, sondern auch die eigene, gewissermaßen selbst geschaffene neue Mitte aus der goldenen Ära des Postmaterialismus ökonomisch und sozial ernüchtert und vorerst auf Abstand gebracht.

Sie hat überdies, als dritte entscheidende Gruppe, bei den Wahlen im Februar noch die sogenannten „Hochgebildeten" oben in der Gesellschaft verloren. Dass die Hochgebildeten – also diejenigen, mit universitärem Zertifikat – in den 1980er Jahren nach 120 anderläufigen Jahren Parlamentsgeschichte mehrheitlich von ihrer Präferenz für konservative bzw. liberale Parteien ließen, war ein säkularer Vorgang. Die Abkehr der Reflexions- und Deutungseliten vom konservativen Bürgertum hatte die Erosion der christlichen Union und die Mehrheitsfähigkeit von Rot-Grün zum Ende des 20. Jahrhunderts mindestens mittelbar zur Folge. Die Kultur und das Meinungsklima der bundesdeutschen Republik waren damals ohne Zweifel ein Fünfteljahrhundert eher links(liberal).

Doch auch das scheint nun zu Ende zu gehen. Ein großer Teil der akademischen Bildungseliten ist jedenfalls bei den letzten Landtagswahlen und soweit es die wirtschaftlich-sozialen Basisprobleme angeht wieder in die alte bürgerliche Heimat zurückgekehrt. Auch im deutschen Journalismus ist die rot-grüne Interpretationshegemonie unverkennbar passé. Wenn in der deutschen Publizistik, fast von links bis rechts, die „Reform" der Gesellschaft angemahnt wird, dann wird dieser Begriff nahezu flächendeckend in einem bürgerlich-liberalen Sinne übersetzt. Bei den professionellen Kommunikationseliten hat ein genuin sozialdemokratischer Reform- und Staatsbegriff derzeit keine – jedenfalls keine positive – Resonanz mehr. Auch das hat bei den Wahlen und Umfragen der letzten Wochen für die Sozialdemokraten negativ durchgeschlagen.

So also hat die SPD Probleme oben, unten und in der Mitte der Gesellschaft. So steht sie wieder vor dem politisch extremen Spagat. Als Trost bleibt ihr immerhin: Viel besser geht es der Union im Grunde auch nicht. Denn schließlich hat sich die CDU zwar wieder neuverbürgerlicht, aber eben auch immens proletarisiert. Es ist nicht einfach, eine solch komplexe Allianz zusammenzuhalten. Und es wird noch viel schwieriger, damit irgendwann einmal auf Bundesebene stimmig zu regieren. Das wird wahrscheinlich rasch zu bitteren Enttäuschungen der einen oder anderen oder auch aller zusammen führen. Und dann mögen sich die Ströme schnell wieder drehen. Dann kann zu den Sozialdemokraten wieder zurückkehren, was ihnen in den letzten Monaten entflohen ist. Schließlich haben die Anti-Kriegs-Demonstrationen der letzten Wochen gezeigt, dass die Republik sich keineswegs in allen Fragen durchgreifend christdemokratisiert hat. Diesseits der Ökonomie sind rot-grüne Grundmentalitäten in der Mitte der Gesellschaft durchaus weiterhin präsent. Doch zur Zeit genießt auch für die Mitte „Cash" eine wahlentscheidende Priorität.

(2003)

Ziellose Verdrossenheit

Im Mai 2003 feiern die Sozialdemokraten Geburtstag. Einhundertundvierzig Jahre gibt es dann diese große, alte Partei schon. Und eigentlich könnte die SPD durchaus stolz sein auf diese lange, alles in allem zweifellos ruhmreiche, jedenfalls weitgehend integre Geschichte. Zumindest haben die anderen Parteifamilien sehr viel mehr Leichen im Keller der deutschen Historie liegen. Doch ist in der SPD derzeit von Zuversicht, Stolz oder gar Festtagsvorfreude nicht sonderlich viel zu bemerken. Im Gegenteil, die Sozialdemokraten sind wieder einmal ziemlich unglücklich, hadern ein wenig weinerlich mit sich und ihrer Führung, zelebrieren erneut Krise und Niedergang.

Das hat man allerdings oft genug schon mitgemacht in den fast eineinhalb Jahrhunderten dieser Partei. Insofern müsste man eigentlich die gegenwärtige Depression und Miesepetrigkeit nicht unbedingt ernst nehmen. Schließlich hat die SPD in ihrer Geschichte weit Schlimmeres erlebt und vor allem überstanden: Verfolgung, Vertreibung, Zuchthaus, Terror, Märtyrertum. Verglichen mit diesem Leidensprozess einer oft genug geächteten und ausgegrenzten Oppositionspartei könnte man die gegenwärtigen Bauchschmerzen der sozialdemokratischen Basis als Wohlstandsblähungen einer nunmehr schon etwas verwöhnten Regierungspartei betrachten und dadurch im Urteil niedriger hängen.

Könnte man. Aber man sollte es vielleicht doch nicht tun. Tatsächlich ist die Lage der SPD im Jahr 2003 in gewisser Weise trostloser als in manchen schrecklichen Zeiten der Verfolgung und Unterdrückung. Denn in den dunklen Jahren staatlicher und gesellschaftlicher Repression hatten die Sozialdemokraten immer ganz selbstverständlich und fest das Licht am Ende des düsteren Tunnels im Visier: Sie wussten genau, warum und wofür sie sich schlugen; sie hatten nie den geringsten Zweifel daran, dass sie die besseren Menschen in ihrem steten Kampf für eine bessere Gesellschaft waren. Eben dieser Glauben, diese innere Selbstsicherheit ist den Sozialdemokraten im neuen Jahrhundert und Jahrtausend gänzlich abhanden gekommen.

Vielleicht zum ersten Mal in ihrer Geschichte wissen Sozialdemokraten nicht mehr so recht, was das Richtige ist, wohin sie wirklich wollen, wie das Ziel heißt, womit sie es begründen sollen. Den Sozialdemokraten ist Motiv,

Sinn und Ethos verloren gegangen. Das hat die Sozialdemokraten schon im Wahljahr 2002 von Januar bis Juli enorm demobilisiert, hat sie kampagnenunfähig, auch sprach- und argumentationsunfähig gemacht. Nur die tiefe Abneigung gegen den Bayern, seine CSU und den kecken Übermut der immer noch verhassten Schwarzen und Bürgerlichen hatte sie im vergangenen Spätsommer noch einmal kurz vor Toresschluss aus ihrer ratlosen Passivität aufgescheucht, zu guter Letzt in den Wahlkampf und an die Urnen getrieben.

Und dann, als alles noch einmal glimpflich verlaufen war, mussten sie erkennen, dass auch ihre glücklich wiedergewählten Anführer ebenso wenig die Richtung und das Ziel kannten wie sie selbst. Und das versetzte das sozialdemokratische Fußvolk und die seit Jahren durch Schröder und andere Telepolitiker vernachlässigten, ja gedemütigten mittleren Eliten der Partei in Wut, Empörung, Aufruhr. Hatte die SPD schon vor vier Jahren untergründig Probleme mit Schröder, hatte sie seinerzeit schon latente Zweifel an seinem Kurs, so hatte sie damals doch nicht mehr die Kraft und Energie zum Widerspruch. Vor vier Jahren war die SPD erschöpft, ausgebrannt, müde, war einfach nur froh, nach langen 16 Jahren des unerquicklichen oppositionellen Wartens wieder an der Regierung zu sein.

Immerhin: Aus jener damaligen Lethargie und Erstarrung stößt sich die SPD in diesen Märzwochen von unten wieder heraus. Die ermatteten früheren Kader richten sich auf, verweigern offenkundig Bezirk für Bezirk, Landesverband für Landesverband die diskussionslose Gefolgschaftsdisziplin und Claqueurbereitschaft der letzten Jahre. Kurzum: Man bemerkt wieder Opposition in der SPD, ein bisschen jedenfalls. Nur: Diese Opposition ist durch und durch ziellos.

Und eben das ist historisch neu; eben das macht die Lage der SPD so prekär. Immer in den früheren Jahrzehnten verfügten innersozialdemokratische Oppositionelle in ihrem trotzigen Widerspruch gegen die jeweilige Parteiführung über zündende Parolen, leuchtende Visionen, kontrastscharfe Gegenpositionen: vom Modell der Rätedemokratie etwa über Pläne zur Investitionslenkung bis hin zum sozialökologischen Projekt. Das meiste davon war zweifelsohne absurd, vieles naiv, manches aber auch erfrischend, einiges (wenngleich leider nur sehr wenig) sogar originell. Jedenfalls bot es durchgängig Kontur und Alternative. Es verlieh den innersozialdemokratischen Debatten Schärfe und Polarität, aber auch Würze, Esprit und Substanz.

Doch die innersozialdemokratische Opposition zu Schröder ist heute ebenso rat-, sprach- und konzeptionslos wie Schröder selbst. Die sozialdemokratische Fronde hat außer dürren und schlechtgelaunten Defensivparolen der hölzernen Machart wie „Hände weg vom Sozialstaat" nicht viel zu bieten. Denn die sozialdemokratischen Traditionalisten drücken sich ängstlich und phantasielos vor dem Problem, dass der beitragsfinanzierte deutsche Sozialstaat in der Tat außerordentlich wenig produktionsinvestiv ist, dass er durch teure Lohnnebenkosten die Arbeitsmarktprobleme gar noch verschärft und für staatliches Engagement diesseits der Sozial- und Rentenpolitik weder Raum noch Ressourcen übrig lässt. Bildungspolitiker können davon ein furchtbar trauriges Lied singen.

Keine Zahlungsbereitschaft für den Sozialstaat

Natürlich, man könnte den Sozialstaat auch ganz anders organisieren und finanzieren: über Steuern statt Beiträge. Das würde die Staats- und Steuerquote zwar gewiss noch weiter erhöhen. Aber mit einem solchen, gleichsam skandinavisch inspirierten Modell sind, wie die Empirie der nordeuropäischen Länder in den letzen Jahren pointiert und beeindruckend bewiesen hat, beachtliche Erfolge auch auf dem Arbeitsmarkt, überdies im Sektor Bildung und schließlich vor allem in der Familiepolitik zu erzielen.

Nur: Eine ernsthafte Chance für einen solchen Weg gibt es in Deutschland wohl nicht. Der öffentliche Diskurs gerade bei den professionellen Kommunikationseliten dieses Landes läuft bekanntlich in die ganz entgegengesetzte Richtung: weit weg vom Staat und erst recht von allen Steuererhöhungen. Einen hartnäckigen, offensiv und intelligent begründeten Alternativdiskurs für einen modernen, zivilisatorisch legitimierten Sozialstaat haben die Sozialdemokraten in den letzen Jahren auch nicht mehr geführt, ihn gegen die dominanten Interpretationseliten im Mediensektor nicht einmal gewagt. Eher gehörte es unter „modernen" Sozialdemokraten in Vieraugengesprächen zum guten, wenngleich etwas parvenühaften Ton, wohlfahrtsstaatliche Institutionen sowieso eigentlich für anachronistischen Mummenschanz zu halten.

Und so steht die Bundesrepublik in einem tief greifenden Dilemma. In Skandinavien gibt es in der Bevölkerung eine hohe Sozialstaatserwartung, aber auch eine ebenso hohe Abgabebereitschaft zur Sozialstaatsfinanzierung. Das geht ersichtlich gut zusammen. In den angelsächsischen Ländern dagegen existiert bei den meisten Menschen eine vergleichsweise geringe Sozialstaatsneigung, aber auch eine geringe Abgabementalität. Das läuft ebenfalls trefflich synchron. Die Deutschen indessen haben sich in einer verhängnisvollen Mitte angesiedelt: Sie haben auf der einen Seite außerordentlich hohe Ansprüche an den Sozialstaat und seine Leistungsfähigkeit, besitzen aber auf der anderen Seite eine denkbar geringe Neigung, dafür Zuwendungen über Steuern und Abgaben zu leisten. Eben das funktioniert nun begreiflicherweise überhaupt nicht. 1997/98 wurde die christdemokratische Union dafür abgestraft, dass sie die sozialstaatlichen Standards reduzierte. Und die SPD triumphierte. Anfang 2003 versank die SPD im Umfrageloch, weil sie ihrerseits an den sozialstaatlichen Bestand ging, nachdem ihre zwischenzeitlichen Steuererhöhungsvorhaben das Volk und das ganze Deutungsestablishment auf die Barrikaden gebracht hatten. Davon profitierte diesmal die CDU. Bis zum nächsten Regierungswechsel. Dann dürfte sich das leidige Spielchen mit erneut verkehrten Rollen wieder fortsetzen. Die Regierungen können die sozialen Standards reduzieren; oder sie müssen sich um zusätzliche kollektive Finanzierungsquellen kümmern. Beides aber wird vom deutschen Elektorat derzeit gnadenlos abgestraft.

Darin liegt die Ziellosigkeit der deutschen Politik. Es ist eben nicht nur die Ziellosigkeit der sozialdemokratisch geführten Regierung oder der neuen innersozialdemokratischen Opposition. Es ist die Ziellosigkeit der Republik insgesamt. Vielleicht ist es eben gerade diese Ziellosigkeit, die das Land so missgelaunt macht, so nölig, so folgenlos verdrossen.

(2003)

Klettern und Klammern

Es ist ja richtig: Der stolze deutsche Sozialstaat steckt in schlimmen Nöten. Erst machte ihm die hemmungslose Staatsverschuldung unter Kohl zu schaffen. Dann setze ihm die Globalisierung zu. Nun untergräbt auch noch die rapide Vergreisung der Deutschen seine Grundlagen. Und die deutsche Einheit kostet weiterhin viel Geld. Dazu drückt als Hauptlast die Massenarbeitslosigkeit, die seit nun 29 Jahren bereits anhält – so lange wie noch nie in der Geschichte der deutschen Industriegesellschaft.

Natürlich: Trotz dieser Langzeitarbeitslosigkeit ist es bemerkenswert friedlich geblieben in der Republik. Unruhen, Aufstände, Straßenschlachten wie in Weimar hat das Land in der ökonomischen Krise seit den 70ern nicht erlebt – gewiss nicht zuletzt eben wegen des intakten Sozialstaats. Aber dennoch: Die meisten sozialen Transfers haben Arbeit teurer gemacht und zweifelsohne dadurch Arbeitslosigkeit weiter erhöht. Und der Sozialstaat lenkt seine Ausgaben ganz überwiegend in die Bezahlung von Arbeitslosigkeit, auch in die Alimentierung von Rentnern. Der deutsche Sozialstaat fördert Passivität und Konsum, aber er hat – anders als die erfolgreichen skandinavischen Wohlfahrtsstaaten – kein Geld mehr für Bildung und Wissenschaft, für Innovation und Investition.

Das ist es wohl, was die Sozialdemokraten im Frühjahr zu ihrer Agenda 2010 veranlasste. Und das ist es wahrscheinlich, was den sozialdemokratischen Generalsekretär Olaf Scholz in diesen Tagen zur großen Revision der Begriffe „Gerechtigkeit" und „demokratischer Sozialismus" antreibt. Natürlich, die Sozialdemokraten können nicht so bleiben, wie sie 140 Jahre lang waren. Und dennoch kann es sein, dass Scholz und Schröder den Veränderungsfuror derzeit übertreiben. Die Wahlen 1998 und 2002 jedenfalls gewannen die Sozialdemokraten noch auf ganz andere Weise. Erst, 1998, war es die Empörung über die „sozialen Sauereien" der Kohl-Regierung, war es das eigene Versprechen der Gerechtigkeit, was der SPD den Weg an die Macht bahnte. Dann, 2002, war es die Zusage, Sicherheit im Wandel zu schaffen, womit die Sozialdemokraten auf Stimmenjagd gingen. Je heißer die Wahlkampfwochen waren, desto sozialer, arbeitnehmerischer, traditionalistischer trat die SPD auf.

Vorbei das alles. Natürlich ist der Gesinnungswandel nicht zuletzt Folge des Realitätsdrucks einer ungeheuren öffentlichen Finanzmisere. Aber es ist auch Resultat einer dauerhaften, nachgerade trommelfeuerartigen Agitation der Meinungseliten in diesem Lande, die den Sozialstaat unter wütenden, ja hysterischen Beschuss genommen haben. Und die Sozialdemokraten, vor allem ihr Medienkanzler, hüpfen wie Getriebene, nicht wie selbstbewusste Regenten durch die politische Landschaft. Denn die deutschen Sozialdemokraten verfügen schon seit 1999 nicht mehr über ein eigenes, stimmiges politisches Konzept; sie agieren lediglich nach Kommentarlage, wetterwenderisch, situationistisch.

Doch schlimmer noch: Die Sozialdemokratie hat sich seit einem Vierteljahrhundert sukzessive von ihren sozialen und kulturellen Wurzeln gelöst. Das Gros sozialdemokratischer Parlamentarier und Parteiführer hat mittlerweile Abitur und Hochschulabschluss, wohnt und lebt inzwischen anders als die, zu denen man früher gehörte und die man politisch vertrat: also die kleinen und kleinsten Leute. Es hat damit zu tun, dass die Sozialdemokraten in den letzen vier Jahren kühl, unsentimental, ohne allzu leidenschaftliche Diskussionen ihre früheren Positionen geräumt haben. Die meisten sozialdemokratischen Anführer kamen ursprünglich aus kleinen Verhältnissen, kamen erst im Zuge der Bildungsexpansion in den 60er und 70er Jahren gesellschaftlich nach oben. Das war eine Zeit massiver sozialstaatlicher Umverteilung, von der all die Schröders, Lafontaines, Scharpings, Engholms und hunderttausend andere Kinder sozialdemokratischer Facharbeiterfamilien profitierten. Sie alle sind dadurch sozial aufgestiegen, bildeten bald ein neues Establishment, firmieren jetzt bekanntermaßen als neue Mitte. Und nun wollen sie von Umverteilung nichts mehr wissen. Jetzt schneiden sie gewissermaßen das Seil durch, auf dem sie selber hochgeklettert sind – obwohl doch noch einige Millionen unten stehen und zurückgeblieben sind. Für die wird dann lediglich ein Billiglohnsektor eingerichtet – und das Ganze dann als große marktwirtschaftliche Reform verkauft.

Eine drängende Emanzipationspartei ist die SPD jedenfalls nicht mehr. Sie ist saturiert und arriviert. Doch ob das gleichzeitig auch erfolgreich ist, wird man schon bald sehen. Im Grunde macht die SPD ja wunderlicherweise nur das nach, was andere sozialdemokratische Parteien in Europa in den späten neunziger Jahren vorexerziert haben. Fast immer ging das böse aus. Die zurückgebliebenen Stammwähler von früher machten nicht mehr mit. Die Sozialdemokraten verloren dadurch eklatant an Wählern – und stürzten tief ab in die Opposition.

(2003)

Selbstgenügsam und pausbäckig

In den 1980er Jahren kam die Metapher von der „Partei ohne Unterleib" auf. Gemeint war seinerzeit die Genscher-FDP, die nach der Wende von Schmidt zu Kohl aus etlichen Landtagen flog, so ihre regionalen Fundamente verlor. Und so recht erholt hat sie sich von dieser Erosion nie. Doch nun droht auch eine zweite, traditionell ungleich größere Partei zur „Partei ohne Unterleib" zu werden: die deutsche Sozialdemokratie. Es bröselt an allen Ecken und Enden. In etlichen großstädtischen Kommunen hat sie nicht mehr viel zu melden. Bei den vergangenen Landtagswahlen verlor sie über zehn Prozentpunkte. In alten ruhmreichen Hochburgen verschwanden in lediglich zehn Jahren rund 40 % der Mitglieder. Einfach so, ohne viel Getöse, ohne große Erklärung. Stumm, resigniert, traurig. So muss auch niemand auf dem demnächst anstehenden Bochumer Parteitag den Aufstand einer wütenden Basis erwarten. Es gibt sie nicht. Für die Revolte braucht man Energien, Ziel und Organisation. Das alles ist erloschen. Es wird keine Explosion geben. Wir erleben stattdessen die Implosion einer Partei, das saft- und kraftlose Zusammenfallen, wie bei einer Gummipuppe, aus der Luft entweicht.

Es fehlen die blutigen Nasen und Narben

Und es folgt auch nichts; es wächst wenig nach. Man hat das oft erlebt: Nach der großen Überfülle kommt die Zeit des Mangels. In den 1970er Jahren, der großen Ära des Sozialliberalismus in Deutschland, rückten die Geburtsjahrgänge der 1940er Jahre nach oben – in der Republik und in der sozialdemokratischen Republikpartei. Wenn man sich heute die Mandatsträger der SPD im Bund und in den Ländern betrachtet, dann könnte man den Eindruck bekommen, dass 1943 das fruchtbarste Jahr in der deutschen Sozialgeschichte gewesen sein müsste. Denn das jedenfalls ist das Geburtsjahr der wohl allermeisten Abgeordneten mit SPD-Parteibuch. Diese Kohorte dominiert die Partei seit nunmehr 30 Jahren. Die 1950er Geburtsjahrgänge hatten daher nie eine Chance, in der SPD nach vorn oder oben zu kommen.

Und so gingen die politischen Köpfe des linken Spektrums dieser Generation bekanntlich zu den Grünen. Mit Helmut Schmidt und dessen Atompolitik hatte das alles, wie oft behauptet, vermutlich gar nicht so recht zu tun. Die

1950er Geburtsjahrgänge waren vielmehr blockiert. Der öffentliche Dienst, der 1978 die Schotten dicht gemacht hatte, nahm sie nicht mehr auf. Die SPD, der sie eigentlich zuneigten, brauchte sie auch nicht. So schufen sie sich die Grünen. Sie wurden zur Partei der anfangs blockierten Generation. Dort stehen daher die 1950er Kohorte – die Künasts, Trittins, Roths, Kuhns – allesamt an der Spitze.

Und weil die „Generation Trittin" in den frühen Jahren ihrer biographischen Blockade noch rüde und extremistisch auftrat, weckte das im verängstigten konservativen Jungbürgertum der gleichen Generation ganz ähnliche zugespitzte Gegenreaktionen. Die Junge Union und die Schülerunion waren, ganz nach dem Prinzip kommunizierender Röhren, ideologisch, kampferprobt, schroff antigrün und antisozialistisch. Starke Identität lebt schließlich von ebenso starken Feinden und Gegnern. Und so bekam die CDU, im Unterschied zur SPD, einen schlagkräftigen Nachwuchs auch aus den 1950er Kohorten: eben die Herren Koch, Wulff, Merz, Müller and so on.

Bei der SPD dagegen herrscht dort absolute Leere. Ein bisschen besser sieht es dort bei den 1960er Jahrgängen aus. Aus dieser Generation haben es einige in den Bundestag geschafft, haben sich zu einem „Netzwerk Berlin" zusammengetan. Anfangs firmierte der junge sozialdemokratische Abgeordnetenverein als „Generation Berlin". Doch bösartige Interpreten sprachen immer von „Generation Pausbacke". Denn irritierend war tatsächlich die pausbäckige Selbstgenügsamkeit und Selbstzufriedenheit der SPD-Nachwuchsgruppe. Auch in diesen Wochen, in dieser Zeit des furchterregenden Niedergangs der eigenen Partei hat man nicht den Eindruck, dass die sozialdemokratischen Enkel-Nachfolger aufgewühlt, erregt, voll Tatendrang wären.

Ihnen reicht offenkundig, dass sie in aller Ruhe durchrechnen können, wer vor ihnen steht und wer von hinten drängt. Kaum jemand natürlich. Und so werden sie bald nach vorn rücken, ohne je durch das Säurebad bitterharter innerparteilicher Schlachten, Intrigen und Debatten gegangen sein zu müssen. Doch ist dieses Säurebad, ist dieser brutale Härtetest ganz unverzichtbar für Führungsqualitäten. Für den Mann oder die Frau irgendwann ganz oben in Partei oder gar Republik hat die „Generation Pausbacke" derzeit niemanden zu bieten.

Überhaupt: Politik ist immer dann gut und Politiker sind immer dann fähig, wenn Politik wirklich über Macht verfügt. Allein wenn der Bereich der Politik als der archimedische Punkt für die großen Veränderungen der Gesellschaft angesehen wird, zieht er die Kraft- und Kampfnaturen, die Ehrgeizigen und Entschlossenen an. Zwischen 1950 und 1983 war das so. Seither wurden etliche Erwartungen an Politik enttäuscht, hybride Ansprüche frustriert. Politik gilt seither nicht mehr als großer Hebel und entscheidendes Instrument, um etwas in Bewegung zu setzen. Dadurch wandten sich die Kraftnaturen der nachwachsenden Generationen von der Politik ab, der Wirtschaft zu. Und das galt nicht nur für die vielzitierten Opportunisten und Pragmatiker. Auch die Visionäre entdeckten die Wirtschaft. Und so transferierten sich die typischen Allegorien aus der utopischen Zeit der Politik in die Ökonomie. Vom Neuen Markt, neuer Ära, New Economy war bekanntlich die Rede. Der „neue Mensch" aller Reformbewegungen hatte die Politik verlassen und sich der Welt des Business zugewandt – und auch sodann mittlerweile ganz ähnlich hochfliegende Erwartungen, dann Enttäuschungen und schließlich Ernüchterungen produziert.

In der Politik blieben vielfach und durchaus in allen Parteien die Kraftlosen zurück, die Kofferträger, Praktikanten und Referenten der altgewordenen Bundestagsabgeordneten aus der Generation Schröder, Scharping und Wieczorek-Zeul. Der Nachwuchs kam mit Zuspruch und Wohlwollen des Establishments nach vorn, kampflos und devot. Nun mögen es die berüchtigten „Enkel" seinerzeit mit ihren Kabalen und Intrigen gegeneinander übertrieben haben, doch ein paar Konflikterfahrungen, blutige Nasen und Narben braucht ein geeigneter Führungsnachwuchs wohl dann doch schon.

Natürlich: Einst hatte sich die Kraft der sozialdemokratischen Anführer aus den Aufstiegsenergien der qualifizierten Facharbeiterschaft gespeist. Diese hochqualifizierte Schicht wollte über 100 Jahre nach oben; sie drängte nach Bildung und Aufstieg – wurde dabei zäh blockiert. Eben diese Blockade mobilisierte den typisch sozialdemokratischen Eifer, auch den Hass auf den bürgerlichen Gegner, den brennenden Ehrgeiz nach einer neuen Gesellschaft, einer neuen sozialen Ordnung. In den 1970er Jahren erreichte dann diese Schicht, also die Elite der Arbeiterklasse, endlich ihr Ziel. Sie avancierte durch Aufstieg über Bildung zur „neuen Mitte". Der Eifer erlahmte daraufhin, der Ehrgeiz brannte nicht mehr. Die Zurückgebliebenen der Unterschicht indessen koppelten sich resigniert ab. Dort sind Aufstiegsenergien, ist der Drang nach gesellschaftlicher Partizipation nicht mehr zu finden. Eben deshalb verliert die SPD Wahlen; und eben deshalb fehlt der SPD auch der kraftvolle, zielorientierte, brutal nach vorne drängende Nachwuchs von unten.

(2003)

Geradezu neurotisch

Irgendwann in den 1980er Jahren fing es an, dass Leitartikler und die politischen Großdeuter der Republik über Krise und Untergang unserer Volksparteien schrieben. In den 1990er Jahren war dann weit düsterer noch von Parteiverdrossenheit schlechthin die Rede. Doch verschwanden die Parteien hernach nicht. Sie verloren Mitglieder, das ja. Sie büßten Wähler ein, auch dies. Aber sie blieben munter weiter im Geschäft, sicherten souverän ihren Einfluss. So stumpfte das Publikum allmählich ab gegen das fortlaufende Krisengerede, glaubte mit der Zeit nicht mehr an den dauerprognostizierten Untergang der Parteien.

Und so fällt derzeit niemandem so recht auf, dass wir jetzt vielleicht tatsächlich am Ende der Volksparteien, wie wir sie kannten, angelangt sein könnten. Denn sie verlieren all das, was sie einst groß, stark und stabil gemacht hat. Sie verlieren ihre Leitziele, ihre historischen Subjekte, ihre sozialen Verwurzelungen. Und sie bleiben ohne Talente und Nachwuchs. Man mag sagen: Sie reproduzieren sich nicht mehr.

Die SPD ist dabei der CDU ein Stück voraus. Bei den Sozialdemokraten dauerte es zunächst länger als bei den Christdemokraten, dass sie Volkspartei wurden. Nun geht es dafür schneller, dass sie sich davon verabschieden.

Dabei sind es gerade die vor-volksparteilichen Voraussetzungen, es ist der gleichsam vormoderne Stoff der Weltanschauungsgemeinschaft, was den Großparteien endgültig wegschmilzt. Doch eben diesen Stoff haben beide Volksparteien für ihre eigene Kohäsion stets gebraucht. Die Volksparteien waren erfolgreich, weil sie große, heterogene Wählerkoalitionen zusammenbrachten und zusammenhielten. Das aber schafften sie nur, weil sie über Kerntruppen weltanschaulich gebundener, vom Sinn und Ethos ihres politischen Tuns zutiefst überzeugter Menschen verfügten. Aber diese Sinn- und Aktivistenressource ist, besonders eben in der deutschen Sozialdemokratie, im Laufe der letzten Jahre versiegt. Über Jahrzehnte wussten die sozialdemokratischen Aktivmitglieder genau, warum sie sich Stunden über Stunden als Plakatkleber, Schriftführer oder Kassierer in ihren Ortsvereinen plagten. Sie besaßen ein festes Bild von der neuen, sozialeren, gerechteren Zukunftsgesellschaft, sprachen selbstsicher und selbstbewusst von Wirtschaftsdemokratie, glaubten unbeirrt an die Vorzüge staatlicher Planung, hofften auf gewerkschaftliche Mitbestimmung, schworen auf vorausschauende Lenkung der Investitionen.

Verlust des Subjekts

Verloren, das alles. Im Grunde wurde dieser Glaube schon in der ersten Regierungsperiode, in der Ära von Helmut Schmidt brüchig. Auch die sozialdemokratischen Basisaktivisten bemerkten das, eher unterschwellig, aber doch deutlich verunsichert – hielten aber gleichwohl trotzig am Basiskanon fest. Daher dann auch der wütende Aufschrei, als ihnen ihr Generalsekretär Olaf Scholz im Sommer herzlos und gewiss unnötig süffisant den „Demokratischen Sozialismus" fortnehmen wollte. Man gab daher in der Parteispitze die semantische Revision des Sozialismus rasch auf. So halten nun die Sozialdemokraten nach wie vor deklamatorisch an einem Begriff fest, der für ein soziales Ordnungsmodell nichtprivatwirtschaftlicher Ökonomie und Planung steht – was jeder sozialdemokratische Wirtschaftsminister, Ministerpräsident und Kanzler fortwährend als investitionshemmend und wachstumsgefährdend bekämpft. Die Sozialdemokraten leisten sich mithin ein Orientierungssystem, das sie nicht nur nicht orientiert, sondern dem sie sich aus der Regierung heraus schroff widersetzen. Von Bismarck bis Adenauer hat die sozialistische Sinnperspektive die SPD noch gefestigt, beflügelt, motiviert. Nun aber steht der sozialistische Sinnrest im scharfen Kontrast zur sozialdemokratischen Gouvernementalität. Dadurch lebt die SPD im chronischen Hader mit sich selbst. Der sozialistische Ordnungs- und Zielbegriff ist nicht mehr Quelle von Energie, Leidenschaft und Zuversicht, sondern ist Stoff für ein permanent schlechtes Gewissen, für Verdruss, Unzufriedenheit, chronische Übellaunigkeit. Eben deshalb wirkt die SPD so merkwürdig nölig mit sich selbst, ja geradezu neurotisch, politisch zunehmend entkräftet. Ihre alten Sinnvorstellungen tragen nicht mehr; eine neue Leitidee, die der ziellosen sozialdemokratischen Praxis wieder Wert, Begründung und Richtung geben könnte, hat sie nicht hervorgebracht. Das hat der SPD ihre spezifische Aura und Ausstrahlung genommen, hat die eigenen Anhänger sprach- und antriebslos gemacht.

Und zu alledem hat die Sozialdemokratie noch ihr Subjekt verloren. Über einhundert Jahre zog die SPD Zuversicht und Stolz daraus, Partei der Arbeiter zu sein. Für die Sozialdemokratie konstituierte die Arbeiterschaft die Klasse, die den ökonomischen Reichtum schuf, der die gesellschaftliche

Zukunft gehörte, in der sich die sozialistische Mission zu erfüllen hatte. Über die heutigen Unterschichten, über die gegenwärtige Rest-Arbeiterklasse denkt das kein Sozialdemokrat mehr. Das übriggebliebene Proletariat ist nicht mehr Träger eines historischen Emanzipationsauftrages, sondern bestenfalls Objekt sozialfürsorgerischer Betreuungsinstitutionen oder billiglöhnerischer Inklusionsprojekte.

Das früher aktive Subjekt der SPD, die Elite der Facharbeiterschaft, hat die Arbeiterklasse dagegen im letzten Vierteljahrhundert verlassen und ist im Zuge der ersten Bildungsreform in den 1970er Jahren in die akademische Dienstleisterklasse der neuen Mitte aufgestiegen. Der Vater war noch Dreher, der Sohn avancierte dann zum Studienrat und ein wenig später rückte auch die Tochter in den öffentlichen Dienst auf – solche Karrieren findet man im sozialdemokratischen Personal tausend-, ja hunderttausendfach. Und in diesem Prozess ist die SPD insgesamt sozial hochgeklettert und ebenfalls in der Mitte des bundesdeutschen Juste-milieus angelangt. Aber gerade dieser Aufstieg hat ihr die früheren Kraftquellen und Emanzipationsüberschüsse genommen. Als Partei der ehrgeizigen, entschlossen nach oben drängenden, sozial allerdings blockierten und kulturell ausgegrenzten Facharbeiter war die SPD über viele Jahrzehnte vom Kaiserreich bis Weimar angefüllt von Aufstiegsenergien, kühnen Zukunftsplänen und ambitionierten alternativen politischen Projekten. Ihre Aktivisten strotzten vor Kraft, sprachen noch eine eigene Sprache, drängten danach, durch herausragende und abstechende Leistungen den bourgeoisen Gegner zu schrecken und ihm zu imponieren. In der alten SPD sammelten sich die klassischen Aufstiegstemperamente der bis dahin Zukurzgekommenen. Es wimmelte von politischen Talenten, die ungeduldig und ungestüm nach vorn wollten, hart ihre Ellbogen ausfuhren, mitunter brutal voranpreschten, überfallartig vorgingen. Die Lafontaines und Schröders gehörten erkennbar zur letzten Generation dieses Typus.

Kommode Ankunft im bundesdeutschen Establishment

Derartige Emanzipationsbewegungen schütteln im Übrigen gruppentypische Losungen, Programme, Sentenzen, die das eigene politische und soziale Projekt begründen und legitimieren, nur so aus dem Ärmel. Auch Häretiker und Frondeure bringen sie in großer Stückzahl hervor, was immer ein zuverlässiges Zeichen für Lebendigkeit und Expansion einer Bewegung ist. Kurzum: Solche Emanzipationsbewegungen verfügen über eine schiere Überfülle an Begabungen und Kraftnaturen, über Phantasie und Eigensinn, ja über politische Hybris und politisches Abenteurertum. Daher wirken sie vital, reich und elementar.

Nichts von solchen Charakteristika verbindet man mit der SPD des Jahres 2003. Denn mittlerweile sind die Sozialdemokraten längst angekommen, arriviert, haben sich kommod eingerichtet. Sie sind Teil eines neuen bundesdeutschen Establishments. Daher haben sie nichts mehr von einer Emanzipationsbewegung. Den Sozialdemokraten fehlen infolgedessen die drängenden, ungestümen Nachwuchstalente, die brutal entschlossenen Führungsnaturen und natürlich auch all die mitunter exzentrischen, aber doch auch farbigen und faszinierenden Häretiker und Ketzer in den eigenen Reihen. Es mangelt den Sozialdemokraten des Jahres 2003 an einer eigenen politischen Semantik, so dass die programmatischen Leittexte vom Gegner ausgeborgt werden müssen. Die Sozialdemokraten haben den Aufstieg geschafft. Und das hat sie politisch entleert, sozial enger, kulturell dünner werden lassen. Neu ist das alles nicht. Man hat das historisch hundertfach erlebt. Eine Bewegung hat Erfolg, sie erreicht nach harten und zähen Kämpfen ihre langgesteckten Ziele – und verliert fortan an Substanz, Elan, Ethos und Pathos, schließlich: an Begründung ihrer selbst. Der Erfolg frisst die eigenen Voraussetzungen unerbittlich auf. Die SPD leidet, kurzum, am eigenen Erfolg. Die Sozialdemokraten haben es geschafft – und eben das macht ihnen zu schaffen

(2003)

IV. Geschichte und Zukunft der Partei

Die SPD wird 140 Jahre alt
Gedanken zu einer Partei mit langer Geschichte und schwieriger Gegenwart

Im Mai 2003 können die deutschen Sozialdemokraten ihren 140sten Geburtstag feiern. Ein paar Festivitäten wird es gewiss geben. Der „Vorwärts" wird Artikel bringen. Der Parteivorsitzende wird eine Rede ablesen. Und auch in den Bezirken und Unterbezirken wird man einige erhabene Festansprachen hören. Aber all zu überschwänglich wird es alles in allem wohl nicht zugehen. Denn richtig feierlich ist der SPD derzeit nicht zumute. Man hat andere Sorgen. Aktuelle Sorgen. Und da ist die Geschichte eher Gedöns, Krams von gestern, sentimentales Zeugs.

Dabei dürften die Sozialdemokraten durchaus stolz darauf sein, einhundertvierzig lange Jahre zu existieren. Denn selbstverständlich ist das keineswegs. Deutschland hat sich in diesen fast eineinhalb Jahrhunderten ungeheuer verändert, hat mehrere Systemwechsel – vom Norddeutschen Bund über das Kaiserreich, die Weimarer Republik, den Nationalsozialismus, die DDR, die Bonner Republik bis hin jetzt zur Berliner Republik – erlebt, hat weitreichende soziologische und gesellschaftliche Wandlungen erfahren, hat Depressionen und Inflationen erlitten. Insgesamt: Deutschland hat sich in dieser Zeit von einem eher vorindustriellen Land zu einer postindustriellen Gesellschaft entwickelt. Aber das hat die Sozialdemokratie nicht weggefegt, hat sie nicht entbehrlich gemacht. Sie hat all diese Transformationen weitgehend unbeschädigt überstanden. In der modernen BWL-Sprache ausgedrückt: Sie hat sich auf dem Markt der Politik im Parteienwettbewerb über 140 Jahre auf der nationalen Ebene nicht nur behauptet, sie ist seit 1998 sogar Marktführer. Keine andere Ware auf irgendeinem Markt in Deutschland kann eine ähnliche Erfolgsstory vorweisen.

Die Sozialdemokraten haben eine solche Story nicht nur vorzuweisen, sie können eine wirklich pralle Geschichte erzählen. Eben das ist es wahrscheinlich, warum es die Partei noch gibt. Die Sozialdemokraten konnten von Generation zu Generation ihre Geschichte weiter erzählen. Denn es war die aufregende Geschichte von großen Konflikten, schlimmen Gefahren, üblen Verfolgungen, mutigen Frauen und Männern, tragischen Märtyrern, verwegenen Abenteurern, aber auch von verächtlichen Konvertiten. Die Sozialdemokraten hatten also den Stoff für Geschichten, für Mythen und Legenden, für das große Epos. Eine Partei mit diesem Stoff verschwindet nicht so einfach. Sie löst sich nicht bei den ersten Schwierigkeiten auf. Eine Partei, die auf große Auseinandersetzungen und große Anführer zurückblickt, empfindet Geschichte als Erbe und Auftrag. Das kann für die Nachgeborenen zweifellos oft genug Bürde und Last bedeuten. Eine traditionsreiche Partei kann Geschichte auch kanonisieren, die Erfahrungssätze daraus dogmatisieren, kann zu einem monumentalen Museum der Vergangenheit werden. Man hat solche Phasen in der SPD durchaus erlebt. In anderen Phasen aber waren Geschichte und Erinnerung ein Kraftquell, ein Damm gegen Erosion und Entmutigung, waren Klebstoff für den Zusammenhalt, das gemeinsame Dach über streitende Flügel. Nimmt man die SPD heute, so ist sie wohl nicht durch eine Überlast an Geschichte gefährdet. Die Sozialdemokraten haben sich vielmehr in den letzten 10 bis 20 Jahren ziemlich enthistorisiert. Kenntnisse in „Geschichte der Arbeiterbewegung", die es früher im Funktionärskorps ganz selbstverständlich gab, sind rar geworden. Das hat die SPD gewiss von manchen Starrheiten und Konventionen befreit. Aber es gefährdet sie auch in ihrer Stabilität, wenn es einmal ernst werden sollte.

Sozialdemokratie zwischen Sein und Sollen

Die deutschen Sozialdemokraten haben auch deshalb 140 Jahre ausgehalten, weil sie keine simple Interessenpartei waren. Reine Interessenparteien haben wenig Dauer. Über kurz oder lang machen sie sich selbst überflüssig, egal wie sie handeln, wie gut oder schlecht ihre Ergebnisse sind. Denn: Sind Interessenparteien erfolgreich, dann unterminieren sie die Voraussetzung ihrer Existenz, da sie die Interessen ihrer Klientel schließlich befriedigt und letztlich erfüllt haben. Die Parteien sind dann fortan nicht mehr wichtig. Bleibt die Interessenpartei aber ohne Erfolg, dann wendet sich die Klientel ebenfalls ab, um einen neuen politischen Anbieter zu suchen, der größere Effizienz verspricht. Die deutsche Parlamentsgeschichte kennt viele reine Interessenparteien, aber keine, die lange existiert haben.

Die beiden erfolgreichsten und zählebigsten Parteifamilien sind bezeichnenderweise die sozialdemokratische und die christlich-katholische. Auch sie haben natürlich soziale Interessen vertreten, aber eben nicht nur. Beide Parteien waren daneben auch gleichsam ideologisch motiviert, durch Ethos und Weltanschauung geleitet. Typisch war für beide die transzendente Perspektive. Weder Sozialdemokraten noch christliche Katholiken gingen in der Gegenwart auf. Beide waren an einer weiten, besseren Zukunft orientiert. Die katholisch-christliche Parteifamilie besaß eine Jenseitsutopie, die Sozialdemokraten hatten ihre Diesseitsvision von einer sozialen, ausbeutungsfreien, friedfertigen und solidarischen Gesellschaft. Kurzum: Ihre jeweilige politische Aufgabe war in der vorgegebenen Realität nicht zu lösen.

Insofern lebte die Sozialdemokratie über hundert Jahre in einer für sie ganz typischen, spezifischen Spannung: zwischen der Empirie des politischen Alltags und den Wunschvorstellungen an eine bessere Zukunft, kurz: zwischen Sein und Sollen. Diese Spannung erzeugte die sozialdemokratische Reformismusenergie. Dieser Bezug auf das Noch-Nicht-Erreichte aktivierte die Mitglieder; er mobilisierte Leidenschaft, entfachte Temperament, erzeugte Veränderungsimpetus. Dadurch war die SPD eine dynamische Reformpartei. Und eben darin liegt die signifikante Differenz zu den Traditionalisten und Modernisierern in der Schröder-SPD von heute. Weder gegenwärtige Traditionalisten noch Modernisierer lassen sich von dieser klassisch-genuinen sozialdemokratischen Spannung noch leiten. Die Traditionalisten haben keine Vorstellung davon, wie es künftig sein soll, sondern wollen nur das verteidigen, was immer schon war. Die Modernisierer wiederum sind Apologeten einer vermeintlich alternativlosen Empirie: Man habe sich an die Wirklichkeit, wie sie ist, zu halten, nicht am Wünschbaren, wie es sein sollte, zu orientieren. So lautet das politische Credo von Schröder bis Clement.

Im Grunde aber ist das der Bruch mit dem sozialdemokratischen Reformismusverständnis. Das Elixier schon der sozialdemokratischen Parteigründung war gerade die Distanz zur Realität, ja die Ablehnung der Wirklichkeit, war die Hoffnung auf die wünschenswerte Alternative dazu. (Hätten sich Sozialdemokraten allein an die Wirklichkeit gehalten, würde ihr gegenwärtiger Parteivorsitzender schließlich immer noch in einer lippischen Baracke hausen. Da er sich selbst aber am Wünschenswerten orientierte, hat er es bis ins Kanzleramt gebracht.) Weil die Sozialdemokraten überwiegend keine revolutionären Utopisten oder Voluntaristen waren, setzten sie das Wünschenswerte nicht absolut, sondern arbeiteten vielmehr zäh und schrittweise daran, das Wünschenswerte machbar zu machen. Nochmals: Das war Kern und Schwungrad des aktiven, dynamischen, zielorientierten sozialdemokratischen Reformismus. Von diesem dynamischen Reformismusbegriff haben sich die rein defensiven Bestandssicherer in der SPD entfernt, aber auch die Dogmatiker des Gegenwärtigen, der alternativlosen Empirie, der nicht mehr in Frage gestellten Wirklichkeit.

Moralisch überlegenes Leiden

Zugegebenermaßen hatten die wechselnden „Modernisierer" in der SPD stets einen scharfen Blick für die Achillesfersen der klassischen Sozialdemokratie, für die Lebenslügen der Partei. Mit Recht monierten die „Modernisierer" stets, dass zwischen dem Alltagshandeln und dem Fernzielpathos der Sozialdemokraten von Bebel bis Schumacher (und all ihrer Epigonen danach) eine strategische Lücke bestand. Sozialdemokratische Empirie und sozialdemokratische Transzendenz waren nicht konzeptionell miteinander verschränkt, befruchteten einander nicht. Eher war es oft so, dass die sozialdemokratische Langzeitvision der große Trostspender war für den Unbill täglichen Mühsals. Darin hatten die „Modernisierer" zweifellos recht: Die Rhetorik von der sozialdemokratischen Zukunftsgesellschaft war oft genug die Legitimationsformel, um sich aus den Schwierigkeiten, aus den Härten des politischen Diesseits herauszustehlen, war die Entlastungsrede für den chronischen sozialdemokratischen Eskapismus.

Lange hatten die Sozialdemokraten Angst vor der Macht. Das lag natürlich vor allem auch daran, dass ihre bürgerlichen und feudalen Gegner sie lange von der Macht fern hielten. Und so gewöhnten sich die Sozialdemokraten an die behagliche Machtferne ihrer Nische. Als ihnen dann, 1918, die Macht fast in den Schoß fiel, wussten sie nicht recht etwas damit anzufangen. Und in den Jahrzehnten danach waren sie oft froh, regelrecht erleichtert, die Macht schnell wieder aus den Händen zu geben, wenn die Zeiten schwierig wurden, die Probleme sich häuften, die Anhänger jammerten und maulten. Dann zogen sich die Sozialdemokraten schnell wieder in ihr Milieu zurück, leckten dort ihre Wunden, schmollten die Entwicklung an, die sich ohne sie vollzog, deklamierten wieder das große, erlösende, fundamentale Endziel.

Natürlich, oft geschah dieser Rückzug in die eigenkulturelle und politisch separierte Wagenburg nicht freiwillig. Häufig genug war er in den ersten 75 Jahren der Geschichte Folge brutaler Verfolgung, Ächtung und Repression. Insofern ist das sozialdemokratische Refugium, ist die sozialdemokratische Trostideologie der Langzeitvision durchaus ambivalent zu bewerten. Das alles bot Schutz, Wärme und Heimat; es spendete Zuversicht, Vertrauen und Optimismus. So hielten die Sozialdemokraten insgesamt 24 Jahre staatlichen Terrors gegen sich aus, ohne unterzugehen oder auch nur an Zahl weniger zu werden. Am Ende des subkulturellen Überlebens während des Sozialistengesetzes etwa waren die Sozialdemokraten stärker denn je. Sie hatten leiden müssen, aber sie hatten in dieser Zeit an Mitgliedern und Wählern zugenommen. Und so lernten die Sozialdemokraten das Leiden zu lieben. Das Leid verschaffte ihnen ein moralisches Überlegenheitsgefühl, auf das sie sich, bis heute im Grunde, immer dann zurückbesannen, wenn die Zeiten für sie schlecht waren, wenn die Medien über sie herfielen, wenn die „Bürgerlichen" sie attackierten. Dann suchten Sozialdemokraten das oppositionelle Rückzugsgelände, den einheitsstiftenden Affekt gegen die „Anderen" und die Selbstvergewisserung, die moralisch höherwertigen Menschen zu sein.

Historisch übrigens war die sozialdemokratische Sonder- und Eigenkultur alles andere als etatistisch. Für das sozialdemokratische Organisationsleben und die sozialdemokratischen Alltagsträume hat der Staat in den ersten einhundert Jahren der SPD-Geschichte keine große Rolle gespielt. Vielmehr kann man das sozialdemokratische Milieu als zivilgesellschaftlichen Experimentierort ansehen, in dem Arbeitersportvereine, Samariter- und Wohlfahrtsverbände, Kulturorganisationen die Interessen und Anliegen der Arbeiterschaft selber regelten. Der Sozialstaat war zumindest über lange Zeit nicht der Fixpunkt der Sozialdemokraten. Er löste gewissermaßen erst in den 1960er Jahren die sozialdemokratische Zivilgesellschaft und sozialdemokratische Selbsthilfebewegung ab. Doch darf man der autonomen, zweifelsohne imposanten sozialdemokratischen Kultur nicht zu sentimental hinterher weinen. Sie war wirklich Nische, eine abgesonderte Eigenwelt am Rande der Gesellschaft. Im Zentrum der Politik, im Herzen der Macht standen andere soziale und politische Kräfte. Das machte die Sozialdemokraten über etliche Jahrzehnte immer zu Objekten, mitunter geradezu zu Opfern politischer Entscheidungen ihrer Gegner. Die Sozialdemokraten konnten zwar in ihrem Refugium überleben. Sie waren resistent gegen die Pathologien der Krisen und extremistische Stimmungen im 20. Jahrhundert. Aber Sozialdemokraten hatten lange nicht die Instrumente, hatten auch nicht die politische Macht, um Krisen zu verhindern oder auf Krisen einzuwirken. Die Sozialdemokratie war zu wenig handelndes Subjekt in der deutschen Politik und Gesellschaft. Eigentlich ist es fast grotesk, dass sie derzeit das Stigma der etatistischen Traditionstruppe trägt. Es war gerade der Mangel an etatistischer Kraft und Beteiligung, das Defizit an Zielklarheit für den öffentlich-politischen Raum, was die sozialdemokratische Geschichte charakterisiert und Ursache für sozialdemokratische Niederlagen und Tragödien im 19. und 20. Jahrhundert war.

Kein Sinn für Utopie und Verwegenheit

Wirklich im Klaren jedenfalls waren sich die Sozialdemokraten über das finale Ziel ihres politischen Tuns wahrscheinlich nie. Es war zwar im sozialdemokratischen Diskurs stets und dauernd von den großen, eigenen Zielen die Rede, aber man hat das nie näher ausgeführt oder gar präzise bestimmt. Es gab keine Bilder, zumindest keine Modelle, keine Baupläne oder Blaupausen von der Zukunftsgesellschaft. Das war in Teilen gewiss das lange Erbe des Marxismus, der ja keine utopische Schwärmerei sein wollte, sondern strenge Wissenschaft. Und das Zauberwort, die Schlüsselkategorie dieser vermeintlichen Wissenschaft lautete „Entwicklung". Kein anderer Begriff hat mindestens vier oder fünf Generationen der sozialdemokratischen Geschichte so sehr geprägt wie eben dieser: „Entwicklung". Natürlich, auch der feste Glaube an den positiven Lauf der „Entwicklung" hat dazu beigetragen, dass Sozialdemokraten Krisen und Verfolgungen aushielten. Denn wie übel die Zeiten auch waren, die vorgebliche Wissenschaft des Marxismus insinuierte den Sozialdemokraten die Gewissheit – in der anderen großen Parteifamilie hätte man gesagt: das Gottvertrauen –, dass die „objektive Entwicklung" der Gesellschaft trotz alledem auf den Sozialismus zulief. Und weil dieser Prozess sich so wunderschön eigengesetzlich vollzog, brauchten sich Sozialdemokraten nie Gedanken darüber machen, wie der „sozialdemokratische Volksstaat" wohl funktionieren könne, wie es mit der Sozialisierung, der Planung, der Produzentendemokratie und dergleichen mehr in der neuen Gesellschaft exakt auszusehen habe. Sozialdemokraten haben sich, mit Ausnahme von Randfiguren, darüber nie den Kopf zerbrochen. Ihr Entwicklungsdeterminismus verhinderte das.

Nun ist der marxistisch inspirierte Endzielfatalismus gewiss aus der Sozialdemokratie verschwunden. Aber die Entwicklungsfixierung hat sichtbar Spuren hinterlassen. Im „Determinismus des Tatsächlichen", der in den Argumentationsfiguren von Clement und Schröder nahezu dominant auftaucht, erkennt man die nachwirkenden Einflüsse. In der Einrede von den „Alternativlosigkeiten" in der Politik kehrt der strategielose sozialdemokratische Entwicklungsobjektivismus im neuen Gewande zurück. Man hat den Sozialdemokraten oft vorgeworfen, sie ließen sich von utopischen Vorstellungen treiben. Das genaue Gegenteil ist richtig. Die Sozialdemokraten waren ganz unfähig zu utopischen Phantasien. Ihnen fehlte es an Imagination, an kreativem Sinn und Vorstellungskraft für das utopische Bild. Die Bilderlosigkeit, ja das Farblose ist das Typische für die sozialdemokratische Geschichte, in der meist eine eher eintönige Schwarz-Weiß-Dramaturgie herrschte. Die sozialdemokratische Arbeiterbewegung war viel zu sehr eine Bewegung von Handwerkern, um zur Utopie fähig zu sein. Die sozialdemokratischen Handwerker waren solide Menschen, berufsstolz, auf kleinbürgerliche Ehrbarkeit und allmählichen Aufstieg aus. Die sozialdemokratische Handwerkerbewegung hatte weder Sinn für Utopien noch die Verwegenheit für riskante Aktionen. Die Sozialdemokraten waren ehrliche, anständige, verlässliche Menschen. Aber die Energie zum plötzlichen Angriff, die Phantasie und den architektonischen Plan für eine neue Gesellschaft besaßen sie nicht. Sozialdemokraten in Deutschland waren Helden des ehrenvollen Rückzugs. Wie gesagt: Das hat sie oft überleben lassen. Aber zu großen Subjekten und Lenkern der Geschichte hat es sie nicht gemacht.

Experten der Organisation

Sozialdemokraten waren keine kreativen Künstler des utopischen Gemäldes, sie waren auch nicht die kühnen Barrikadenkämpfer für einen radikalen Reformismus. Sozialdemokraten waren die nüchternen Experten der Organisation. In einhundertvierzig Jahren sozialdemokratischer Geschichte bedeutete sozialdemokratische Politik vor allem sozialdemokratische Organisation. Hier war die Assoziation der Handwerker und Facharbeiter vom Beginn an in ihrem Element. In den Aufbau der ersten sozialdemokratischen Parteiorganisationen gingen noch Elemente der alten Zünfte ein, auch in ihren Kassenbestand, in ihre Fahnen und Symbole, ihre Disziplinvorstellungen. Vieles davon wirkte noch hundert weitere Jahre nach.

Und in diesen hundert Jahren reproduzierte sich immer wieder die Bedeutungserfahrung der Organisation. In den Jahrzehnten der Hochindustrialisierung war die Mobilität unter den Arbeiterfamilien so groß, dass die Sozialdemokratie sich nur deshalb fortsetzen, weiterleben konnte, weil sie Organisation war – und weil hauptamtliche Funktionäre vor Ort im Wechsel der Mitglieder für Konstanz und Kontinuität sorgten. Wären die Sozialdemokraten damals lediglich soziale Bewegung gewesen und nicht rasch schon Organisation geworden, dann hätten sie das 19. Jahrhundert nicht überlebt. Und in den Jahren der großen politischen Dekomposition, in der Endphase der Weimarer Republik, als sich die bürgerliche Mitte nahezu vollständig auflöste, hatte die SPD eben dort stabilen Bestand, wo die sozialdemokratische Arbeiterbewegung in ihrer ganzen lebensweltlichen Breite organisatorisch verfestigt und verdichtet, also mit Vereinen, Verbänden, Klubs und Ortsvereinen in den Wohnquartieren ihrer Anhänger verwurzelt war.

In der Organisation vermittelte sich ein weiteres Mal die Stärke, aber auch das Dilemma der Sozialdemokratie in ihrer Geschichte. Die Organisation sorgte für Bestand und Beständigkeit, sicherte die sozialdemokratische Existenz selbst in Kriegs- und Krisenzeiten. Aber große Organisationen setzen sich nicht selbst aufs Spiel, scheuen das Risiko, sind vorwiegend am Selbsterhalt interessiert – nicht an dynamischen Reformen, unübersichtlichen Veränderungen, stürmischen Aktivitäten. So hat zwar auch die Organisation, hauptursächlich sogar, zu den einhundertvierzig langen sozialdemokratischen Jahren beigetragen, aber ebenfalls zu den politischen Ängstlichkeiten und Immobilismen der Partei in zentralen historischen Phasen. Doch geht der Organisationspatriotismus der Sozialdemokraten seit zwei bis drei Jahrzehnten sowieso signifikant zurück. Mit der Emanzipation der Sozialdemokratie von der klassischen Facharbeiterklasse hat die Partei auch den Organisationsausdruck der Handwerkerbewegung hinter sich gelassen. Das hat den politischen Raum der SPD neu geöffnet, ihre frühere Präsenz und Verwurzelung aber erheblich geschmälert. Erneut: Der Abschied von der Tradition hat die SPD freier gemacht, gefährdet sie allerdings zweifelsohne dann, wenn die Lage schwierig werden sollte.

Zwischen neuer Mitte und proletarischer Milieupartei

Richtig klar hat sich die Sozialdemokratie nicht gemacht, wie sehr sie sich in den letzten 30 Jahren gewandelt hat. Die Sozialdemokratie ist in ihrem Kern nicht mehr die Partei der Arbeiterklasse. Exakt einhundert Jahre war sie stolz darauf, eben dies zu sein. Ihr ganzes Selbstbewusstsein zog sie daraus, als politische Repräsentantin derjenigen sozialen Formation zu agieren, die die ökonomischen Werte schuf, also produktiv war – im Gegensatz zur parasitären „bourgeoisen Ausbeuterklasse". Insofern war die Arbeiterklasse für die Sozialdemokratie Klasse der Zukunft, Subjekt der Emanzipation und Befreiung. Darin steckten die vorwärtstreibenden Sozialenergien und Erwartungen der sozialdemokratischen Arbeiterbewegung, darin barg sich ihr spezifischer Zukunftsoptimismus. Ein ganzes Jahrhundert lang hat sich die SPD nicht als Verteidigungsgemeinschaft sozialer Besitzstände verstanden, sondern als Motor für Veränderung und Verbesserung.

Wahrscheinlich markierten die 1970er Jahre das Ende der alten Arbeiterbewegung, das Ende der klassischen Sozialdemokratie. Es war das große sozialdemokratische Jahrzehnt in Europa. Und wie so oft, so geschah es auch diesmal: Der Erfolg höhlte die Voraussetzung seiner selbst aus. In den 1970er Jahren erreichte die sozialdemokratisch lancierte Bildungsexpansion ihren Höhepunkt. Und niemand war auf die sozialdemokratische Bildungsexpansion verständlicherweise besser vorbereitet als die Familien des sozialdemokratischen Funktionärskerns, als die Söhne und Töchter mithin der sozialdemokratischen Facharbeiter. In diesem Jahrzehnt gingen hunderttausende von Kindern sozialdemokratischer Dreher, Tischler, Maurer und Bergarbeiter auf das Gymnasium, studierten dann – und verließen hernach die ehemaligen sozialdemokratisch dominierten Wohnquartiere. Die Organisatoren des sozialdemokratischen Milieus verließen das Milieu – und liquidierten es dadurch. Die Arbeiterquartiere verwaisten politisch und kulturell, verloren ihre politischen Klammern zur Sozialdemokratie. Die Zurückgebliebenen waren nunmehr organisatorisch unbehaust, normativ und weltanschaulich verwaist. Und sie entkoppelten sich von der SPD, fühlten sich weder vom Habitus noch vom Stil, aber auch nicht von der Politik der neuen mittelschichtigen Sozialdemokraten weiterhin vertreten. Das Restproletariat verlor die Erfahrung der Kollektivität; es individualisierte, löste sich oft vom Wahlakt ganz ab oder wechselte jäh die politischen Fronten. Volatilität war in den Weimarer Jahren der Ausdruck des gewerblichen Bürgertums; heute ist Volatilität das Charakteristikum der Rest-Arbeiterklasse. Arbeiterklasse und Sozialdemokratie, das gehört nicht mehr zusammen. Bei den letzten Wahlen – und vor allem südlich der Mainlinie – war die Christdemokratie „proletarischer" als die SPD.

Doch das bereitet der SPD Probleme. Denn sie tut immer noch gerne so, als sei sie die Partei der Arbeiter, der „kleinen Leute" zumindest. Sie weigert sich in einer gewissen Weise, den neuen sozialen Ort ihrer aufgestiegenen Kernanhänger sozial, politisch und kulturell zu definieren, um sich strategisch darüber Rechenschaft abzulegen, wie viel an Solidaritäts- und Reformpotential in ihrer selbst geschaffenen, neuen, arrivierten Mitte noch steckt. Und zumindest als Wähler brauchen die Sozialdemokraten auch die Unterschichten der deutschen Gesellschaft, wenngleich es die Partei konzeptionell in die Bredouille bringt. Die SPD muss sich nach wie vor um die Herausgefallenen und Gestrandeten kümmern, weil das dem Kern ihres historisch gewachsenen Selbstverständnisses entspricht. Aber eine Klasse der Zukunft, Akteurin der sozialen Befreiung ist die Unterschicht ganz gewiss nicht mehr, wie es die Theoretiker und Aktivisten des Sozialismus in früheren Jahrzehnten von der industriellen Arbeiterklasse noch einigermaßen plausibel annehmen durften. Wie gesagt: Aus dieser Erwartung, der Mission der Arbeiterklasse, haben die Sozialdemokraten ein ganzes Jahrhundert ihr Sendungsbewusstsein gezogen, ihren Glauben an den Kampf für eine große Sache. In den neuen, organisationsentbundenen Unterschichtquartieren der Republik vertritt die SPD indessen nur die Opfer, die Verlorenen, Ausgemusterten, Marginalisierten, die nicht einmal zur ökonomischen Ausbeutung mehr gebraucht werden. Als Motoren für Zukunftsprojekte und kraftvolle Wirtschaftsreformen taugen sie nicht. Je stärker sich die SPD dieser Gruppen annimmt – wie es die Traditionalisten postulieren –, desto defensiver, randständiger, karitativer wirkt die Partei selbst, gleichsam wie der sozialkonservative politische Vollzugsausschuss der „Arbeiterwohlfahrt". Das mag ehrenhaft sein, aber es ist nicht mehrheitsfähig, denn es ist für jede Mitte – ob nun neu oder alt – abschreckend. Doch kann die SPD die Unterschichten auch nicht einfach links liegen lassen, wie das manche „Modernisierer" in Anlehnung am englischen Vorbild Tony Blairs vorsichtig empfehlen. Denn das wäre sehr viel weniger ehrenhaft, aber es wäre vor allem ebenfalls nicht mehrheitsfähig, da man allein mit neuen Mitten in Deutschland nicht über 30 % kommt. Darin besteht das sozialdemokratische Dilemma. Und in einer gewissen Weise ist das auch der Hintergrund für den innersozialdemokratischen Streit im Frühjahr 2003.

Ohne Streit schlafft eine Partei ab

Nun gibt es gegen Streit in der SPD nichts zu sagen. Der Streit gehört zur Geschichte der Sozialdemokraten; er ist der Partei gleichsam wesenseigen. Er ist vielleicht der wertvollste Beitrag der SPD zur Einübung der Demokratie im doch lange obrigkeitsstaatlich geprägten Deutschland. In den anderen Parteien ging es jedenfalls diskussionsloser zu, autoritärer und patriarchalischer. Die SPD war hier Pionier und Vorbild für eine liberalere, offene Debattenkultur. Das war von Beginn an so, als bereits Lassalle mit Marx und Bebel stritt. Dann folgten die harten Kontroversen zwischen Kautsky und Bernstein. Auch Scheidemann und Ebert lagen miteinander heftig im Clinch. Rudolf Hilferding und Paul Levi standen schroff auf verschiedenen Seiten der Sozialismusinterpretation. Schumacher und Reuter sahen die Dinge anders und sprachen es offen aus. Eichler und Abendroth konnten sich auf ein Programm des demokratischen Sozialismus nicht einigen. Eppler und Löwenthal lagen im Grundwertestreit über Kreuz. Und Gerd Schröder attackierte in den frühen 1980er Jahren lustvoll und erbarmungslos seinen Kanzler, den armen Helmut Schmidt. Das alles hat den Sozialdemokraten das politische Leben nicht leicht gemacht; aber auch das, der Streit, hat am Ende dazu geführt, das die SPD einhundertvierzig Jahre überlebte. Denn im Streit wuchsen, lernten und reiften die Talente der Partei. Sie mussten im Streit ihre Position schärfen, Anhänger sammeln, neue Zusammenhänge stiften, an ihren oratorischen Fähigkeiten feilen, Durchsetzungskraft entwickeln. Ohne Streit schlafft eine Partei ab; sie verliert an Leben, Substanz und eben auch an geeignetem Führungsnachwuchs. Gerd Schröder etwa ist als Politiker nachgerade idealtypisch ein Produkt fortwährender Kämpfe, Dispute und Rivalitäten. Insofern wird auch der neue, gegenwärtige Streit um die Politik Schröders die Sozialdemokratie nicht ruinieren oder in den Abgrund stürzen. Im Gegenteil: Während der ungewohnten Parteienruhe der letzten Jahre entwickelten sich in der SPD keine neuen Strukturen, baute sich nirgendwo der Leitwolf von morgen auf. Am Ende eines harten Streits in der SPD wird eine Menge Porzellan zerdeppert sein; der Kanzler wird seine liebe Mühe haben. Doch es werden sich neue Gruppen bilden, neue Identitäten herauskristallisieren, es werden vielleicht neue interessante Figuren an die Oberfläche kommen – für die Zeit nach Schröder. Und das mag dann abermals die Zukunft der SPD sichern.

(2003)

Der Wandel des Wertewandels kommt bestimmt*

Wird die sozialdemokratische Reformpolitik der nächsten Jahre ein Generationenprojekt sein? Zum Thema Generationen war ich bereits einige Male bei Zusammenkünften des Netzwerkes. Einmal zum Beispiel bei der konstituierenden Sitzung, die nach dem Parlamentsumzug 1999 unter dem Titel „Generation Berlin" stattfand. Das sollte eine geschickt gewählte Semantik sein, sollte gleichsam einen Anspruch auf Generationenhegemonie formulieren. Doch inzwischen redet kein Mensch mehr von der „Generation Berlin". Aber damals gab es eben diese Veranstaltung im Willy-Brandt-Haus. Heinz Bude, der die Metapher von der „Generation Berlin" geprägt hatte, und ich sollten miteinander diskutieren. Ich war damals skeptisch, ob die so genannte „Generation Berlin" überhaupt eine Generation in klassisch sozialwissenschaftlichem Sinn sei. Bestimmte Ereignisse können einzelne Jahrgänge derart zusammenschweißen, dass sie einen kulturell, ästhetisch und politisch gemeinsamen kollektiven Ausdruck gewinnen und eben dadurch generationsbildend wirken. Diese Voraussetzungen schienen mir hier zu fehlen. Für mich wart Ihr deshalb im Grunde nur die Zusammenfügung nahe beieinander liegender Geburtsjahrgänge, aber keine Generation.

Und trotzdem unterstelle ich jetzt aus didaktischen Gründen einfach einmal, dass es da doch eine Generation gibt, was das Thema unter Umständen interessant machen könnte. Denn man hat – Ihr habt – natürlich bestimmte Prägungen, die abweichen von denen der Älteren. Mit diesen Prägungen geht man in die Politik und möchte daraus dann vielleicht sogar ein eigenes Projekt machen. Das ist ja nichts Neues. Frühere Politiker, zum Beispiel eben die berüchtigten, wieder und wieder bemühten Achtundsechziger, haben es bekanntlich auch schon auf diese Weise gemacht, zumindest so gedeutet. Im Grunde kennen wir das seit dem späten 19. Jahrhundert. Nur ist es immer so: Man hat zwar bestimmte Generationsprägungen, die in der Zeit der eigenen Sozialisation entstanden sind, aber man exekutiert dann, wenn man als hauptamtlicher Politiker Jahrzehnte später ins Zentrum der Macht aufrückt, alles mögliche andere – nur eben nicht diese anfänglichen Generationsaspira-

---

* Tonbandmitschnitt vom frei vorgetragenen Referat, gehalten auf der Jahrestagung des Netzwerks Berlin (Zusammenschluss junger SPD-Bundestagsabgeordneter) in Potsdam am 22.06.03

tionen. Regierungspolitik ist niemals ein Generationsprojekt. Eigentlich ist es ganz simpel: Man muss sich vorstellen, man hätte der jetzigen Generation, also den so genannten Achtundsechzigern oder Enkeln, vor langer Zeit erzählt, dass ihr Generationsprojekt in der Regierung einmal bedeuten würde: zu sparen, den Sozialstaat „umzubauen" – andere würden sagen „abzubauen" – oder den Arbeitsmarkt zu deregulieren. Hätte man den Angehörigen der Generation Wieczorek-Zeul und Schröder dies vor fünfzehn oder gar zwanzig Jahren gesagt, dann hätten die einen möglicherweise gesteinigt. Zumindest hätten sie das partout nicht als ihr Generationsprojekt angesehen. In den Debatten jener Generation während der siebziger Jahre, die wir inzwischen so drollig oder abwegig finden, ging es stattdessen bekanntlich etwa um Fragen der Sozialisierung. Ab 1978 bis Ende der 1980er Jahre folgte dann der Diskurs zur Infragestellung des traditionellen Wachstumsbegriffs. Das würde heute kein Mensch aus dieser Generation mehr hören wollen, auch wenn es sozialdemokratische Parteitage über viele Jahre und durchaus sehr ernsthaft beschäftigt hat. Perdu und vergessen das alles. Man würde es jedenfalls nicht als ein Projekt dieser gerade regierenden Generation für die Agenda 2010 bezeichnen.

Von Bebel bis Schumacher – gescheiterte Generationenprojekte

Die Achtundsechziger von ehedem müssen als Regenten von heute also Dinge tun, die sie niemals so gewollt haben. Das ist aber ganz typisch. Man kann das wunderbar in der sozialdemokratischen Geschichte verfolgen. August Bebel ist als junger Mensch aufgewachsen mit einem rousseauhaften, naturwüchsigen Sozialismusverständnis des Volks- und Vollversammlungssozialismus: ohne Organisation, ohne Strukturen, ohne Konzeption. Das war seine primäre, sehr vitalistische politische Generationsprägung. Als er aber, Jahrzehnte später, als Vertreter und Chef der stärksten Fraktion politisch handeln musste, kam es gerade auf Organisation, Struktur und Konzeption an – und Bebel war vollkommen überfordert. Die Sozialdemokratie unmittelbar vor dem Ersten Weltkrieg war insgesamt überfordert. Denn mit dem Generationsprojekt August Bebels und seiner gleichaltrigen Genossen war in dem Moment nichts anzufangen, als die Sozialdemokraten ins Zentrum der Macht, zumindest des Parlaments, vorzustoßen im Begriff waren. Für die Angehörigen der Generation danach, die im Gegensatz dazu tatsächlich in Strukturen, Funktionen und Administrationen groß geworden war, wie Friedrich Ebert oder Otto Wels, hätte man dann meinen können, dass sie genau die richtigen Generationsprägungen besaßen. Aber als diese Generation schließlich in der Weimarer Republik ins Zentrum der Macht avancierte, kam es schon nicht mehr vorwiegend auf Struktur oder Organisation an, sondern überdies – in den ideologisch aufgewühlten Bürgerkriegsjahren der Zwischenkriegszeit – auf Visionen, auf Emotionen, auf große Erzählungen. Und da waren die eher drögen Pragmatiker des Alltags, die Wels und Eberts, vollkommen hilflos, da hat ihnen ihr Generationsprojekt des handwerklich verlässlichen, aber staubtrockenen Organisationsreformismus überhaupt nichts genutzt.

Ein letztes Beispiel: Kurt Schumacher. Der war groß geworden im Ersten Weltkrieg und dadurch sehr soldatisch, sehr national, sehr militant geprägt. Als er dann sein anfängliches Generationsprojekt nach 1945 politisch übersetzen wollte, befand er sich in einer Gesellschaft, die – anders als in den Jahren 1914 bis 1940 – ruhebedürftig war, überhaupt unsoldatisch, unnational, gänzlich unmilitant. Die Apodiktik, mit der Schumacher trotzdem an seinem Generationsprojekt festhielt, hat die Sozialdemokratie auf einen völlig falschen Pfad geführt, hat sie zwanzig Jahre lang bundespolitisch unglaublich isoliert, komplett ins Abseits manövriert.

Was ist die Schlussfolgerung aus all dem? Mein Fazit ist ganz einfach: All das, was Ihr – also die jungen Bundestagsabgeordneten hier – in den letzten 15 Jahren gefühlt habt, was Ihr gefordert habt, wie Ihr euch ästhetisch-habituell gegeben habt, was Ihr selbstgewiss postuliert habt: Vergesst es! Vergesst es, denn in zehn, fünfzehn, zwanzig Jahren sind es nicht mehr die Themen, die wichtig sind, sind es nicht mehr die Lebensgefühle, die noch tragen oder die Probleme, die Ihr lösen müsst.

Man kann es auch betriebswirtschaftlich sagen, vielleicht ist es dann für die „Generation Golf" einleuchtender: Als Generation in einer mächtigen Zeitströmung vertritt man dominante Themen. Andere Probleme und Herausforderungen dagegen werden beiseite gedrängt, so dass eine Mangelsituation eintritt. Fünfzehn oder zwanzig Jahre später werden dann genau deshalb diese Fragen zu den beherrschenden Themen. Diesen Zyklus beobachtet man historisch immer wieder. Insofern werden bestimmte Themen, die wir jetzt vernachlässigen, möglicherweise vernachlässigen müssen, in fünfzehn oder zwanzig Jahren hochaktuell und drängend sein. Wer weitsichtig ist, der wird genau diese Lücken antizipieren und sich darauf intellektuell vorbereiten. Diese jetzt vernachlässigten Themen und Probleme mögen 2003 nicht das Richtige sein, aber im Jahr 2020 machen sie den, der darauf Antworten weiß, zum Kanzler. Es sei denn, man nimmt an, dass man erst im adenauerhaften

Alter Kanzler wird. Dann allerdings – aber nur dann – könnte es mit dem ursprünglichen Generationsprojekt klappen, denn nach ungefähr 50 Jahren wird das im historischen Zyklus wieder aktuell.

Was sind denn nun die Prägungen der vergangenen Jahre? Natürlich sind die Älteren unter uns mit dem Schlagwort „Emanzipation" groß geworden. Erst recht gilt das für den Begriff der Individualisierung. Im Grunde ist das ein Prozess, der dreißig Jahre angedauert hat. In diesem Prozess war Autonomie erstrebenswert gegenüber den Zumutungen großer Kollektive oder irgendwelcher sozialer Kontrollen, die es in den klassischen Vergemeinschaftungen von Kirchen und Milieus überreichlich gegeben hat. Auch die Lösung aus staatlichen Zugriffen war wichtig, um als Individuum die gewünschten Freiheiten und die geforderte Emanzipation zu bekommen. Kurzum: Autonomie, Individualisierung, Emanzipation haben eine lange gesellschaftliche Kultur der Gemeinschaftungen, Kollektive und paternalistischen Betreuungen abgelöst. Individualisierungsmöglichkeiten waren in den sechziger Jahren des 20. Jahrhunderts noch eine Mangelware – daher die mächtige Strömung in diese Richtung danach. Nur: Heute ist die Abständigkeit, die Unabhängigkeit von Vergemeinschaftungen keine Mangelware mehr. Im Gegenteil. Insofern kann aber bald – sagen wir: 2010 – die Alternative dazu wieder interessant werden. Es kann sich ein großer Bedarf entwickeln – nicht nach noch mehr Individualisierung, nicht nach noch mehr Autonomie, nicht nach noch weiterer Entstrukturierung, übrigens auch nicht nach zusätzlicher Entstaatlichung, sondern, ein bisschen jedenfalls, in die entgegengesetzte Richtung: nach neuerlicher Bindung, nach der Geborgenheit in schützenden Vergemeinschaftungen.

Wandel des Wertewandels

Nun bin ich mir sicher, dass mir das jetzt kein Mensch in diesem Raum so recht glauben mag. Also versuche ich es mit der Wissenschaft. Jeder kennt diesen langsamen Vollzug, der sich immer wieder abspielt, wenn man Wissenschaft betreibt: Wenn in der Wissenschaft etwas Neues entdeckt wird, geschieht dies häufig zuerst durch die Empiriker und ihre pedantischen Untersuchungen. Danach kommen die qualitativen Deuter, beschreiben die neuen Entwicklungen und Beobachtungen in schwierigen Aufsätzen für entlegene Zeitschriften, die etwa 30 Leute lesen und die dadurch noch keine Auswirkungen haben. Aber nach drei oder vier Jahren werden diese Themen auch in breiteren Kreisen diskutiert. Ähnlich verlief die Debatte um den

Wertewandel: Der erste Wertewandel, jener von den materiellen zu den postmateriellen Werten, vollzog sich ab etwa 1967. Irgendwann hat ihn Ronald Inglehart dann erfasst; und vier Jahre danach, so etwa in den späten siebziger Jahren, war dies die typische Metapher auch im Pressekommentar. Vergleichbar war auch die Karriere des Begriffs „Individualisierung" bei Ulrich Beck: Irgendwann war das Thema bei Suhrkamp angekommen und weitere vier Jahre später war es dann ebenfalls im Leitartikel des letzten Provinzredakteurs zu finden.

Nun befinden wir uns gegenwärtig wieder in einer solchen Übergangsphase, ohne dass die Öffentlichkeit – gerade die publizistische Öffentlichkeit – oder die Politik es schon zur Kenntnis genommen hätte. Zumindest schreiben einige kluge Soziologen in diesen entlegenen Fachzeitschriften mit ihren 30 bis 40 Lesern vom Wandel des Wertewandels. Und sie begründen das mit viel Empirie, deuten das außerordentlich plausibel. So kann es aber sein, dass gerade die sich ganz furchtbar modern dünkenden Sozialdemokraten derzeit auf die Ladenhüter des Wertewandels von gestern setzen, wenn sie sich mit antitraditionalistischem Furor für die Individualisierung und den Zuwachs von Optionen stark machen. Das wäre 1965, auch 1975 und 1985, wahrscheinlich noch 1995 ein unbestreitbar wichtiger Beitrag zur Modernisierung von Sozialdemokratie und Gesellschaft gewesen. Aber für das Jahr 2005 oder 2015 geht es ziemlich ins Leere.

Zumindest zeigen alle Erhebungen, die Sozialwissenschaftler in den letzen zwei oder drei Jahren zu diesen Fragen durchgeführt haben: Beschleunigung, weitere Individualisierung und Optionsmehrung sind überhaupt keine entscheidenden Bedürfnisse mehr. Es geht längst nicht mehr um Erweiterung von Optionen. Festzustellen ist vielmehr eine Ermüdung über den permanenten Optionsdruck, ist die Erschöpfung angesichts der Daueranstrengung, immer wieder Optionen wahrnehmen zu müssen. Die Menschen, auch und übrigens gerade die jüngeren Menschen, sind genervt durch das ewig Rhapsodische, das Erratische, die Nichtkalkulierbarkeit in einer entstrukturierten Gesellschaft. Das ist keine kulturpessimistische Betrachtung, sondern das sind präzise zu messende und empirisch valide belegbare soziale Veränderungen. Wir erleben etwa seit den frühen neunziger Jahren, als sich dieser Wandel bereits andeutete, eine ungeheure Talfahrt der postmaterialistischen Werte: Der postmaterialistische Boom ist völlig zusammengebrochen. Nicht zuletzt deshalb haben die Grünen sich so komplett verändert. Das ist nicht nur eine ideologische oder eine altersmäßige Angelegenheit. Vielmehr haben sich die Soziologie, Mentalität und Kultur der grünen Anhängerschaft seit den frühen neunziger Jahren intensiv gewandelt. Und je jünger die Repräsentanten, Mitglieder und Wähler der Grünen werden, desto deutlicher wird, dass das postmaterialistische Ethos von ehedem nunmehr Geschichte ist, dass stattdessen neue Werte auf dem Vormarsch sind.

Erstens geht es um so etwas wie Bindung. Als moderner Sozialdemokrat hat man vor vier oder fünf Jahren selbstsicher gesagt: Natürlich wollen moderne Menschen sich binden, aber sie wollen diese Bindung auch jederzeit wieder kündigen können. Indes geht es jetzt gerade jüngeren Menschen um das möglicherweise romantische, vielleicht sentimentale Bedürfnis, dauerhafte Beziehungen auch in Partnerschaften einzugehen, die nicht einfach kündbar sind. Jede Jugendstudie und auch jede Zukunftsstudie zeigen das im Moment glasklar. Wie gesagt: Dergleichen mag letztlich unrealistisch sein in modernen Gesellschaften. Aber es ist ein so markantes Bedürfnis, wie wir es seit über 35 Jahren in allen Wertestudien dieser Republik nicht mehr gemessen haben.

Ein zweiter zentraler Begriff im neuen „Wandel des Wertewandels" (Stefan Hradil) ist Gemeinschaft. Hier spielt sich ein ganz ähnlicher Vorgang ab, über den wir uns in unserer eigenen Jugendzeit verlässlich mokiert hätten, weil uns Gemeinschaft an deutschromantische oder noch schlimmere Zeiten erinnerte. Aber derzeit ist Gemeinschaft für die entbundenen Individuen eine Hoffnung, deren Wert noch weiter steigen wird.

Das dritte wichtige Thema ist Ordnung. Gerade in dieser Woche habe ich wieder etwas beobachtet, was mich zunächst sehr überrascht hat: An der Universität müssen wir inzwischen alle Curricula anpassen, weil sich die Universitäten bekanntlich gegenwärtig rapide verändern. Als Mensch, der in den siebziger Jahren politisch groß geworden ist, liegt mir ja nun viel an individueller Emanzipation, an Optionen und an freier Wahl. Als wir das jetzt in einem Hochschulgremium diskutierten, waren es die Studenten und die Doktoranden, die es vehement ablehnten, überhaupt noch weitere Optionen zugemutet zu bekommen. Stattdessen ging es ihnen um Ordnung, um Struktur. Und was mich vollkommen überrascht hat: Sie wünschten sich nachdrücklich klare Gebote, ja sogar eindeutige Verbote. Die Doktoranden und Studenten wollten selber, dass im Studienplan geschrieben steht: Im ersten Semester darf man dies nicht machen, im zweiten Semester darf man jenes nicht tun. Genau die Dinge, die meine Generation noch vehement frei wählen wollte, sollen jetzt explizit reguliert, festgelegt, von oben angeordnet werden. In diesem Augenblick habe ich wirklich gemerkt, dass ich bereits zu den Anachronisten zähle, mit meiner Optionsinsistenz ganz unmodern geworden bin. Ich denke, dass diese Entwicklungen und Bedürfnisveränderungen keinen Prozess bilden, der sich in zwei oder drei Jahren abermals umkehren wird. Vielmehr werden sich diese Tendenzen fortsetzen und ausweiten. Natürlich wird dies ein längerer Zyklus sein. In der Regel dauern solche Zyklen etwa 20, 25 Jahre an, bis sie wieder abebben. Wer sich aber auf die Entwicklung für das Jahr 2010 oder 2020 vorbereiten will, der muss jetzt eigentlich schon andere Begriffe antizipieren, als die in den derzeit zirkulierenden Agenden und Leitartikeln bevorzugt gebrauchten.

Auch das Materielle spielt im Wandel des Wertewandels eine große Rolle. Und als Letztes schließlich: einfache Lösungen. Das haben unsere tüchtigen Sozialwissenschaftler zu ihrer Verblüffung festgestellt. Auch bei Akademikern, auch bei Leuten mit großer Bildung ist mittlerweile das Bedürfnis nach einfachen Lösungen gewachsen. Besonders in der Erwartung an Politik zeigt sich das sehr deutlich. Gerade weil Politik so komplex ist, und gerade weil wir besonders in Deutschland schon institutionell angelegt eine besonders komplexe Prozedur der politischen Entscheidungen haben, ist diese Erwartung nicht unheikel. Aber trotzdem noch einmal: Nicht nur diejenigen wollen einfache Lösungen, die oft als „Prols" bezeichnet werden; nicht nur diejenigen, die rechtspopulistisch wählen; nicht nur diejenigen, die in den Souterrains der Gesellschaft leben. Vielmehr reicht die Nachfrage nach einfachen Lösungen für schwierige politische Probleme bis weit in die Eliten hinein.

Die Rückkehr der Klassengesellschaft

Seit der Renaissance ist eigentlich die klassische Frage eines jeden verantwortungsbewussten und weitsichtigen Menschen in der Politik: Wie hält man Gesellschaften zusammen? In den vergangenen Jahren haben wir uns diese entscheidende Frage etwas seltener gestellt, weil andere Sachen scheinbar dringender wurden. Interessant ist nur, dass in jüngster Zeit unterschwellig und von uns allen kaum registriert – weil uns mehr das Fiskalische interessierte – ungeheure Desintegrationsprozesse in der Gesellschaft ablaufen. Das klingt jetzt vielleicht etwas formelhaft, etwas pathetisch-dramatisierend, aber man kann diesen Prozess eben tatsächlich an einigen Punkten markant beobachten. Wenn man einmal über Deutschland hinausschaut, so können wir in größeren Städten mit mehr als 100.000 Einwohnern einen durchgreifenden Prozess der Desintegration in dem Sinne beobachten, dass sich verschiedene Wohnquartiere in einem starken Maße sozial segregieren oder sogar polarisieren, wie wir es bislang allein vom Ende des 19. Jahrhunderts kennen. In den USA zeigt sich das bekanntlich bereits sehr viel stärker als in Westeuropa. In Deutschland ist es noch nicht ganz so weit, weil sich hier die unterschiedlichen Wohnmilieus zumindest noch berühren. Indes: Sie mischen sich nicht mehr, jedenfalls nicht mehr im gleichen Maße wie vor allem in den fünfziger, aber auch in den sechziger, siebziger und auch noch achtziger Jahren des letzten Jahrhunderts. Bereits in den neunziger Jahren nahm die Durchmischung ab, und seit der Jahrtausendwende ist ganz deutlich zu sehen: Die verschiedenen Wohnquartiere mischen sich erheblich weniger. Umgekehrt erleben wir eine Form der sozialen Homogenisierung innerhalb der einzelnen Stadtteilquartiere.

Aber nicht nur da. Soziologen, wir wissen es, untersuchen alles Mögliche. Unter anderem beschäftigen sich Soziologen auch mit Liebesbeziehungen. Und was stellen sie fest? Selbst in Liebesbeziehungen mischen sich die sozialen Gruppen heute deutlich weniger als in den fünfziger, sechziger, siebziger und achtziger Jahren. Man liebt sich in der eigenen Schicht. Man heiratet in der eigenen Schicht. Man bildet sich in der eigenen Schicht. Das Interessante dabei ist: Wir erleben seit zehn Jahren das Phänomen, dass sich seit den frühen neunziger Jahren das gehobene Bürgertum, also die kulturelle und vor allem die wirtschaftliche Elite, in einer Weise aus sich selbst rekrutiert wie während etlicher Jahrzehnte des 20. Jahrhunderts nicht. Wir haben selbst in der Zeit des Nationalsozialismus, selbst in einigen Jahren der Weimarer Republik, aber dann elementar in den sechziger, siebziger und achtziger Jahren eine bemerkenswerte Öffnung auch der bürgerlichen Schichten erlebt, die nun abgebrochen ist. Und das finde ich wirklich phänomenal, vor allem aber bedrückend. Schließlich befinden wir uns im fünften Jahr einer sozialdemokratisch geführten Regierung. Für die das aber kein Thema ist.

In den größeren Städten werden wir im Jahre 2025 eine aktive Generation derjenigen zwischen 20 und 40 haben, die sich vermutlich zu etwa 40, teilweise zu 50 Prozent aus Kindern von Immigranten zusammensetzt. Das muss ja nicht weiter schlimm sein, aber wir wissen, dass dort etwa ein Fünftel, in manchen Städten und Gruppen noch weit mehr, keinen Hauptschulabschluss besitzt und auch keine Berufsausbildung. Diese Entwicklung wird elementare Desintegrationsprozesse auslösen, weil die gezielten Integrationsmaßnahmen der letzten Jahre gebremst und gestoppt wurden. Der Oberbürgermeister von Offenbach hat kürzlich irgendwo bitter-ironisch gesagt: Wenn eine Haupteinnahmequelle der Städte die Hundesteuer ist, weil die Kommunen kaum noch Gewerbesteuer einziehen können, dann ist das ein Problem. So ein Problem bekommen wir dann aber auch auf dem Gebiet der sozialen Integration.

Wir haben vor einigen Jahren noch über die sozialen Unterklassen, über das „neue Unten" gesprochen. Aber seit zwei oder drei Jahren tun wir auch dies nicht mehr. Wobei die meisten Sozialwissenschaftler davon ausgehen, dass wir natürlich noch längst nicht am Ende der Fahnenstange angelangt sind, sondern dass in den nächsten Jahrzehnten noch gewaltige Probleme auf uns zukommen werden. Wenn wir also jetzt bei acht, neun oder zehn Prozent Arbeitslosen sind, dann ist das im Grunde genommen ein günstiges Verhältnis. Denn der Anteil derjenigen, die in der Wissensgesellschaft nicht werden mithalten können, die vom Imperativ permanenter, lebenslanger Fort- und Weiterbildung überfordert sind, die also nicht gebildet werden wollen oder nicht gebildet werden können – dieser Teil wird, optimistisch geschätzt, bei 20 Prozent liegen, wahrscheinlich sind es mehr.

An genau diesem Punkt stellt sich die Frage: Wie gehen Sozialdemokraten damit um? Es liegt ja auf der Hand: Eine Menge Wahlen, die in der letzten Zeit Niederlagen für die SPD brachten, sind genau in diesen Wohnquartieren des „Neuen Unten", der Outcasts der Wissensgesellschaft verloren gegangen. Häufig sagt man ja: Die Sozialdemokraten sind immer die Vertreter der Schwachen gewesen. Ganz richtig ist das nicht. Sozialdemokraten sind vor allem die Vertreter der starken Teile der Schwachen gewesen – derjenigen nämlich, die über hundert Jahre lang immer nach oben kommen wollten, die sehr bildungsbeflissen waren, aber aus institutionellen oder systemstrukturellen Gründen bis in die sechziger Jahre in der deutschen Klassengesellschaft nicht die Möglichkeiten zur Bildung hatten. Als sich ihnen diese Möglichkeiten durch die Bildungsreform dann aber boten, ergriffen sie die Gelegenheit beherzt und prompt, absolvierten die höheren Schulen, stiegen dadurch sozial auf. Und die anderen, die weniger bildungsbeflissenen, oft ungelernten Arbeiter, die in der Geschichte der Sozialdemokratie nie deren wirkliche und aktive Klientel waren, sind zurückgeblieben. Die Sozialdemokratie hat seit Lassalles Zeiten schon immer große Probleme mit eben diesem Teil der Schwachen gehabt, den wir früher als Subproletariat oder wie auch immer bezeichneten. Bei Marx und Engels galten diese Menschen bekanntlich und bezeichnenderweise gar als Lumpenproletarier.

Partei eines neuen Establishments?

Diese Entwicklung ist in der Tat ein ganz großes Problem. Aber was bedeutet das eigentlich? Was bedeutet sie für das Sozialdemokratische? In der Geschichte der Menschen und der Politik ist das ja kein neuer Vorgang: Eine Gruppe, die aus der unterlegenen Position zunächst sehr emanzipatorisch agiert, die sehr dezidiert und voller Energien in der Vertretung eigener Ziele auftritt, erreicht schließlich diese Ziele, steigt auf, verlässt die Subalternität, bildet fortan ein neues Establishment. Im Moment des eigenen Erfolges – ein tausendfach erlebter Prozess – wird sie konservativ, verteidigt ihren neuen Status. Sie koppelt sich nicht nur mental und kulturell ab, sondern sie wird auch sozial aggressiv besitzstandswahrend – gegen diejenigen, die es nicht geschafft haben. Aggressiv distanzieren sich die neuen Aufsteiger von denen, die nicht mitgekommen sind. Und sie wollen die Abgehängten auch nicht alimentieren, weil man nichts dabei gewinnen kann. Das ist ein historisch nicht gerade ungewöhnlicher Prozess. Und für mich ist die ausschlaggebende Frage: Ist dieser Prozess eigentlich das, was die Sozialdemokratie gerade mitmacht? Ist es so, dass die Sozialdemokratie soeben dabei ist, zur Vertretung der neuen, avancierten, arrivierten, parvenühaften, aufgestiegenen gesellschaftlichen Mitte zu werden und dadurch überhaupt keine Bindung mehr an ihre Ursprünge zu haben, keine biografischen oder kulturellen Affinitäten, weder vom Ort des Wohnens noch vom sozialen Umfeld der Geselligkeiten her, um sich irgendwann einmal von all dem auch politisch abzukoppeln? Denn Solidarität, das wissen wir, ist etwas, was nur innerhalb einer Gruppe mit ganz ähnlichen oder gleichen Interessen existiert. Man solidarisiert sich mit einer Teilgruppe, die zeitweilig irgendwo herausfällt, aber wahrscheinlich wieder hineinkommen wird und irgendwann die erhaltene Solidarität auch zurückgeben kann, wenn man selber in eine prekäre, solidaritätssuchende Situation kommt. Wenn aber eine bestimmte Gruppe dauerhaft abgekoppelt ist, kann keine Solidarität mehr entstehen, sondern nur noch Barmherzigkeit – und für barmherzige, milde Gaben ist eben nicht jeder geschaffen, schon gar nicht große soziale Formationen oder gar Parteien. Dann entsteht ein Problem mit der postulierten Solidarität, über das man diskutieren muss, aber ich sehe nicht, dass dieses Problem in der SPD auch nur ansatzweise ernsthaft debattiert wird. Natürlich ist das auch schwer, denn eine Partei ist keine intellektuelle Diskursgemeinschaft. Mir leuchtet es schon ein, dass der Generalsekretär oder der Parteivorsitzende eine solche Diskussion nicht führen kann, aber andere in ihrer Partei können es durchaus – und ein Generalsekretär sollte sie zumindest versteckt dazu ermuntern.

Bei all diesen Dingen geht es um die Einsicht, dass eine Gesellschaft, die intakt sein soll und funktionieren will, eine Institution, ja im Grunde genommen ein „Zwangsinstitut" braucht, um planmäßig, gestalterisch und mit festem, definiertem Willen auf sich selbst einzuwirken. Das ist der Staat. Eigentlich ist es ein wichtiger zivilisatorischer Gedanke, dass eine Gesellschaft in irgendeiner Weise eine Kohäsion braucht, um Ausgleich, Balancen und Integration zu schaffen. Wir sind dabei – jetzt einmal nicht aus der Außensicht, sondern aus der sozialdemokratischen Innensicht gesprochen –, diesen in der Tat völlig selbstverständlichen, lange ja auch genuin konservativen Diskurs zu verlieren. Wir beobachten einen geradezu neubürgerlichen Anarchismus, eine eifernde, doktrinäre neubürgerliche Staatsfeindschaft, die außerordentlich bemerkenswert ist und der die Sozialdemokraten nichts, jedenfalls kein eigenes Paradigma mehr entgegenzusetzen haben. Natürlich verfügen wir noch über das staatliche Zwangsinstitut. Denn wenn man es nicht mehr hat, entsteht ein Problem. Wir sind ja inzwischen alle für den Markt, wir haben begriffen, dass er ein wichtiges und wesentliches Mittel zur rationalen Steuerung von Allokation ist. Nur, wir stellen auch fest: Es gibt wesentliche Gruppen, quantitativ starke Gruppen, die auf Grund ihrer randständigen, verlorenen Lage in der Gesellschaft nicht marktfähig sind. Und keine Bürgergesellschaft, keine Zivilgesellschaft allein wird sie marktfähig machen. Es ist immer die zivilisatorische Aufgabe des Staates, diejenigen überhaupt erst zur Marktfähigkeit zu bringen, die es aus sich selbst heraus nicht schaffen können. Dabei geht es nicht um Staatsbetreuung oder gar um Entmündigung oder wie alle diese ideologisch aufgeladenen Begriffe heißen, sondern es geht um die Marktfähigkeit der Subjekte. Die kann aber nur dieses Zwangsinstitut des Staates herstellen, das eine Gesellschaft hat, um auf sich selbst einzuwirken, um Balancen herzustellen, Fairness zu ermöglichen, staatsbürgerliche Gleichheit zu garantieren.

Immer wieder geht es dabei um das ewige Problem der Lebenschancen – eben nicht nur um die berühmten Startchancen. Inzwischen reden ja auch Sozialdemokraten allein von Startchancen. Wenn man aber nur von Startchancen spricht, ist alles, was dann folgt, einzig die Sache jedes Einzelnen. Doch Lebenschancen müssen in einer ungleichen Gesellschaft immer wieder neu eröffnet werden. Wenn man beispielsweise soziale, gesundheitliche und kommunikative Probleme im mittleren Alter hat, dann hat man diese Probleme geradezu kumulativ im Rentenalter. Alle Probleme, die es im normalen Leben gibt, beschleunigen und verstärken sich noch in der Zeit nach dem 60. Lebensjahr. Das heißt, selbst da und gerade da im dritten Lebensdrittel, muss man immer wieder neu Lebenschancen austarieren. Ich glaube, in Dänemark hat man das vorbildlich gemacht, indem man gezielt öffentliche Institutionen ausgeweitet hat, die die Alten nicht entmündigt, sondern ihnen Entfaltungs- und Kooperationsräume geboten haben. Nach allen Ländervergleichen ist die aktivste, die bürgergesellschaftlichste Altengruppe auf der Welt die dänische, weil es diese öffentlichen Institutionen gegeben hat, die die alten Menschen aktiviert haben, wie die Fans von „dritten Wegen" wahrscheinlich sagen würden. Aber das ist eben nicht von alleine geschehen! Noch einmal: Der größte Teil der Strukturen, die gesellschaftliche Integration und Teilhabe ermöglicht haben, war öffentlich, noch präziser: staatlich. Auch das ist etwas, was ganz typisch ist: Diese Zugänge, diese Ressourcen werden durch den Staat verschafft, was immer nur über gut funktionierende – auch dies ist ein tabuisierter Begriff – intakte, gut ausgebaute, sicherlich moderne und effizient handelnde Bürokratien geht. Aber eben nicht – und das ist sehr wichtig – ausschließlich oder vorwiegend über Kommunitarismus.

Ein anderes Beispiel: In den achtziger Jahren haben wir in den angelsächsischen Ländern zwar bemerkenswerte ökonomische Aufschwungsphasen beobachten können, aber das untere Fünftel hat von diesen Aufschwungphasen nicht im Geringsten profitiert. Tatsächlich ist es von der Zunahme an Wohlstandsmehrung noch weiter entkoppelt worden. Nur in den Ländern, in denen es den Staat gab, der Transfers organisiert und robust umverteilt hat, ist die Ankopplung an die Wohlstandsmehrung gelungen. Das ist etwas, was ich wirklich für markant halte, auch wenn es ebenfalls kein Thema des öffentlichen Diskurses und der sozialdemokratischen Debatte mehr ist.

Die Sozialdemokratie hat sich seit den siebziger Jahren erheblich verändert: in ihrem Funktionärskörper, bei den Delegierten und im Kern ihrer Anhängerschaft. Viele von uns sind aufgestiegen. Wenn ich mir einen normalen Parteitag anschauen und fragen würde: Wer ist dabei, der in der ersten Generation Akademiker ist, bei dem der Vater noch Arbeiter war? Dann würde die Antwort wahrscheinlich lauten: 80 Prozent. Ich selbst bin ja auch so ein Fall – Vater: Hilfsarbeiter auf dem Schlachthof; Sohn: Hochschullehrer. Dieser Prozess ist natürlich möglich geworden durch eine robuste, entschlossene Form der materiellen Umverteilung in den sechziger und siebziger Jahren. Ohne Umverteilung und den Ausbau des Staates und auch der Bürokratie mit den Möglichkeiten, die man uns gegeben hat, um auch ohne den Schutz und Beistand des Milieukollektivs autonom und selbständig zu werden, starke Individuen zu sein, Optionen souverän zu nutzen – ohne diese Staatsinstrumente und massiven Staatsinterventionen hätte es diesen massenhaften Aufstieg nicht gegeben. Und auch ich wäre wahrscheinlich genau wie mein Vater noch immer auf dem Schlachthof. Wir – oder doch die meisten von uns – sind also gewissermaßen die Gewinner von Umverteilung, reden aber jetzt nicht mehr von Umverteilung, fordern es jedenfalls nicht mehr, weil es uns möglicherweise auch zu teuer kommt, weil es vielleicht auch zu teuer ist. Nur ist das eine ganz merkwürdige Angelegenheit: In dem Moment, in dem wir aufgrund eines spezifischen politischen Instrumentariums sozial gewonnen haben, legen wir das Instrument zur Seite und lassen die anderen ziemlich kaltblütig zurück. Das aber wird moralisch möglicherweise nicht funktionieren, denn es nimmt der Sozialdemokratie ihre besondere Aura, ihren unverwechselbaren Ethos. Und am Ende wäre die SPD dann nichts anderes als – wenn man so will – die FDP der neuen Mitte aus der vorangegangen Bildungsexpansion. Wenn es denn wirklich so ist. Ich habe ja die Hoffnung, dass es nicht so ist. Und wenn ich in die vielen ernsten Gesichter in diesem Saal sehe, dann bin ich nicht ganz unoptimistisch.

Was braucht man, um den sozialdemokratischen Diskurs zurückzugewinnen? Man braucht so etwas wie eine Leitidee, wie eine Werteprämisse. Außerdem muss man auch eine kulturelle, soziologische Analyse der inneren Befindlichkeit und künftigen Entwicklung der Gesellschaft hinbekommen. Man muss eine Analyse der ökonomischen sowie der institutionell-politischen Restriktionen und Möglichkeiten haben. Die jetzige Sozialdemokratie, die Regierung, allerdings ist allein auf die letzten beiden Aspekte fixiert. Sie schaut auf die politisch-institutionellen und ökonomischen Macht- und Machbarkeitsverhältnisse, aber um die ersten drei Gesichtspunkte – Werteprämisse, normative Leitidee und die soziologisch-kulturelle Interpretation der Gesellschaft – kümmert sie sich überhaupt nicht. Weil sie nicht überlegt, wie es im Jahre 2010 aussehen sollte, wirkt ihr Reformprojekt so sklerotisch, so uninspiriert, so ziellos – wobei ich weiß, dass es eine schwere Aufgabe ist, gerade dieses sklerotische, uninspirierte Projekt in irgendeiner Weise durchzubringen. Denn wenn so ein Reformentwurf keine Leuchtkraft hat, keine Ausstrahlung, Emotion und Sinnlichkeit besitzt, dann wird es erst recht nicht funktionieren. Ein bisschen in diese Richtung zu gehen, ist gewiss nicht das Generationenprojekt der jungen sozialdemokratischen Abgeordneten im „Netzwerk". Aber die politische Aufgabe könnte oder sollte es schon werden.

(2003)

Freital: Von der roten Stadt zur toten Stadt?

1. Das rote Freital. Auf- und Abstieg einer sozialdemokratischen Musterkommune

Im Osten existieren keine festen Wählerstrukturen. Diesen Satz haben uns Politologen und Wahlforscher mittlerweile hinreichend nachdrücklich eingebläut. Und sie haben uns ebenfalls darüber belehrt, dass der Mangel an Wählerbindungen aus aufgeklärt demokratischer Perspektive im Grunde ein großes Glück darstellt. Denn so werde die Politik beweglicher, undoktrinärer, pragmatischer, weniger verkrustet, da die nicht fest gebundenen Wähler Politik und Parteien allein an den Kriterien von Leistung und Effizienz messen. Diese Wähler wollen handfeste Resultate sehen, nicht wolkige weltanschauliche Bekenntnisse hören. Kurzum: Die radikale Deregulierung klassisch kulturell-politischer Zu- und Einordnungen hat dem Osten historisch ein gutes Stück Vorsprung gegenüber dem Westen eingebracht.

So jedenfalls derzeit der politologische Mainstream. Das Gros der Historiker würde sich dem wohl anschließen und hätte aus der geschichtswissenschaftlichen Diskussion der letzten zwei Jahrzehnte auch einiges an Munition beizusteuern. Denn für die meisten Historiker steht fest, dass das erste Demokratieprojekt in Deutschland nach 1918 scheiterte, weil es in der Gesellschaft zu viel ideologische Überspannung gab, zu viele Lagerstrukturen, zu viel Polarisierung, zu viele subkulturelle Abschottungen, zu viele utopische Träume. Mithin: Auch für die Großinterpreten der Geschichte war infolgedessen die Dekomposition der politischen Versäulungen und ideologischen Verheimatungen die entscheidende „Morgengabe" (Klaus Tenfelde) an die offene, pluralistische, moderne, erfolgreiche Demokratie nach 1945 bzw. nach 1989.

Das alles klingt wunderschön plausibel. Aber es gibt verblüffend wenig empirische Belege dafür. Also kamen wir, die Verfasser, auf Freital, eine sächsische Mittelstadt nahe Dresden gelegen. Denn Freital bietet beide Perspektiven. Bis 1933 war die Stadt nachgerade ein Protobeispiel für eine hoch verdichtete politische Klassenkultur mit erheblichem ideologischen Impetus; nach 1989 war diese politische Struktur und kollektive Orientierung der Einwohnermehrheit in einer Weise ausgelöscht wie nirgendwo mehr sonst in

Deutschland. Freital also hätte – würde man den oben referierten normativen Prämissen über die Voraussetzungen einer offenen, modernen Demokratie folgen – vor 1933 unter der Last ideologischer Verengung und politischer Versäulung leiden müssen, nach 1989 durch die komplette Entstrukturierung des traditionellen Stadterbes hingegen befreit aufleben und kraftvoll neu beginnen können. Schauen wir näher hin.

Das munizipalsozialistische Experiment

Die Stadt Freital gibt es erst seit 1921. Und ihre Gründung war ein rein sozialdemokratischer Akt. Zur neuen Stadt Freital vereinten sich damals zu Beginn der Weimarer Republik die drei Industriegemeinden Döhlen, Deuben und Potschappel. In allen drei Gemeinden kamen die Sozialdemokraten auf eine Zweidrittelmehrheit. Und diese sozialdemokratische Zweidrittelmehrheit schuf sich im Tal des „Plauenschen Grundes" – wie das hoch industrialisierte Umland im Süden von Dresden hieß – eine Stadt, die frei sein sollte von Ausbeutung und Unterdrückung, eben: Freital. Das Bürgertum hat diese ganz unverhüllt sozialdemokratisch imprägnierte Stadtgründung heftig bekämpft, sprach anfangs recht gehässig von „Liebknechthausen". Doch das steigerte den Trotz und erhöhte das Selbstbewusstsein der Sozialdemokraten, die ungemein stolz darauf waren, sich ihre eigene Stadt erfunden zu haben. Stadt und sozialistische Arbeiterbewegung verschmolzen in den 1920er Jahren miteinander, wurden in einer Weise eins, die in Deutschland ansonsten beispiellos blieb. Zwar war die Stadt sozialräumlich ein zersiedeltes, zusammengewuchertes, ja hässliches Gebilde. Aber der gesamtsozialdemokratische Anspruch, die gesamtsozialdemokratische Präsenz gab Freital Grundlage, Homogenität, schließlich Identität. Tatsächlich war Freital in den Jahren der Weimarer Republik die Stadt sozialdemokratischer Superlative schlechthin. Sie war die einzige Stadt im „roten Sachsen" mit einem sozialdemokratischen Oberbürgermeister, mit absoluten Mehrheiten bei Wahlen. Nirgendwo sonst war die Zahl der Mitglieder proportional so groß wie hier, wo über 3000 der insgesamt 36000 Einwohner das sozialdemokratische Parteibuch besaßen. Und schließlich war das ganze Tal nachgerade übersät von sozialistischen Arbeiterchören, Naturfreundegruppen, Arbeiter-Turner-Clubs, Arbeiter-Fußballvereinen und anderen Arbeiterfreizeitorganisationen mehr. Freital war eine tiefrote Stadt.

Nun waren rot wählende Städte keine ganz außergewöhnliche Rarität im industriegesellschaftlichen Deutschland. Doch in der Freitaler Sozialdemokratie hatte sich eine tief im „Tal der Arbeit" verwurzelte kommunalpolitische Elite herausgebildet, die den Ehrgeiz besaß, die eigene Stadt, die eigene politische Arbeit in der Gemeinde zum Modell zu machen, zunächst für Sachsen, schließlich für Deutschland insgesamt. Da war zum einen eine ungewöhnlich expansive Wohnungspolitik. An etlichen Stellen der Stadt errichteten die Sozialdemokraten – teils als Genossenschaftler, teils als städtische Bauherren – Siedlungen. Das betrieben sie so massiv, dass man Freital in der zweiten Hälfte der 20er Jahre als „Rotes Wien in Sachsen" etikettierte – in Anspielung an die modellhafte Bautätigkeit der sozialistischen Gemeindespitze in der österreichischen Hauptstadt. Und natürlich hatten die Sozialdemokraten in den Siedlungen fortan ihre Hochburgen, hatten hier ihre besonders treuen, loyalen, jederzeit mobilisierbaren Wähler.

Doch der Ehrgeiz, aus Freital eine Musterkommune des Munizipalsozialismus zu machen, ging weiter. Freital sollte zur Wohlfahrtsinsel im trüben kapitalistischen Gewässer der Weimarer Republik werden. Das war Ambition und Plan der sozialdemokratischen Stadtväter. Die Stadt zahlte infolgedessen Wohlfahrtssätze wie keine zweite Gemeinde sonst im Deutschen Reich. Sie war eine veritable Oase für die Verlorenen und Gestrandeten der Gesellschaft, für Arbeitslose, für ledige Mütter, für Kleinrentner – und vor allem für Kranke. Die Gesundheitspolitik bildete das Herzstück des Freitaler Kommunalsozialismus. Schon unmittelbar nach der Stadtgründung hatten die sozialdemokratischen Rathausstrategen eine Gruppe frisch approbierter, links orientierter Ärzte in die Industriestadt des Plauenschen Grundes geholt. Und die roten Ärzte hatten in Freital freie Bahn, um all die medizinsozialistischen Schwärmereien aus der sozialistischen Studentenzeit jetzt dem realpolitischem Test auszusetzen. Die Freitaler Stadtverwaltung hatte – was sonst in Deutschland nicht üblich war – einen ganzen Stab verbeamteter Ärzte und Hebammen, Fürsorger und Betreuerinnen eingestellt. Alles im Heil-, Fürsorge- und Wohlfahrtswesen war kommunalisiert und für die Nutzer kostenfrei, von der Wiege bis zur Bahre, von der Geburtshilfe bis zur Totenbestattung, zum Sarg, zum Leichentransport, zur Grabrede. Für alles sorgte die sozialdemokratische Gemeinde.

Doch im Mittelpunkt des Freitaler Wohlfahrtswesens standen natürlich nicht die Toten, sondern die Lebenden. Und die sollten nach den medizinreformistischen Projekten der sozialistischen Stadtärzte planmäßig gesund gehalten, systematisch von ansteckenden bzw. vererbbaren Krankheiten emanzipiert werden. Die linken Jungärzte in Freital waren gläubige Eugeniker; sie hatten den neuen, gesunden, sportlichen, leistungsfähigen Menschen im Visier. Darin bündelte sich gewiss die Hybris, der Planungs- und Machbarkeitswahn des Freitaler Sozialismus der 20er Jahre. Und dahinter verbarg sich, noch weit mehr, die paternalistische, etatistische, zentralistische, anmaßende Seite auch des demokratischen Sozialismus insgesamt in der Zwischenkriegszeit.

Aber immerhin: Der Freitaler Sozialismus verfügte über eine konzeptionelle Idee. Ja, er hatte eine Vorstellung, ein Bild, wenn man so will: eine Vision von der Entwicklung der Stadt. Und diese imaginative Kraft gab der Stadt in jenen Jahren Zusammenhalt, ein geradezu herausragendes Selbst- und Sendungsbewusstsein, deren Höhepunkt wohl im Jahre 1927 lag, als eine Delegation des Genfer Völkerbundes in der Stadt auftauchte, um das Freitaler Modell studieren und bewundern zu können. Und insgesamt blieben die paternalistischen Züge im Gemeindesozialismus eingedämmt durch all die vielen Eigeninitiativen der reformistischen Selbsthilfebewegung im Arbeiterfreizeitwesen. Freital war in diesen Weimarer Jahren eine äußerst lebendige Stadt durch die ständigen Veranstaltungen, Aufmärsche, Feste und Feiern, Inszenierungen der sozialistischen Sport-, Kultur- und Bildungsvereine. Wochenende für Wochenende waren tausende von Freitalern unterwegs zu den wechselnden Events der Arbeiterkultur und des Arbeitersports. Und an den Abenden der Werktage fand die proletarische Geselligkeit in den zahlreichen Arbeiterkneipen mit den vielen sozialdemokratischen Gastwirten Freitals statt. Niemand empfand Freital in den 20er Jahren als langweilig, steril, öde. Auch Intellektuelle und Konvertiten des Bildungsbürgertums zog es hierhin, in das „Tal der Arbeit", das durch seine Arbeiterkultur und das alternative Wohlfahrtsmodell, auch durch ein wunderschön gelegenes FKK-Bad weithin über den Raum Dresden hinaus und ebenfalls auf die Boheme ausstrahlte.

Kurzum und nochmals: Durch das sozialdemokratische (Kommunal-)Projekt wuchs die sozialräumig fragmentierte Stadt zusammen. Dadurch besaß sie eine integrative Idee, die die Identifikation der Einwohner mit ihrer Gemeinde bewirkte, die Selbstbewusstsein verlieh, Vitalität und Energie freisetzte. In Freital war Bewegung, Tempo, Zuversicht – trotz aller bedrückenden ökonomischen Krisen. Denn diese Stadt hatte eine homogene Klassenstruktur, eine hegemoniale Gruppenkultur, eine dominierende politische Ideologie und eine aus alledem resultierende spezifische politische Utopie ihrer selbst. Übrigens: Klassenkampf und Radikalismus gebar diese Konstellation dagegen nicht. Freital war eine Stadt ohne politische Gewalt mit einer hoch verantwortungsbewussten kommunalpolitischen Elite aus gemäßigten, kooperationsfähigen Reformisten. Lagerstrukturen mussten also keineswegs die Demokratie unterminieren; sie konnten sie vielmehr mit ihren sinnstiftenden Perspektiven, ihren Bindekräften und Aktivitätsenergien fundieren und stabilisieren. Freital war dafür ein schönes Beispiel. Die Nationalsozialisten jedenfalls kamen hier nicht weit, blieben bei den letzten Wahlen der Weimarer Republik um 15 Prozentpunkte hinter ihrem Reichsdurchschnitt zurück. Hätte es nur Freitals in Deutschland gegeben, die Hitler-Diktatur wäre der Welt erspart geblieben.

An den Braunen ging das Rote im „Plauenschen Grund" auch zwischen 1933 und 1945 nicht zugrunde. Die sozialdemokratischen Mentalitäten wurden in diesen 12 Jahren wohl brutal unterdrückt, stigmatisiert und kriminalisiert, aber sie überlebten nahezu unbeschädigt. Kaum waren die Nazis weg, waren die Sozialdemokraten wieder vollständig da. Erneut schlossen sich weit über 3000 Freitaler der rekonstituierten SPD an. Und auch bei den für lange Jahrzehnte letzten halbwegs freien Wahlen im Osten, im Herbst 1946, votierten zweidrittel der Freitaler Wähler für die frisch gegründete SED. Das entsprach ziemlich exakt dem Ergebnis, auf das Sozialdemokraten und Kommunisten in den Weimarer Jahren in dieser Stadt zusammen gekommen waren – und es war das Spitzenergebnis für die Einheitssozialisten in Sachsen schlechthin.

Verfall und Tragödie

Doch mit der SED begann die Tragödie von Freital und der Sozialdemokratie. Am Ende der SED-Herrschaft war von der sozialdemokratischen Tradition, war von der großen munizipalsozialistischen Idee der Stadt nichts, aber auch gar nichts mehr übrig geblieben. Selbst die Erinnerungen daran waren zum Ende der 1980er Jahre nachgerade komplett ausgelöscht. Einen derartig fundamentalen politischen Mentalitätswechsel in der Bevölkerung wie hier kann man in den modernen europäischen Gesellschaften des 20. Jahrhunderts wohl kein zweites Mal beobachten. Im Tal des Plauenschen Grundes hatten sich die meisten der dort lebenden Menschen über mehrere Jahrzehnte, vom Kaiserreich bis zur frühen SBZ, alles Heil vom Sozialismus versprochen. Und als der Sozialismus dann in Gestalt der SED über sie real hereinbrach, reagierten sie bald bitter enttäuscht. Da gerade hier, in Freital, in der Hochburg der deutschen Sozialdemokratie, die Erwartungen auf die befreiende und erlösende Kraft des Sozialismus besonders hoch gesteckt waren, daher mussten besonders hier auch die negativen Entwicklungen in den DDR-Jahren eine ausgeprägte, tiefe Frustration erzeugen.

Und die Enttäuschung richtete sich von Beginn an ebenfalls gegen die sozialdemokratische Tradition. Denn die Freitaler SED schien zunächst in ihrem Kern die alte Freitaler SPD. Schließlich waren im Frühjahr 1946 über 3000 Sozialdemokraten der neuen Einheitspartei geschlossen beigetreten. Die alten Sozialdemokraten stellten, bis sie 1950 kaltgestellt wurden, anfangs auch die kommunalpolitische Elite der neuen SED. Überall im Stadtgebiet traf man auf die bekannten Sozialdemokraten von einst – nun allerdings mit dem Abzeichen der SED auf dem Revers. Überdies waren gerade in den ersten Jahren der „Volksdemokratie" viele frühere Funktionäre der SPD aus der Facharbeiterschaft sozial aufgestiegen, hatten das Proletariat verlassen und waren zu Lehrern, Staatsanwälten, Richtern, Betriebsleitern und dergleichen mehr avanciert. Bei den zurückgebliebenen Arbeitern waren die neuen arrivierten Einheitssozialisten allmählich verhasst. Die Verdrossenheit über den Realsozialismus übersetzte sich in Freital in Distanz und Abschied von den alten sozialdemokratischen Neigungen. Dass es in den ersten Jahren der DDR noch zahlreiche frühere sozialdemokratische Funktionäre gab, die ebenso bitter und scharf ablehnend über das neue Regime urteilten, wurde schließlich nicht bekannt, wurde nicht publik – und konnte es nicht. Ein spezifischer sozialdemokratischer Antikommunismus war unter den Bedingungen der Diktatur nicht organisierbar und kommunizierbar. So individualisierte die sozialdemokratische Gesinnung, blieb verborgene Privatmeinung von Einzelnen, verlor den so wichtigen sozialdemokratischen Movens der Kollektivität, starb schließlich mit ihren Trägern im Laufe der 1960er und 1970er Jahre weg.

Auch die städtebaulichen Prunkstücke des sozialdemokratischen Gemeindesozialismus, die Siedlungen, zerfielen in den 40 Jahren der DDR-Gesellschaft. Es wurde damals nicht viel saniert und instand gesetzt, vor allem nicht im sächsischen Osten. Der Zustand der Siedlungen war dann symptomatisch für den Zustand der Stadt. Das einst lebendige Freital, das doch Musterkommune für ganz Deutschland hatte werden wollen, verlor alle Vitalität, jeden Ehrgeiz, seine ursprüngliche Vision. Freital verödete, kam herunter, wurde Ort der Depression und Hoffnungslosigkeit.

Als dann 1989 die DDR implodierte, waren alle früheren sozialdemokratischen Einstellungen, Orientierungen, Kulturen aus dem Tal verschwunden. Es existierte nichts mehr, woran eine neu gegründete Sozialdemokratie hätte anknüpfen können. So fanden sich lediglich ein paar Individualisten, aus dem protestantischen Bereich, zur neuen Sozialdemokratischen Partei zusammen. Von der imposanten Geschichte der Freitaler SPD hatten sie nie ein Wort gehört. Und wie hätten sie es auch nur erahnen sollen? Denn nichts war in Freital mehr rot. Als die kleine Truppe der neuen Freitaler Sozialdemokratie – 20 etwa – Anfang 1990 ihren ersten Wahlkampfstand in der Stadt aufstellte, wurde sie ausgebuht, angepöbelt, als „rote Schweine" beschimpft. Der Ausgang der ersten freien Wahlen nach etlichen Jahrzehnten zur Volkskammer im März 1990, wurde dann zum Desaster, gleichsam zur historischen Tragödie für die Sozialdemokratie in Freital. 9,8 % der Stimmen bekam die SPD hier in ihrer früheren Hochburg, die sie als Stadt begründet und die sie in ihren ersten 10 Jahren mit Energie, Organisationskraft, Phantasie und einer ambitiösen Leitidee zu einer renommierten Musterkommune ausgebaut hatte.

2. Stimmungsbild vor Ort. Exkursion durch Freital im März 2003

Szenenwechsel: Freital im Jahre 2003. Die Stadt regiert ein CDU-Oberbürgermeister, der auf eine eigene absolute Mehrheit im Stadtrat zurückgreifen kann. Die SPD ist in dem 34-köpfigen Stadtparlament nur noch durch zwei Parteimitglieder vertreten. Im internen, roten Wettkampf mit der PDS zieht sie meist den Kürzeren. Bei der Sächsischen Landtagswahl 1999 hat die einstige Stadtgründungspartei mit 7,3 % ihren bisherigen Tiefstand erreicht. Eine Volkspartei sieht anders aus – unwürdige Zustände für die frühere sozialdemokratische Musterkommune.

Dabei entspricht sie durchaus dem Landestrend. Sachsen und die SPD – da scheint seit 1989 nicht mehr zusammenzupassen, was ursprünglich zusammen gehörte. In keinem Bundesland ist die SPD-Mitgliederdichte so niedrig wie hier. Bei jener Wahl 1999 fuhr die Landespartei das bislang schlechteste SPD-Wahlergebnis in der bundesrepublikanischen Geschichte ein. Bereits im Wendejahr mussten Wahlforscher, die auf Grund der sozialdemokratischen Tradition einen klaren Vorsprung der SPD vorhersahen, erkennen, dass die 70-jährige Wahlpause das Wahlverhalten der Sachsen fulminant verändert hat: Entgegen allen Prognosen wurde die CDU Staatspartei. Sie stellte von Anbeginn die Spitzenrepräsentanten, installierte die Verwaltung, besetzte Posten. Sie war, mit Auftrag des Wählers, alleinverantwortlich für einen Transformationsprozess, der das Leben, der Infrastruktur, Bildungswesen, Justiz, grundlegend ändern sollte.

An dieser hegemonialen Stellung hat sich bis heute wenig geändert. Nicht nur in Freital, in vielen Kommunen Sachsens sind satte CDU-Mehrheiten keine Seltenheit. Aber wie konnte es dazu kommen, was hat die SPD für den Wähler unattraktiv gemacht? Woraus zieht die CDU ihre Kraft, wie füllt sie das rote Vakuum aus? Wo ließe sich diesen Fragen besser nachgehen, als im „Tal der Arbeit"? Also, auf zur Exkursion in die frühere Hochburg, auf nach Freital!

Das Tal

„Ich habe die Nazis und die SED überlebt. Warum sollte ich mich auf irgendetwas Anfang Weimar berufen?" Der ältere Herr sieht ungehalten aus, er wirkt provoziert. So als habe man einen wunden Punkt getroffen. „Lassen Sie mich mit den Roten in Ruhe!" Ende der Unterredung. Puh, die erste Spontanbefragung ist gleich fehlgeschlagen. Hoffentlich reagieren nicht alle so schroff in dieser 40.000-Einwohner großen Stadt. Streng genommen ist Freital keine richtige, geschlossene Stadt. Die Struktur wird ihr von der Natur vorgegeben: Ein lang gestrecktes Tal, in dem Arbeiter- und Bauerndörfer im Zuge der Industrialisierung immer mehr zusammengewachsen oder später zwangseingemeindet worden sind. Gegliedert und verbunden werden die einzelnen Ortsteile durch die Eisenbahnlinie und die Straße nach Dresden.

Tagsüber ist die kilometerlange Dresdener Straße eine vielbefahrene Verkehrsader. Die Pendler des Kreises müssen auf ihr die die Talsohle durchschneidende Bandwurmstadt passieren, um die wenige Minuten entfernte Landeshauptstadt zu erreichen. Autolärm, Abgase, Staus von 8 bis 18 Uhr sind die Folgen des tagtäglichen Transitverkehrs. Anhalten hingegen tut kaum jemand. Wo auch? Freital ist eine kernlose Stadt, ein Zentrum gibt es nach wie vor nicht. Ungefähr auf mittlerer Höhe ist zwar ein größerer Platz, der sich auch Neumarkt nennt, aber der hat mit der gewöhnlichen Vorstellung von Marktplätzen nichts gemein. Auf dem Areal befindet sich ein großzügig angelegter, meist menschenleerer Busbahnhof.

Ganze Häuserblöcke sind verwaist, eine Vielzahl von Schaufenstern ist leer. In manchen hängt noch die Werbedekoration oder der Name des letzten Inhabers. Früher, so erzählen die wenigen resistenten Händler, sei das alles ganz anders gewesen. Die Dresdener Straße war einst eine regional beliebte Einkaufsstraße. Selbst die feinen Landeshauptstädter haben ihre Metropole verlassen, um in Freital zu shoppen, zu bummeln, Kaffee zu trinken. „Aber das hat mit der Wende schlagartig aufgehört". Die Inhaberin des Modeladens ist bekümmert. Auch ihr Geschäft wird in wenigen Wochen schließen. Dabei kann man hier richtige Schnäppchen machen, aber selbst diese Dumpingpreise konnten nicht verhindern, dass die Kaufkraft kompromisslos und zusehends das Tal verließ. „Zu DDR-Zeiten haben sie uns hier die Bude eingerannt."

Sie ist weitverbreitet in Freital, diese adverbiale Bestimmung, „zu DDR-Zeiten". Das Selbstverständnis der Stadt scheint sich seit der Wende gewandelt zu haben. Man hat mit der einstigen Flaniermeile nicht nur an Prestige verloren, sondern, und das schmerzt die Freitaler noch viel mehr, das einstige Tal der Arbeit degenerierte in wenigen Jahren zum Tal der Arbeitslosen. Der Hauptarbeitgeber, das Edelstahlwerk, musste von 5000 auf gerade 680 Arbeitsplätze abbauen. Die von Freitalern liebevoll „Porzelline" genannte, einst stolze und weltbekannte Dresdener Porzellanmanufaktur vegetiert vor sich hin. Ausländische Investoren haben hier Schindluder betrieben, so die verbreitete Meinung. Auch auf die Treuhand ist man nicht gut zu sprechen, seit riesige Industriebrachen das Stadtbild dominieren. Nur noch wenige Schlote rauchen in der Stadt, die vormals ‚Stadt der 1000 Schornsteine' genannt wurde. Die Freitaler fühlen sich ihrer Identität als Industriestädter beraubt. Die unmittelbar nach 1989 beginnenden Massenentlassungen trübten die nur kurz auflodernde Nachwendeeuphorie jäh und unwiderruflich. Viele, die im Deutschen Herbst gemeinsam gegen die DDR auf die Straße gegangen waren, fanden sich nur kurze Zeit später zum Protestmarsch gegen die Arbeitslosigkeit zusammen, diesmal indes weniger erfolgreich.

Abends ist es auf der Dresdener Straße gespenstisch. Weder Autos noch Menschen sind zu sehen, der Verkehr geht gegen Null. Viele Fenster sind schwarz, ein Teil der dringend sanierungsbedürftigen Wohnungen steht leer. Der „Goldene Löwe", einst legendärer Versammlungsort sozialdemokratischer Gemütlich- und Parteilichkeit, ist verriegelt, verschmutzt, funktionslos. Cafés, Kneipen oder Diskos? Fehlanzeige. Die Jugendlichen zieht es ohnehin nach Dresden. Sie mögen ihre Heimatstadt nicht. Darauf angesprochen, was sie an Freital schätzen, wie sie ihre Stadt charakterisieren würden, ist die Standardantwort meist ein Achselzucken. Oder sie listen auf, was Freital alles fehlt, im Gegensatz zu Dresden oder zu Westdeutschland. Kaum einer macht sich die Mühe, sein lokalpatriotisches Unbehagen zu rechtfertigen. Die Freitaler definieren ihre Stadt entweder darüber, wie sie einmal war, oder wie sie im Gegensatz zu anderen nicht ist. Beide Male ist es keine positive Analyse der Heimatstadt, sondern eine Identitätssuche, die scheinbar nur ex negativo möglich ist.

In einer Bahnhofsgaststätte haben sich eine Hand voll Studenten und ein gutes Dutzend Senioren versammelt. Die SPD Freital tagt. So öde, so herz- und leblos wie die Dresdener Straße wirkt die einstige Stadtgründerpartei. Wo früher 3.600 eingetragene Mitglieder die SPD zum Stadthegemon machten, sind heute gerade 44 Hartgesottene unter dem sozialdemokratischen Label vereint. Mehr als die Hälfte, darunter auch die beiden verbliebenen Mitglieder der Stadtratsfraktion, schwänzt den Parteitreff. Die Studenten spielen gelangweilt mit ihren Handys und schmunzeln sich verdeckt zu, wenn sich einer der Parteioldies zu heftig echauffiert. Die Unlust auf wirkliche Auseinandersetzungen ist greifbar.

Kaum einer kennt die ruhmreiche rote Vergangenheit, die symbiotische Beziehung von Stadt und Partei, die Gründungsväter und Taufpaten Freitals. Der Vorsitzende, ein schornsteinfegender, ausnahmsweise 44 Jahre alter Wessi, kommentiert stellvertretend: „Mich interessiert die Tradition nicht." Obgleich vereinzelte Mitglieder aus alten SPD-Familien stammen, ist keine unmittelbare Kontinuität zu erkennen, da sie eher gegen als wegen ihrer Familien nach 89 in die SPD kamen. Nicht wenige der Weimarer Funktionäre identifizierten sich ab 1946 mit dem SED-Staat. Über Politik wurde nach dem Krieg in den meisten Familien nur noch selten gesprochen, erst recht nicht über die SPD. Der scheinbar fließende Übergang von SPD zu SED diskreditierte auch ureigene sozialdemokratische Symbole und Rhetorik. Rote Flaggen oder die Anrede „Genosse" waren spätestens nach 89 nicht mehr en vogue. Also, warum auf etwas berufen, was wenig positive Konnotationen auslöst? Man hat genug andere Probleme.

Zwar konnte die SPD für sieben Jahre den Freitaler Oberbürgermeister stellen, nachdem die CDU in den frühen Nachwendejahren gleich drei verschiedene Probanden verschlissen hatte. Aber die SPD-Führungscrew wollte 2001 nicht wieder kandidieren, es gab Zerwürfnisse und Vorfreude auf die Rente. Die kurze rote Renaissance hat der Partei jedenfalls keinen Schub gebracht. Es fehlt der stadtbekannte Mittelstand und die meinungsmachenden Mittelalten. Sie hat nichts mehr von dem, was sie einst stark machte: keine Organisation, keine Verankerung im Freizeitwesen, keine stadtbekannte kommunalpolitische Elite. Ihr Bild wird geprägt von introvertierten Naturwissenschaftlern, meist Ingenieure, die sich zu DDR-Zeiten in ihren Nischen eingerichtet hatten. Außenseiter und Individualisten ohne Organisationserfahrung, die gegenüber den anderen Ostparteien nicht auf bereits vorhandene Blockstrukturen zurückgreifen konnten. 89 war für die SPD ein Kaltstart zu ungleichen Wettbewerbsbedingungen. Ehemalige SED-Mitglieder, die sich angeboten und aufgedrängt haben, wollte man nicht aufnehmen.

Wie lange die Studentenschar der SPD-Gruppe wenigstens noch etwas Vitalität einhaucht, ist ungewiss. Nach dem Studium zieht es die meisten weg, viele wohnen jetzt schon in Dresden. „In Freital gibt es keine guten, intellektuellen Jobs." Die mandatsarme Partei wird sie kaum finanzieren können. Außerdem frustriert sie der Spott der Gleichaltrigen, wie man sich überhaupt und speziell bei den Roten politisch engagieren kann, und sie nervt die generelle Inkompatibilität Freitals zur aktiven Parteiarbeit: „Wo sollen wir uns denn auf der blöden Dresdener Straße hinstellen? Es kommt eh kein Schwein vorbei." Bei den Grünen ist man nicht, „weil die von ihrer Struktur her noch bedauerlicher sind als die SPD. Die haben im ganzen Kreis vielleicht zehn Leute."

Die paar Freitaler, die sich trotz zum Teil öffentlicher Ächtung zu ihrer Partei bekennen, die versuchen, die SPD irgendwie am Leben zu erhalten, sind vieles: wacker, leidensfähig und nicht zu beneiden. Aber eines sind sie sicher nicht: kulturfähig oder gar identitätsstiftend.

Gibt es aber überhaupt keine rote Kultur mehr im Plauenschen Grund? Über mehr Relevanz und öffentliche Repräsentanz scheint zumindest, betrachtet man die direkten Personenwahlergebnisse, die PDS zu verfügen. Ihre Spitzenkandidaten erzielten bei der letzten Gemeinderatswahl bis zu dreimal mehr Stimmen als die beste Sozialdemokratin, die abgeschlagen auf Platz 12 landete. Das Urteil des PDS-Fraktionsvorsitzenden über die rote Konkurrenzpartei ist vernichtend: „Die haben keine Meinung, zu nichts." Die PDS hingegen sei „vor Ort", kenne „die Nöte", spreche „die Sprache". Er hat insofern recht, als von den vielen befragten Politikern einzig die beiden PDS-Spitzenfunktionäre so schonungslos stellvertretend das artikulieren, was zuhauf von den stichprobenartig befragten Menschen auf der (Dresdner) Straße vermisst wird: Meist geht es dabei um soft issues wie Zeit für Kinder und Kultur, die organisierte Freizeitgestaltung, früher nicht existierende Übel wie Neid, Konkurrenzdenken unter früheren Kumpels oder Geburtenrückgang. Manchmal ist es auch die stolze, selbstgerechte Verteidigung des untergegangenen Staates und der darin innegehabten Funktion, Selbstgewissheit oder Akzeptanz. Die PDS bietet Orientierung und Meinung, so kontrovers sie auch sein mag. Aber auch diese Identität ist geprägt von der erfahrenen Verschlechterung und dem Gefühl im falschen Staatskörper zu stecken. Eine nostalgische Energie immerhin, aber wie zukunftsfähig sie ist, auf wie viele Generationen sie sich übertragen lässt, muss sich erst zeigen. Vermutlich ist die DDR in Freital eines Tages genau so vergessen wie heute die Weimarer Republik. Die hiesige, teils leer stehende Plattenbausiedlung wirkt bereits jetzt wie ein gewaltiges, anachronistisches Relikt.

Aber was hält die Stadt dann im Innersten zusammen? Gesucht wird ein progressiver Geist, eine bejahende Idee, die der Stadt ein Antlitz verleiht. Muss nicht zwingend ein rotes sein. Aber auch im gegnerischen Lager herrscht Verlegenheit bei der positiven Standortbestimmung: „In Freital gibt es keine richtige Bürgerschaft", so ein CDU-Pfarrer. 80 Prozent der Einwohner sind Atheisten, das Theater besucht kaum einer, gutbürgerliche Gastronomie gibt es nicht. Und das Vereinsleben oder die Stadtfeste, einst integrativer Quell roter Lebensfreude? Dümpeln vor sich hin oder konzentrieren sich auf die einzelnen Stadtteile. Überhaupt ist die Konkurrenz unter den einzelnen Gemeinden ausgeprägt. Manche fühlten sich durch die Zwangseingemeindung zu DDR-Zeiten „regelrecht vergewaltigt". Um so stärker ist seit der Wende der Wunsch nach Autonomie, Entkollektivierung und Unterscheidbarkeit vorhanden. Um jeden Kindergarten, um jedes Löschfahrzeug, um jeden Busfahrplan liefern sich die städtischen Subsequenzen erbittertes Gezänk.

Die Höhen

Freital hat natürlich auch eine andere Seite. Oder viel mehr: eine andere Höhe. Diese blitzt und blinkt im Design der Neunziger: gläsern und hellholzig, deckweiß oder neonfarben. Die ersten, die in Freital nach der Wende wortwörtlich ihre Zelte aufschlugen waren die großen westdeutschen Handelsketten. Zunächst unter großen Planen, später in eilig auf der grünen Wiese hochgezogenen Einkaufszentren führten toom, real & Co die Freitaler herrlichen Konsumzeiten entgegen. Und zogen so das Leben und die Kunden aus der Stadt. Ja, denn hier ist richtig was los! Im Viertelstundentakt rollen überfüllte Busse zu den bis zu 50 Geschäfte umfassenden Megastores. Die Autos auf den mehrflächigen Parkdecks stehen dicht gedrängt. Hektik zwischen Imbissstuben, Veranstaltungen für Kinder, Biker-Treffen, Autohäusern, Werbeplakaten für Erotikmessen, Teenagern mit Skateboards. Die Freitaler haben eine neue Form der Geselligkeit gefunden: ungezwungen, oberflächlich, mobil.

Während das Tal verödete, explodierte die Entwicklung in einigen auf den umschließenden Anhöhen liegenden Gemeinden regelrecht. Hier entstanden schmucke Reihen- und Einfamilienhäuser, Sportanlagen, Schulen,

Vereinshäuser, 4-Sterne-Hotels, Ortszentren. Der neue gehobene Mittelstand Dresdens besiedelte nach der Wende die Ausläufer Freitals. „Von hier oben", zeigt die stolze Neuhausbesitzerin, „hat man doch auch wirklich einen herrlich idyllischen Blick auf das friedliche dämmernde Tal."

Ein Dorf im Speckgürtel wurde zum besonderen Wendegewinner: Erst 1999 eingemeindet, ist Pesterwitz die wohl zufriedenste und modernste Gemeinde Freitals. Von hier dauert es nur wenige Autominuten länger nach Dresden als nach Freital City, hier ist die Einwohnerzahl ständig gestiegen. Neue Straßen, Häuser, soziale Einrichtungen so weit das Auge reicht. Vorangetrieben hat diese Entwicklung der damals parteilose Ortsvorsteher, Mitinitiator der hiesigen Bürgerbewegung und gleichzeitig federführende Projektentwickler. Es waren zum Teil ganz profane Nachholbedürfnisse, die sein Infrastrukturprozess befriedigte – so erlöste er die Dorfbewohner von den verhassten Trockentoiletten und Holperstraßen – die ihm die Sympathien und Wählerstimmen zufliegen ließen. Für die Freitaler wurde der benachbarte Bauherr zum Signifikanten des Kapitalismus, sein Dorf zur neuen Musterkommune. Mittlerweile grüßt er als Freitaler Oberbürgermeister.

Bezeichnenderweise brachte ihn keine kollektive Leitidee, sondern die exklusive Vormachtstellung seines Dorfes an die Spitze der Stadt. In Pesterwitz ist man durchaus stolz auf die elitäre Rolle, die man als Projektionsfläche für andere einnimmt und natürlich auf den beförderten Stadthalter, der noch vor seiner OB-Wahl skandierte: „Vergessen Sie Freital unten im Tal! Freital findet auf der Höhe statt. Wenn ein Haus da unten einfällt, bauen wir's ab und machen einen Parkplatz." Die SPD-Politiker üben scharfe Kritik am neuen Freitaler OB. Genau diese Kultivierung des Dezentralen sei Gift für Freital. Außerdem nehme er Menschen, die auch nur in den Dunstkreis der Sozialdemokraten treten, „in Sippenhaft". Wer nicht für ihn ist, sei gegen ihn. In ihren Augen ist er ein unlauterer Populist, der es versteht, Wähler mit Freibier, Kinderherzen mit Schokolade, Konsum- und Mobilitätsjunkies mit „unausgegorenen Plänen" für neue Straßen und Amüsierzentren zu ködern.

„Ihr könnt doch nicht den Einzigen beschimpfen, der was gemacht und vorangebracht hat." In Gönnerlaune geht der Oberbürgermeister auf die vielen Vorwürfe ein; er ist umgänglicher als erwartet. Natürlich ist er ein Populist; er verfügt über eine gewisse Herzlichkeit, Unterhaltsamkeit, Unbedarftheit und Skrupellosigkeit, wie sie partiell der SPD auch nicht schaden könnte.

Der Mittelstadtfürst steht jetzt in der Bringschuld. Das, was er in Pesterwitz vorangebracht hat – er trat 1990 mit dem Leitsatz an, „das mach ich zum Dorf wie im Westen" –, muss er jetzt auf größerer und (räumlich) tieferer Ebene nachholen. Der „dicke Dorfschulze" ist nunmehr für die Gesamtgestaltung Freitals verantwortlich. Die Macht des Turbo-Kapitalisten steht aber, wie so oft bei emporgeschossenen Aufsteigern, die im Ernstfall nicht auf ein umfangreiches, langjährig gewachsenes Loyalitätsnetz zurückgreifen können, auf wackligen Füßen. In der CDU, der er mittlerweile beigetreten ist, rumort es schon. Auch vielen Christdemokraten ist er zu unkultiviert, hemdsärmlig und neureich, insgesamt zu wenig linientreu. Auch drücken ihn inzwischen Bankverbindlichkeiten. Die Zeiten sind nicht mehr so rosig für Wendegewinner und Westadapter wie unmittelbar nach 89. Nicht nur die Investoren sind vorsichtiger geworden.

Und wie ist das nun mit der Stadtidentität? Konstruieren, an den Haaren herbeiziehen kann man ein verbindliches, urbanes Selbstverständnis nicht. So ihr's nicht spürt, ihr werdet's nie erjagen. Es gibt Bestrebungen, die historischen Besonder- und Berühmtheiten Freitals progressiv zu vermarkten. Schließlich haben die erste Ballonfahrerin Deutschlands und auch Otto Lilienthal hier gelebt. Außerdem kommt eine ganze, die Stadt einst ausmachende Industrie allmählich ins museumsfähige Alter. Es bleibt abzuwarten, ob Freital über die Musealisierung den Weg zurück in die Zukunft findet.

Der Lokaljournalist ist da skeptisch. Er hat keine großen Hoffnungen für Freital. Er bündelt noch mal die ganze Antipathie der darin lebenden und arbeitenden Bevölkerung mit einem fatalistischen Fazit: „Ich finde Freital nicht schön; Kultur findet hier auch keine statt. Konsequenterweise müsste Freital ein Stadtteil von Dresden sein. Dann hätten wir wenigstens ein Zentrum, in Dresden." Finanziell könnte sich eine Eingliederung lohnen. Vermissen würde doch ohnehin keiner was.

Armes Freital. Kaum einer der Freitaler fühlt sich als solcher. Die Stadt lebt in ihren Untereinheiten. Nur, wie lange noch? Besteht überhaupt noch Bedarf für die Stadt, die 1921 von der SPD ausgebrütet worden ist? Viele Tränen, so hat es den Anschein, würde dem ungeliebten Konstrukt niemand nachweinen. Pünktlich zum 75. Stadtjubiläum konnte die SPD in ihrer Stadt noch einmal den OB stellen. Ob Freital den 100. Geburtstag noch erleben wird, ist fraglich. Mit dem Verlust Freitals als politischer Einheit wären die alten SPD-Gründungsväter auch posthum gescheitert.

3. Was bleibt, was wird? Bilanz und Ausblick

Freital im 13. Jahr der deutschen Vereinigung ist eine nahezu entstrukturierte Stadt. Der Prozess dorthin begann in der zweiten Hälfte der 1940er Jahre, angetrieben von der SED, aber er setzte sich, aus ganz anderen Motiven gewiss, nach 1989 mit Aplomb fort. Und das zerstörte die ursprüngliche sozialdemokratische Musterkommune. In der Weimarer Modellstadt eines republikanischen Wohlfahrtsprojekts gab noch eine kommunalpolitische Elite den Ton an, die im Ort fest verwurzelt war, ihr Handwerk gründlich gelernt hatte, in ihrem Tun durch die Sozialmoral des politischen Herkunftsmilieus geprägt war. Die Vitalität der früheren sozialdemokratischen Stadt basierte auf ein weit ausgeworfenes, dabei dicht verknüpftes Organisations- und Vereinsnetz, an dem über Jahrzehnte kontinuierlich gewoben wurde. Und das Selbstbewusstsein der Stadt Freital in den Weimarer Jahren resultierte aus der Reformidee des kommunalpolitischen Alternativprojekts, das den Ehrgeiz der Einwohner anstachelte und sie zu einer aktiven Bürgerschaft zusammenfügte. Eben das machte Lebendigkeit und Kohäsion, Energie und Zielsicherheit von Freital aus: Die Stadt hatte feste Strukturen, Traditionen, einen sozialmoralischen Fundus und eine aus eben diesen Quellen gespeiste Zukunftsmission.

Doch nichts davon existiert im Jahr 2003 noch. Für die SED wäre ein autonom-reformistischer Kommunalismus und Milieuzusammenhang eine dauernde Gefahrenquelle des absoluten Herrschaftsanspruchs gewesen. So zerschlugen die kommunistischen Machtinhaber erst die sozialdemokratische Kommunalelite (und schickten fortan in kurzen Abständen immer neue, ortsfremde Parteisekretäre und Bürgermeister nach Freital), dann das alte sozialdemokratische Vereinswesen, schließlich die kommunale Selbstverwaltung und letztendlich mit alledem die sozialdemokratische Leitperspektive einer reformistisch-republikanischen Wohlfahrtlichkeit. Nach 1989 ging die Deregulierung der Stadt forciert weiter, nun nicht aus Gründen der politischen Machtsicherung, sondern als Folge kühler Marktprozesse.

Heute jedenfalls ist Freital ganz und gar enthistorisiert und dereguliert. Radikalmodernisierer müssten sich freuen. Die Stadt ist ohne den Ballast von schweren Traditionen; sie ist nicht beladen durch überhängige Strukturen, überkommene sozialmoralische Fixierungen, tradierte Kollektivitäten. Freital hat sich aller Bindungen, Erinnerungen, Mythen und Integrationsideologien vollständig entledigt. Die Freitaler Einwohnerschaft ist gänzlich individualisiert. Also müsste Freital jetzt eigentlich wunderschön modern, offen, lebendig, innovationsfreudig, tatendurstig, heiter veranlagt sein. Aber so ist es nicht. Freital hat mit dem Verlust der Geschichte, der Tradition, der Gründungsmission seinen Integrationskern verloren, der es überhaupt erst zur Stadt werden ließ und die Einwohner zur Bürgerschaft verknüpfte. Und im neuen Vakuum entstand dann Raum für Kleinstadtpopulisten, die in Freital nach 1990 immer wieder periodisch und schnell nach oben kamen, kühne Versprechungen machten, dann nach allerlei Pannen und Pleiten wieder im Nichts verschwanden.

Im Grunde ist Freital in die Vorgründerzeit der Stadt zurückgefallen. Die Freitaler des Jahres 2003 fühlen sich nicht mehr als Freitaler, sondern wieder als Potschapler, Deubener, Döhlener etc. Sie erleben und erleiden jetzt die Zersiedlung ihrer Stadt, weil sie über einen kulturellen und kollektiven Integrationsstoff nicht mehr verfügen. Freital hat durch die Deregulierung der eigenen Geschichte und Strukturen seine Vergangenheit, seine Mitte, und seinen Zukunftssinn eingebüßt. Und daher steckt die Stadt in Schwermut und Antriebslosigkeit. In den 20er Jahren waren noch tausende von Freitalern Abend für Abend unterwegs, zu den Veranstaltungen des sozialistischen Kulturwesens, in den zahlreichen Arbeiterkneipen, auf Bildungskursen. Heute ist Freital nach 18 Uhr leer, ausgestorben, tot.

Und vielleicht ist Freital auch als Stadt bald eliminiert. Jedenfalls zirkulieren Pläne, die Stadt im Plauenschen Grund nach Dresden einzugemeinden. Kaum jemand in Freital stört sich daran oder empört sich gar darüber. Das wäre dann das Ende einer Geschichte, die vor gut 80 Jahren mit so viel Mut, Stolz und Zuversicht begonnen hatte. Aber so ist es wohl: Als Stadt mit eigenem Anspruch, eigener Sozialmoral, eigener Zielsetzung hatte Freital in der Tat auch eine eigene, besondere Existenzberechtigung. Aber als destrukturierter Ort in einer deregulierten Umwelt kann die Stadt getrost verschwinden, ohne dass es weiter auffällt, ohne dass es einen Verlust bedeutet.

Nicht in allen Fällen, so möchte man zusammenfassen, führt die Enttraditionalisierung und Dekomposition überlieferter Strukturen zur neuen Freiheit und Kreativität. Oft genug führt die Deregulierung des Herkömmlichen allein zur kulturellen Nivellierung, zur Entkernung je besonderer Identitäten, zur politischen und geistigen Gleichmacherei. Gesellschaften verlieren so an Farbe und an Inseln des Eigensinns, auch des Experiments. Vielleicht kann ja das der Westen vom modernisierten Osten lernen.

Auf der anderen Seite mag ja auch das Wehklagen über den Struktur-Verlust wenig helfen. Auch eine andere Lehre ließe sich vielleicht aus dem

Freitaler Fallbeispiel ziehen. Der Osten Deutschlands befindet sich noch immer in seiner Orientierungsphase. Das zeigen die ständigen Strukturgebietsreformen, das schwankende Wahlverhalten (bei der letzten Bundestagswahl wählten die Freitaler immerhin mit bis zu über 30 Prozent die SPD), der konträre Umgang mit der eigenen und der kollektiven Vergangenheit. Eine robuste Struktur muss sich erst mühsam konstituieren – und sich den neuen Bedürfnissen und Paradigmen anpassen. Genau wie die Politik. Die entkollektivierten Freitaler verkörpern neue, postmoderne Werte und Prämissen, für die sie einst, nun ja, sogar auf die Straße gegangen sind: Mobilität, ideologische und räumliche Ungebundenheit, demokratische und konsumische Wahlfreiheit, Stolz auf individuelle Errungenschaften, Diesseitigkeit, Profanität, Statusgedenken ohne Rechtfertigungszwang. Parallel zu all der Trauer über den Verlust des kollegialen, sozialen Umgangs, hat in Freital „Gemeinschaft" eine andere Qualität erreicht, eine neue Form gefunden. Sie wird nun mehr als freiwilliges, ungezwungenes Angebot interpretiert, von dem man wirklich nur dann Gebrauch macht, wenn der Bedarf oder Wunsch besteht. Gemeinsamkeit ist keine unbequeme Staatspflicht mehr. Sie lässt sich seit 1989 ebenso wenig erzwingen wie eine verbindliche, sinnstiftende Stadtidentität. Heute sieht es so aus, als würde aus den Freitaler Ruinen der DDR-Vergangenheit kein neuer Geist auferstehen. Stattdessen treibt eine im Westen bereits allzu gut bekannte materielle, säkularisierte und populistische Gesinnung ihr Unwesen. Allerdings sind Vorbilder, an denen man sich leidenschaftlich abarbeiten oder zu denen man neidvoll aufblicken kann, immer noch besser als gar keine Bilder.

(2003)

V. Abschied von der Toskana: Die Müntefering-SPD

Lust der Mitte

Auf Franz Müntefering, kein Zweifel, lastet eine riesige Bürde. Schon seit Wochen reist er durch die sozialdemokratischen Unterbezirke dieser Republik. Und die bitter enttäuschten Genossen an der Basis empfangen ihn stets wie einen Heiland. Er, nur er, so haben ihm etliche verzweifelte SPD-Mitglieder auf verzweifelten Versammlungen flehentlich zugerufen, könne die Partei noch vor Absturz und Auflösung retten. Denn er, nur er, sei da oben in Berlin im Establishment der regierenden Sozialdemokraten anständig, ehrlich, integer geblieben. Darum solle doch bitte er, nur er, die SPD endlich aus dem Jammertal einer identitätslosen Regierungspartei wieder in das gelobte Land einer geläuterten Programmpartei der sozialen Gerechtigkeit zurückführen.

Eigentlich also kann der Mann nur scheitern. Denn drei Aufgaben müsste Müntefering zugleich lösen. Er muss die Sozialdemokraten regierungs- und zukunftsfähig halten; er muss ihr heftiges Identitätsverlangen stillen; und er muss ihre abtrünnigen Wähler zurückholen. Doch all diese drei Aufgaben stehen in einem heftigen Kontrast zueinander. Und überdies: für alle drei Aufgaben ist Müntefering im Grunde gar nicht der richtige Mann.

Beginnen wir mit der ersten Aufgabe, dem Erhalt der Zukunftsfähigkeit. Natürlich müssen die Sozialdemokraten mit dem fortfahren, was bei den Deutungseliten dieses Landes als Reform und Modernisierung bezeichnet wird. Denn sonst wären ja all die ungeheuren Anstrengungen des Jahres 2003 ganz ohne Sinn gewesen. Die Gesellschaft wäre dann erst recht konfus und richtungslos. In der Wirtschaft gäbe es ohne Zweifel schlimme Rückstöße. Und die Medienkommentatoren der Republik würden heftige Breitseiten gegen die politische und gesellschaftliche Restauration der Sozialdemokratie schießen. So muss sich also Müntefering weiter als der bekehrte Modernisierer geben, als der er seit dem Frühjahr des letzten Jahres schon durch die politische Landschaft stampft. Das immerhin hat einige Edelfedern der „Zeit" hocherfreut. Nur leider hat es der SPD keinen einzigen weiteren Anhänger aus den Modernisierungsschichten zugeführt. Denn die modernen Eliten dieser Republik agieren weiterhin schneller, forscher, rigider, als es Müntefering je vermag. Es ist eine ganz andere habituelle und sprachliche Welt, in der sich die Innovationsmenschen der deutschen Gesellschaft bewegen. In den Modernisierungsmilieus dieses Landes muss man locker englisch parlieren, mit großer Geste von Synergieeffekten reden und sich kalt und höhnisch von der alten Sozialstaatlichkeit verabschieden können, um hier wirklich Resonanz zu finden und Punkte zu sammeln. Auf die Müntefering-SPD werden diese Menschen immer nur mit herablassender Verachtung hinabsehen. So lief das historisch schon immer ab. Hin und wieder brauchte das Bürgertum in schwierigen Zeiten die Scheidemanns, Eberts und Ollenhauers – oder eben die Münteferings. Aber ernsthaft akzeptiert hat die deutsche Bourgeoisie die korrekten, anständigen und verantwortungsbewussten sozialdemokratischen Anführer nie.

Nun weiß das der designierte neue Parteivorsitzende selber gut genug. Müntefering ist in dieser Hinsicht völlig illusionslos. Er weiß vor allem auch, dass er sowieso in erster Linie seine eigene Partei befrieden muss. Aber auch das ist so leicht nicht möglich. Denn die waidwunden Sozialdemokraten sind derzeit auf Sinnsuche; sie möchten wieder eine programmatische Perspektive, fahnden nach einer neuen Vision des Reformistischen. Doch wie soll ihnen das ausgerechnet Müntefering geben? Der künftige Parteivorsitzende ist gewiss ein großer Organisator, ein zweifelsohne willensstarker, durchsetzungsfähiger Sekretär der Politik. Aber ein reflexiver Theoretiker, inspirierender Sinnstifter, begeisternder Ideenlieferant ist er nie gewesen, wollte er auch nie sein, wird er auch künftig natürlich nicht mehr werden.

Doch selbst wenn es anders wäre, woher, um Bebels und Brandts willen, sollte die neue Vision des Sozialdemokratischen denn eigentlich herkommen? Wenn Parteien erst soweit sind, jammernd nach Programmen zu rufen, händeringend die verflossene Utopie gleichsam per Parteitagsresolution wieder einzufordern, ist die Lage in aller Regel völlig aussichtslos. Denn natürlich entstehen große politische Ziele, wachsen farbenprächtige Leitbilder, leuchtende Metaphern und wertstabile Normen nicht in quotierten Programmkommissionen, sind nicht das Ergebnis zäher, kompromissdurchwirkter Debatten. Das wuchtige politische Ethos ist immer Ausdruck wirklicher Bewegung und eines elementaren Drangs, ist Ausfluss von wilden Leidenschaften, von ungezügelten Aufwallungen der Empörung, des Aufbegehrens, der Sehnsüchte.

Aber die Sozialdemokraten des Jahres 2004 haben keine Leidenschaften mehr. Sie empören sich nicht wirklich über den Zustand der Republik. Sie drängen nicht ernsthaft nach neuen Ufern. Eben deshalb haben sie keine Vision, kein Bild, keine Vorstellung des ganz anderen. Die Sozialdemokraten des Jahres 2004 sind Menschen, die längst angekommen sind, arriviert, durchaus wohlständig, im Kern saturiert. Doch weigern sie sich merkwürdigerweise, ihre gesellschaftliche Position, ihre soziale Lage und ihren kulturellen Ort auf den politischen Begriff zu bringen. Sie sind bundesdeutsche „Mitte", aber sie wollen das partout nicht aussprechen und sich eingestehen. Sie befinden sich im wirklichen Leben keineswegs im quälenden oder gar kämpferischen Hader mit der bürgerlichen Gesellschaft, sie tun aber in papierenen, routiniert verfassten Parteitagsresolutionen so, als wären sie nach wie vor die Emanzipationskraft der Entrechteten. Die Sozialdemokraten der Geburtsjahrgänge 1941 bis 1945, die weiterhin die mit Abstand stärksten Bataillone in der Partei und ihrem Funktionärskorps bilden, haben vor dreißig oder fünfunddreißig Jahren ihre politische Biographie kritisch, oppositionell, kämpferisch begonnen. Das hat sie sozial, gesellschaftlich, auch politisch weit geführt, das hat sie erfolgreich aufsteigen lassen, hat sie am Ende gesellschaftlich integriert – und schließlich verändert. Doch schauen sie immer wieder melancholisch auf ihren lebensgeschichtlichen Ursprungsimpuls zurück, auch wenn nichts davon ihr gegenwärtiges Handeln noch bewegt. Sozialdemokratische Parteiführer sollen daher immer wieder zumindest programmatisch noch für die Vision sorgen, die im eigenen, eingerichteten Leben längst keine Rolle mehr spielt. In einer gewissen Weise ist Schröder an dieser nahezu pubertären Unreife einer politischen Partei und aufgestiegenen Mittelschichtigkeit gescheitert. Indes: Warum sollte es Müntefering nunmehr anders ergehen?

Müntefering – gesellschaftliche Mitte und sozialer Ausgleich

Da ist schließlich noch die dritte Aufgabe, die Müntefering lösen muss: die Rückholung der abgewanderten Wähler aus den Souterrains der bundesdeutschen Gesellschaft. Gerade die aber wird man mit pathetischen Visionen, ausgefeilten Programmsätzen, edlen Grundwerteformeln nicht im Geringsten beeindrucken können. Die Unterschicht dieser Republik, das abgehängte Fünftel der Gesellschaft also, interessiert sich nicht für schöne Worte, für elaborierte Wertemaximen einer intellektuell-akademischen Mittelschichtkultur, welche sich in sozialdemokratischen Programmkommissionen versammelt. Aber auch Franz Müntefering als Person und Parteichef wird nicht der Held der Randständigen, Abgestiegenen, Herhausgefallenen werden, die in den letzen Jahren zu etlichen Hunderttausenden von der SPD abgefallen sind. Denn Franz Müntefering ist der Vertrauensmann der fleißigen Facharbeiter, der gut qualifizierten Ingenieure, der pflichtbewussten Beamten und aufstiegsorientierten Angestellten. In diesen Gruppen kommt der neue sozialdemokratische Bildungsimperativ an. Ihnen leuchtet die neusozialdemokratische Strenge ein, dass Gerechtigkeitszugänge künftig nur noch die Bildsamen und Arbeitswilligen beanspruchen dürfen. Auch die neosozialdemokratischen Slogans von Teilhabe und Chancengesellschaft decken sich mit den Alltagserfahrungen und Karriereaspirationen fleißiger und strebsamer Mittelschichtler. Aber in den Vorstadtsilos der deutschen Städte wollen die Gestrandeten und Marginalisierten von einem solchen sozialdemokratischen Bildungs- und Arbeitspaternalismus nichts wissen und hören. Das sozialdemokratische „Fordern und Fördern" spiegelt nicht ihre zerstörte, ganz aussichtslose, trostlose Lebensgeschichte. Müntefering wird daher nie zum Hoffnungsträger und Anführer dieser neudeutschen Unterschichten avancieren. Dort reüssiert bekanntlich europaweit ein ganz anderer Typus, der hierzulande allerdings bislang noch nicht aus dem politischen Schlamm hervorgekrochen ist.

Müntefering ist – wie die Sozialdemokratie insgesamt – kein Repräsentant unterer Lebenswelten mehr. Müntefering ist – wie die Sozialdemokratie insgesamt – Mitte. Und genau darin könnte dann doch vielleicht noch eine Chance für ihn und seine Partei liegen. Müntefering ist, denkt, handelt so wie die meisten Deutschen. Er weiß, dass sich Wirtschaft und Gesellschaft ändern, wohl auch modernisieren müssen. Wenn es denn sein soll, kann man das dann auch nach seinem Dafürhalten Innovation nennen. Doch misstraut er den Heilsbotschaften extremistischer Wettbewerbsideologen und den hohlen anglistischen Prahlereien blutjunger Marketingbubis. Müntefering würde nie mit leuchtenden und gläubigen Augen von „Synergieeffekten" schwadronieren. Auch ist Müntefering weiterhin dafür, dass die Gesellschaft nicht zerfällt, sich nicht zu sehr polarisiert und aufspaltet. Das Motto vom sozialen Ausgleich mag dem Feuilleton langweilig klingen. Aber Müntefering hält es für richtig und wird sich daran politisch orientieren.

Eben so, exakt so, sieht es indes auch die breite Mitte der deutschen Republik. Sie ist auf störrische Weise anders, als es die Meinungs- und Wirtschaftseliten nun seit Jahren schon gerne hätten. Die deutsche Mitte tickt nicht wie der Chef von McKinsey, wie die Mitglieder der Herzogkommission, wie professorale Wirtschaftsgutachter – oder wie Friedrich Merz. Die deutsche Mitte ist ziemlich münteferingisch und keineswegs neuchristdemokratisch. Insofern muss der sozialdemokratische Parteichef in spe wahrscheinlich gar nicht prononciert modern sein. Erst recht braucht er auch der SPD keine verwelkten Utopieblüten zurückzugeben. Er muss den Sozialdemokraten lediglich beibringen, dass sie sich politisch dazu bekennen, was sie gesellschaftlich längst und unspektakulär sind: Mitte nämlich – vernünftige, leistungsorientierte, sozial ausgleichende, unelitäre Mitte. Es könnte nicht schaden, wenn er in seiner Partei der sozialen Mitte auch dazu noch den beherzten und problemnahen Linkspopulisten finden würde, der ebenfalls in den Unterschichtquartieren Stimmen einsammeln und ein paar berechtigte Hoffnungen wecken könnte. Dann muss die weitere Geschichte für die SPD nicht gar so deprimierend ausgehen, wie es derzeit erscheint. Dann könnte das vielmehr eine allzu modernisierungsfreudige, gänzlich entblümte und allein wirtschaftsfixierte CDU noch ganz schön in die Bredouille bringen.

(2004)

Basis-Lektionen

Mitte Februar 2004 traf ich mich mit Sigmar Gabriel – dem früheren niedersächsischen Ministerpräsidenten – in einem Göttinger Café. Solche Zusammenkünfte zwischen Politikern und Politologen sind in den letzten Jahren nicht mehr ganz selten. Die Politiker erwarten von den Politologen ein paar nützliche Impulse aus der Wissenschaft; die Politologen erhoffen sich ein paar Einblicke in die reale Welt der Macht. Doch ganz glücklich sind am Ende dieser Gesprächskontakte in aller Regel beide Seiten nicht. Die Politologen macht es nervös, dass die Politiker meist ersichtlich unter Druck stehen, rasch zum nächsten Termin hetzen. Und die Politiker sind, auch wenn sie das natürlich nicht freiheraus sagen, oft enttäuscht darüber, dass ihnen die Politikwissenschaftler nicht wirklich weiterhelfen können, dass vieles von dem, was da an Vorschlägen kommt, zu allgemein, zu überkomplex, eben zu abstrakt, mag sein: auch zu weltfremd bleibt.

So ungefähr war es ebenfalls, bei Kaffee und Kuchen, mit Sigmar Gabriel und mir. Ich spürte, dass er sich weit mehr von dem Gespräch versprochen hatte. Er hatte einige Artikel von mir über die SPD gelesen, in denen ich seiner Partei vorwarf, keine Idee mehr von sich selbst zu haben. Das war schon seit längerem der Tenor meiner Kritik an der Sozialdemokratie: dass sie Sinn, Ziel und Ethos ihres Tuns verloren habe. Gabriel teilte im Prinzip diese Auffassung. Doch wollte er von dem kritikfreudigen Wissenschaftler schon auch wissen, worin denn – gleichsam konstruktiv gewendet – künftig eine solche Idee, ein neuer Ethos einer modernen Sozialdemokratie eigentlich bestehen mögen. Aber natürlich fiel mir nicht recht etwas ein, was für einen Politiker wirklich brauchbar sein konnte, was in griffige und plausible politische Formeln und Metaphern übersetzbar war. Gabriel also war, man spürte es, enttäuscht. Und ich war infolgedessen ein wenig deprimiert, dass ich den im Prinzip beratungsoffenen Politiker am Ende nicht erfolgreich hatte beraten können.

Gabriel bemerkte die leichte Bedrückung. Und so schlug er mir etwas hemdsärmelig-aufmunternd vor, ihn in seinem Wagen noch zu zwei abendlichen SPD-Veranstaltungen im Nordhessischen zu begleiten: „Damit Du mal die wirkliche Welt und Stimmung der SPD-Basis kennen lernst". Ganz begeistert war ich anfangs nicht; schließlich warteten noch zwei wichtige wissenschaftliche Publikationen darauf, an diesem Abend gelesen und verarbeitet zu werden. Aber ein bisschen neugierig war ich schon. Ich schrieb zwar häufig wissenschaftlich und tagespublizistisch über die SPD; aber auf einer sozialdemokratischen Unterbezirksversammlung war ich tatsächlich lange schon nicht mehr gewesen. Überdies ist Gabriel in der Tat kein langweiliger Redner; er hat wie vielleicht kein zweiter sonst noch in der – auch in dieser Hinsicht ziemlich verarmten – Sozialdemokratie den Charakter eines instinktsicheren, rhetorisch versierten, bei Bedarf durchaus auch emotionalisierenden Volksredners. Mithin: Ganz und gar öde, sprach ich mir zu, konnte der Abend eigentlich nicht werden.

Er wurde dann für mich außerordentlich interessant. In beiden Versammlungen – in der einen mehr, in der anderen weniger – schlug Gabriel, der immer als Mann des SPD-Bundesvorstandes, also als Vertreter von denen da oben vorgestellt wurde, zunächst viel Reserve, teils auch Ablehnung entgegen. Doch schaffte es Gabriel jedes Mal, die Distanz allmählich zu lockern, schließlich zu überwinden und zumindest in der Versammlung in Witzenhausen als Held gefeiert zu werden. Dabei halfen natürlich auch zwei, drei derbe Sprüche gegen die Reichen, die sich ihren Steuerverpflichtungen entziehen, auch gegen Professoren, die zwar in Talk-Shows Zumutungen und Härten predigen, selber aber davon gänzlich verschont bleiben. Doch trat er keineswegs schmeichelnd, keineswegs opportunistisch oder sozialpopulistisch auf – und gewann gerade dadurch das anfangs noch skeptische, verhaltene Publikum.

Nur mit dem, worüber es in unserem Gespräch am Nachmittag bei Kaffee und Kuchen gegangen war, erreichte er nichts. Wir hatten uns über die langen Perspektiven, die großen Ziele, die originären Inhalte, über kühne programmatische Neuerungen der Sozialdemokratie unterhalten. Das war es ja, was viele Parteienforscher, auch Journalisten und natürlich Sozialdemokraten selbst dem Kanzler wieder und wieder zum Vorwurf machten: Dass seiner Politik der rote Faden fehle, die thematische Überschrift, die konzeptionelle Linie, die normativen Leitplanken, ja die überwölbende Vision. Doch wann immer Gabriel auf dieser Klaviatur zu spielen versuchte, ging das ganz überwiegend ältere Publikum nicht mit. Die Gesichter verschlossen sich, wenn der Redner mit donnernder Stimme vortrug, wie wichtig die Sozialdemokratie als Emanzipationsbewegung sei, die die Chancen und Lebenswege der Menschen offen halte, daher auf Bildung setze, auf Sprachförderung, Ganztagsschulen etc. Das war schon überraschend. Bildung ist immerhin seit Monaten das Zauberwort der sozialdemokratischen Reformer und Innovateure schlechthin. Aber das sozialdemokratische Publikum, die sozialdemokratische Basis reagierte nicht, sperrte sich dagegen regelrecht ab, saß mit verschränkten Armen und versteinerter Miene auf den Stühlen und rührte keine Hand.

Pils, nicht Rotwein

Doch mir wurde plötzlich klar, was sich in der SPD abspielt. Die SPD – tatsächlich ein Verein überwiegend 50- bis 70-jähriger Menschen – drängt keineswegs nach einer Vision, einer mitreißenden, inspirierenden oder moussierenden Zukunftsidee. Die Sozialdemokraten warten durchaus nicht auf einen feurigen Redner, einer ungestümen Büchner-Gestalt, die die Fahne der Utopie schwungvoll vor sich herträgt. Dazu sind die verbliebenen Sozialdemokraten mittlerweile längst zu alt, zu müde, zu erschöpft. Eine Partei der „neuen Mitte", wie sie einst im Wahljahr 1998 der visionäre Jungunternehmer Jost Stollmann repräsentieren sollte, ist die SPD im Jahr 2004 nicht. Auch die „Toskana"-Mentalität hat man wohl immer in ihrer Bedeutung für die Partei überschätzt. Das Publikum in den Dorfgemeinschaftshäusern trinkt Pils, nicht Rotwein. Es ist weit mehr die Johannes-Rau-Kultur, die im Nordhessischen das sozialdemokratische Restmilieu bildet. Die SPD ist zumindest dort eine wirkliche Kleine-Leute-Partei. Dazu gehören nicht die Marginalisierten der Republik, nicht die Langzeitarbeitslosen, wohl auch nur wenige Sozialhilfeempfänger. Es sind die 1930er und 1940er Geburtsjahrgänge, von denen viele in den 1950er und frühen 1960er Jahren mit 14 die Volksschule verließen, eine Lehre machten und dann über 40 Jahre in qualifizierten industriellen Berufen arbeiteten. Die meisten blicken, nunmehr als Rentner, auf ein hartes, langes, anfangs durchaus entbehrungsreiches Arbeitsleben zurück. Und sie wollen nichts, aber auch gar nichts von einer Erhöhung des Renteneintrittsalters wissen. Als sich Gabriel ebenfalls dagegen ausspricht – „meine Mutter war Krankenschwester, die konnte mit 67 Jahren niemanden mehr heben" – erhält er stürmischen Applaus wie sonst bei keiner anderen Passage seiner Rede. Die modernen Innovationsschichten, von denen im Kanzleramt so viel die Rede ist, findet man an der SPD-Basis kaum, eigentlich gar nicht. Schon habituell ist alles schlicht und einfach, preiswert und praktisch. Die Sakkos und Blazers sind eher von C&A als vom teuren Herrenausstatter oder der exquisiten Boutique. Auch der Typus des Lehrers und Dozenten, „Spiegel"-Leser mit Lederweste und scharf-sarkastischer Intellektualität, den man in den achtziger Jahren noch häufig auf SPD-

Versammlungen antraf, hat sich inzwischen rar gemacht, jedenfalls hier in Nordhessen. Die Zuhörer der Gabriel-Veranstaltungen gucken skeptisch, abwartend, angesichts des Ärgers über den „Mist von denen da oben in Berlin" auch mürrisch. Aber zornig, aufgebracht, emotionalisiert, entfesselt, leidenschaftlich, im Aufbruch zu großen sozialstaatlichen Alternativen sind diese Menschen nicht.

Die Nase voll von programmatischen Wortdrechseleien

Sie wollen vor allem keine schönen programmatischen Worte, keine interessant klingenden Ideen mehr hören. Es gibt davon im sozialdemokratischen Establishment keineswegs zu wenig. Es gab davon gerade in den letzten Monaten viel zu viel. Immer wieder kamen aus dem Kanzleramt, auch aus dem Willy-Brandt-Haus pittoreske programmatische Versprechen von der „Zivilgesellschaft", der „Chancengesellschaft", von „Teilhabe", der „Agenda 2010", einem „neuen Gerechtigkeitsbegriff" und dergleichen mehr. Nichts davon aber verknüpfte sich mit wirklicher Politik. In den letzen Monaten ist die deutsche Republik natürlich nicht zivilgesellschaftlicher geworden; sie bot keineswegs mehr Chancen; erst recht lässt sich ein Zuwachs an Teilhabemöglichkeiten (Politiker fürchten ja Teilhabe, denn das bedeutet letztlich nur Vielstimmigkeit, führt in die allseits beklagte und verurteilte Kakophonie) nirgendwo registrieren; und statt kraftvoller Innovationsschübe an den Universitäten und Schulen wurden überall im Land die Bildungsausgaben drastisch und ziellos gestrichen. Kurzum: Die Sozialdemokraten haben (wie die meisten Bundesbürger) die Nase voll von all diesen programmatischen Wortdrechseleien, mit denen sich nie ein handfestes, erkennbares, ja gegenständliches Vorhaben verband und verbindet.

Eben das ist die Crux. Die Politik hat ihre genuine, primäre Substanz verloren; nämlich ihre operative Handlungsfähigkeit, bei der Ankündigung und Ergebnis (gouvernementaler Absichten) in einem engen, nachvollziehbaren Konnex stehen. Und das lässt sich durch kühne Visionen und sprachliche Entwürfe nicht kompensieren. Im Gegenteil. Es macht den Abstand nur noch größer, nur noch unerträglicher zwischen Postulat und Empirie, somit zwischen Volk und seinen Politikern, auch zwischen der sozialdemokratischen Basis und ihren Regierungsrepräsentanten in Berlin. Und deshalb klatschte auch niemand, als Gabriel beschwörend davon sprach, man dürfe sich nicht weiter (durch Staatsverschuldung) an den eigenen Enkeln und Urenkeln versündigen; daher blieb der Beifall aus, als er forderte, man müsse in die Ausbildung der Kinder und jungen Leute investieren. Verdutzt fragte man sich zunächst, ob all die vielen, im Grunde doch recht gutmütigen, zweifelsohne anständigen sozialdemokratischen Rentner im Saal wirklich so gleichgültig und kaltschnäuzig sein können. Aber dann, auch in Gesprächen danach, begriff man, was ihre Distanz in diesem Punkt zum Redner und eben zur Sozialdemokratie als Regierungspartei, ja zur Politik schlechthin ausmachte. Natürlich waren und sind das alles Rentner, die ihre Enkel lieben und umsorgen – aber eben ihre Enkel. Für den Enkelsohn Jan-Hendrik hat man das High-School-Jahr in Amerika mitfinanziert; für die Enkeltochter Ann-Christin Unterstützung zum Frankreichaufenthalt samt Sprachkurs geleistet. Das alles ist ganz selbstverständlich. Die Alten verjubeln ihre Rente keineswegs halodrihaft und egoistisch auf Teneriffa. Sie zahlen stattdessen viel davon in die Ausbildung ihrer Enkel. Aber sie reagieren äußerst misstrauisch, wenn die Politik davon spricht, dass sie, die Älteren, nicht mehr auf Kosten der Zukunft leben dürfen, dass es vielmehr – programmatisch korrekt – um Nachhaltigkeit und Generationengerechtigkeit zu gehen habe.

Schließlich investierten die älteren Sozialdemokraten durchaus in die Zukunft ihrer Enkel. Doch tätigen sie diese Investition selber in ihrem familiären Bereich, denn so können sie verfolgen, wo und wie ihre Beiträge hingehen, was damit geschieht. Wenn allerdings die Politik von Investitionen in die Zukunft spricht, ahnen sie, dass es an ihre Rente – ihr Investitionsmittel in die Biographie der eigenen Enkelkinder – geht, aber wohin dann das gewonnene Geld fließt und sickert, das wissen sie nicht; das können sie nicht verfolgen; darüber dürfen sie nicht entscheiden. Sie sind jedenfalls zutiefst misstrauisch. Denn sie sind von der Handlungsfähigkeit der politischen Institutionen, von der Effizienz, Zielgenauigkeit und auch der Gerechtigkeit staatlicher Entscheidungsvorgänge nicht mehr überzeugt. Deswegen verteidigen auch Sozialdemokraten ihren Besitzstand – um ihn kontrolliert im überschaubaren Nahbereich weiterzugeben. An den Staat und seine Versprechen zumindest glaubt mittlerweile selbst die sozialdemokratische Basis, über viele Jahrzehnte die Etatisten schlechthin, nicht mehr.

Man kann das alles natürlich als zivilgesellschaftlichen Fortschritt freudig begrüßen. Man kann aber auch die Verbitterung über das Elend staatlicher Handlungsunfähigkeit als einen bedenklichen Vorgang für die Republik und ihr Institutionengefüge ansehen. Solange die staatliche Handlungsfähigkeit nicht mehr intakt ist, werden es die Sozialdemokraten jedenfalls schwer haben, die keineswegs verschwundenen sozialdemokratischen Grundmentalitäten noch einmal kollektiv zu bündeln und in öffentlich-gesamtgesellschaftliche Aktionen zu übertragen. Die Sozialdemokraten in der Fläche privatisieren und familiarisieren dann weiter, was gewiss zu Lasten des unteren, marginalisierten Zehntels der Bevölkerung gehen kann, das eben nicht über subsidiäre Ressourcen verfügt. Doch lassen sich die Sozialdemokraten in den Ortsvereinen und Unterbezirken auch durch eine neue visionäre Projektbeschreibung der sozialen Demokratie nicht wieder in die große Solidargemeinschaft zurückführen. An funkelnden Ideen und langen Perspektiven besteht in Zeiten staatlicher Handlungsunfähigkeit kein wirklicher Bedarf im sozialdemokratischen Fußvolk. Das zumindest ließ sich lernen, an diesem Abend mit Sigmar Gabriel in der sozialdemokratischen Provinz im Norden Hessens.

(2004)

Wer gibt Danton an?

Das Gespenst des Linkspopulismus geht um. Nicht unbedingt in der deutschen Gesellschaft insgesamt, aber doch bei den Sozialdemokraten. Die Nerven der Genossen liegen erkennbar blank. Ihre Wähler laufen auf und davon. Langjährige Mitglieder geben verbittert ihre Parteibücher zurück. Die Funktionäre wirken müde und erschöpft. Der Kanzler wankt. Führungsnachwuchs ist rar wie nie. Und nun droht auch noch die Spaltung der Linken, droht eine neue, gleichsam linksgewerkschaftliche Partei. Schöne Zeiten sind es derzeit nicht, welche die armen Sozialdemokraten durchleben und durchleiden müssen.

Aber wovor fürchten sie sich eigentlich so sehr? Was bereitet ihnen an einer Partei des linken Populismus überhaupt derart viel Angst? Die Antwort scheint ganz banal zu sein. Und man bekommt sie auch in schöner Regelmäßigkeit von den Parteioffiziellen zu hören: Spaltung bedeutet Schwächung des eigenen Lagers. Doch ist dies eine rein mathematisch-arithmetische Rechnung. Die politische Dynamik von Spaltungen verläuft oft anders, bringt nicht selten Bewegung in starre Fronten, eröffnet häufig neue Zugänge, erweitert vielfach gar das soziale und politische Gelände.

Man hat das schon bei der Gründung der „Grünen" beobachten können. Für die Sozialdemokraten bedeutete das bereits damals, in den frühen 1980er Jahren, eine Spaltung des linken Lagers. Und viele in der Schröder-Müntefering-Partei betrachten die Grünen ja noch heute als die ungezogenen, verwöhnten Kinder der großen sozialdemokratischen Kernfamilie. Und tatsächlich speisten sich die Anfangserfolge der Öko-Partei vom Fleisch des SPD-Elektorats. Dadurch dezimierten sich die sozialdemokratischen Wähleranteile beträchtlich; die Partei rutschte ab 1983 wieder unter die 40 %-Grenze, verlor infolgedessen die Regierungsfähigkeit.

Aber die Grünen waren von Anfang an zugleich auch ein sozialkulturell genuin bürgerliches Projekt, eine Partei erst der Studenten, dann der akademischen Humandienstleister. Und als bürgerliche Formation erzielten sie bald erhebliche Erfolge in bürgerlichen Wohnquartieren, in Professorenvierteln, bei Chefarztkindern, Apothekerehefrauen, Lehrerehepaaren. Das hat die FDP, die zuvor in diesen wohlständigen Milieus reüssierte, in den 1980er und 1990er Jahren erheblich geschädigt, hat sie flächendeckend unter die 5 %-Hürde gedrückt, hat der CDU auf diese Weise in vielen Bundesländern den entscheidenden Koalitionspartner genommen – und hat schließlich zur Minderheitenpositionen des altbürgerlichen Lagers 1998 und 2002 auf der nationalen Ebene geführt. Die proletarisch-kleinbürgerliche SPD wäre allein nie mit Erfolg in die bürgerlichen Lebenswelten und Villengegenden eingedrungen. Sie brauchte dafür ein linkes, aber eben bürgerliches Vehikel, das neue Stimmen rekrutierte und dann mit den eigenen facharbeiterlichen Voten zur neuen Majorität von Rot-Grün addieren konnte. Kurzum: Durch die Spaltung der Linken hatte sich ihr soziales Spektrum erheblich erweitert, war auch die traditionelle politische Isolation der Sozialdemokratie durchbrochen. Die Koalitions- und Bündnismöglichkeiten der Linken hatten sich fortan historisch bemerkenswert vermehrt.

Die Christdemokratie in Europa hat in den letzten 15 Jahren ähnliche Erfahrungen gemacht. Kurze Zeit nach den postmaterialistisch-ökologischen Parteien bildeten sich europaweit auch rechtspopulistische Protestorganisationen. Ihr erstes Opfer waren offenkundig die konservativ-katholischen Parteien, deren frustrierte Wähler sich in Teilen der neuen Rechten anschlossen. Alle Welt glaubte damals, Anfang der 1990er Jahre, dass von dieser Spaltung der bürgerlichen Rechten die europäische Sozialdemokratie profitieren würde. Und es begann dann ja auch die Glanzzeit der „dritten Wege" und „neuen Mitten". Doch die Neue-Mitte-Politik der Sozialdemokraten ließ die Unterschichten zurück: die alte Arbeiterklasse, die unorganisierten Arbeitslosen- und Sozialhilfegruppen der modernen Wissensgesellschaften. In diese Quartiere der neuen europäischen Unterschichten stießen jetzt die rechtspopulistischen Bewegungen vor, wozu die honoratiorenhaften altbürgerlich-christdemokratischen Parteien aus sich heraus von ihrer Establishment-Position nie in der Lage gewesen wären. Der neue Rechtspopulismus aber machte das bürgerliche Lager proletarischer, volkstümlicher, plebiszitärer. Er nahm dadurch den Sozialdemokraten große Wähleranteile fort und gliederte sie schließlich – etwa in den Niederlanden und in Österreich – in Regierungskoalitionen mit den konservativ-christdemokratischen Parteien ein. Erst die rechtspopulistische Spaltung des bürgerlichen Lagers also erweiterte, öffnete das bürgerliche Spektrum – und machte es erneut gegen die Linke mehrheitsfähig.

So ging es soeben auch in Hamburg bei den Bürgerschaftswahlen zu. Dort fungierten die Rechtspopulisten gleichsam als Zwischenwirt für die Wanderung der großstädtischen Unterschichten von der SPD in das bürgerliche Lager, in die CDU des Herrn von Beust. Das ist derzeit die Situation. Und das ist die entscheidende Ursache für die Malaise der Sozialdemokratie: Sie hat sich von der Arbeiterklasse, von den Unterschichten der deutschen Gesellschaft abgekoppelt, mental weit entfernt, habituell scharf getrennt, materiell distinktiv abgehoben, politisch kühl distanziert. Keiner der gegenwärtigen Sozialdemokraten aus der Parteiführung ist noch in der Lage, das untere Fünftel auch nur stilistisch anzusprechen, ihre Lebenswelt zu repräsentieren und politisch auszudrücken. Und deshalb verliert die SPD Wahl um Wahl.

Insofern müsste die SPD im Grunde über einen zugkräftigen, dynamischen, attraktiven Linkspopulismus im Grunde heilfroh, geradezu erleichtert sein. Denn das würde der deutschen Linken die Chance zurückgeben, entheimatete Wählerschichten zu erreichen, ohne die sie bei überregionalen Wahlen künftig nicht mehr mehrheitsfähig sein wird. Das Problem ist nur: Die neuen Parteigründer taugen gar nicht zu einem linken Populismus. Sie sind nicht die geeigneten Volkstribune für die politisch, ökonomisch und kulturell obdachlosen Menschen in den randständigen Trabantenvierteln der urbanen Zentren. Die potentiellen Parteigründer auf der Linken sind vielmehr ordentliche Gewerkschaftsfunktionäre, die Wert auf Organisation, Programme, Stetigkeit, Disziplin, Verlässlichkeit und all dergleichen gediegene Facharbeiter-/ Angestelltenmentalitäten legen.

Die Lebenserfahrung und Alltagserlebnisse der neuen städtischen Unterschichten aber sind unordentlich, programmindifferent, diskontinuierlich, rhapsodisch, unstrukturiert, auch hedonistisch und konsumistisch. Nicht der Typus des korrekten Angestellten, ob nun in Gestalt des zähen Aufsteigers Müntefering oder eines biederen und kreuzbraven linken Gewerkschaftsfunktionärs, ist ihr Held, sondern der ungebundene Abenteurer, die verwegene Spielernatur, der machohafte Kraftbolzen und lustvolle Provokateur der Politik. Diesen Typus an der Spitze braucht ein neuer Linkspopulismus, will er wirklich Erfolg haben. Gibt es ihn, dann werden die Karten in der Republik in der Tat neu gemischt. Und es ist keineswegs sicher, dass das linke Lager in diesem Fall weiter abschmilzt, dass die politische Rechte als Gewinner aus diesem Spiel hervorgeht. Das Gegenteil ist wahrscheinlich. Aber zu diesem Gegenteil muss man Mut, politische Energie, organisatorische Wucht und unzweifelhaft eine rhetorisch kraftvolle, instinktsichere, eben unbekümmert populistische Danton-Gestalt ganz vorne haben.

(2004)

Schneidiger Imperativ

Es gibt jetzt kein Zurück mehr für Gerd Schröder und Franz Müntefering. Ihre Agendapolitik markiert eine wirkliche Zäsur in der Geschichte dieses Landes, vor allem in der Historie ihrer eigenen Partei. Fast berauscht spricht der gemeinhin ganz unpathetisch veranlagte Kanzler in etlichen Interviews dieser Wochen von der größten Reform in der deutschen Sozialgeschichte. Kurzum: Die Sozialdemokraten und die rot-grüne Regierung haben sich entschieden. Sie setzen auf die große Veränderung der Republik. Sie setzen damit auch – und im Grunde allein - auf diejenigen Schichten und Gruppen der Nation, die dafür über die nötigen Ressourcen verfügen, die das Tempo des von der Exekutive induzierten sozialen und ökonomischen Wandels mitgehen können, die zukunftsoffene Bildungsqualifikationen besitzen, für die der herrische Imperativ des lebenslangen Lernen ein spannendes Versprechen auf eine interessante, abwechslungsreiche Zukunft bedeutet.

Für diesen Reformimpetus erhielt Schröder den wohlwollenden Applaus von den Eliten der deutschen Republik. Ansonsten aber erlebten der Kanzler und seiner Partei bittere Monate des depressiven Missvergnügens. Doch ließ sich Schröder dadurch, insofern keineswegs mehr der tageswendige Situationist der ersten Legislaturperiode, nicht irritieren und aus der politischen Bahn bringen. Er hat offenkundig seine – auch historische - Mission gefunden; und er folgt ihr unbeirrt, mit einem für ihn erstaunlichen Dogmatismus, man kann natürlich auch sagen: mit beträchtlichem Mut.

Doch braucht er vielleicht noch ein bisschen Mut mehr. Denn wenn der Kanzler die Wirtschaft und Gesellschaft ernsthaft umkrempeln will, dann muss er überdies auch den Wandel des Parteien- und Regierungssystems riskieren. Er muss die Transformation des Parteisystems vor allem dann (billigend) wagen, wenn er möchte, dass seine Partei die Früchte der Agenda-Reformpolitik 2006 machtpolitisch erntet. Denn bleibt das Parteiensystem so, wie es derzeit ist, dann wird Schröder, dann werden die Sozialdemokraten, dann wird Rot-Grün insgesamt das Spiel ziemlich sicher verlieren.

Denn Rot-Grün würde auch mit der furiosesten neoliberalen Deregulierungspolitik bei den traditionellen bürgerlichen Eliten und christlichkonservativen Schichten nie eine Chance haben. Wenn es gut geht, wird Rot-Grün im neuen mittleren Drittel der Gesellschaft diejenigen überzeugen und gewinnen, die die Reformen aushalten oder von ihnen profitieren. Über den Daumen gepeilt: die Grünen dürften sich bei den 12 bis 15 Prozent akademischer Humandienstleister und Ökounternehmer stabilisieren, die vor Hartz-Reformen nichts zu befürchten haben und die für postmaterialistische Lebensstile und Gesinnungsbekundungen finanziell gut ausgepolstert sind. Die SPD wiederum kann sich wahrscheinlich weiterhin auf diejenigen 25 % der Wähler aus der berufsstolzen, älteren Facharbeiterschaft, dem abgesicherten öffentlichen Dienst und der bildungswilligen technischen Intelligenz stützen, die aus Loyalität oder reformerischer Einsicht Schröder und Müntefering trotz allem Verdrusses über regierungstechnische Koordinationsmängel verläßlich die Treue halten werden. Das wäre dann, sollte es 2006 in etwa so kommen, ein durchaus ehrbares Ergebnis für eine Politik denkbar schwierigen Reformen, schmerzhafter Kürzungen und Einsparungen. Aber es würde unzweifelhaft den Regierungswechsel zur Folge haben. Das bürgerliche Lager käme unweigerlich an die Macht, weil Rot-Grün das Restproletariat, die zurückgebliebenen Unterschichten düpiert, abgeschreckt und somit verloren hätte.

Jeder Reformismus produziert bekanntermaßen Verlierer. Und die Unterschichten sind in diesen Monaten die wirklichen, die wahren Opfer des neuen wohlfahrtskritischen Regierungsreformismus. Bisher jedenfalls hat die Agendapolitik ihnen keine einzige neue Chance eröffnet, dafür aber eine Menge materieller Verluste beschert und viele soziale Ängste bereitet. Schließlich sind die Unterschichten dieser Republik, man traut es sich kaum zu sagen, unzweifelhaft angewiesen auf robuste staatliche Transfers von oben nach unten, auf verlässliche versicherungsrechtliche Großstrukturen, auf intakte Institutionen und Bürokratien, die nicht durch Marktschwankungen jederzeit zur Disposition stehen. Aber der sozialdemokratische Reformismus geht in eine fundamental andere Richtung. Insofern haben sich die Sozialdemokraten wirklich, nicht nur habituell, sondern auch politisch und sozial elementar von dieser Gruppe entfernt, die sie früher im Parlament zuvörderst vertreten haben. Die unterschichtige Arbeiterklasse wird von der SPD nicht mehr im politischen System repräsentiert. Das ist kein gleichsam zwischenzeitliches und irgendwann vorübergehendes Mobilisierungsproblem für die SPD; es ist eine substanzielle, nachhaltige Entkopplung zweier grundverschiedener, mittlerweile einander zutiefst fremd gewordener Lebenswelten und Interessenslagen. Die Schröder-Müntefering-SPD hat sich

Schneidiger Imperativ

auf einer bemerkenswert harten und unsentimentalen Weise dafür entschieden, die Randständigen diesseits der Mitte hinter und unter sich zu lassen.

So konnte nahezu anstrengungslos ausgerechnet und merkwürdigerweise die bürgerliche Union in den letzen 18 Monaten bei Wahlen zwischen München und Hamburg zur Mehrheitspartei der Arbeiterklasse werden, was man ganz ohne Übertreibung als Revolution in der deutschen Wahl- und Parlamentsgeschichte bezeichnen darf. Und eben deshalb muss der Kanzler fürchten, dass er seine Reformen womöglich zwar durchsetzt, die Macht darüber aber verliert. Gerade darum aber müsste dem Kanzler, dem großen Virtuosen taktischer Schlitzohrigkeiten, eine neue, elektoral erfolgreiche Linkspartei eigentlich bestens in sein Konzept passen. Schröder braucht schließlich eine politische Kraft, die dem bürgerlichen Lager die Unterschichten wieder entwindet. Seine neumittige SPD ist dazu längst nicht mehr in der Lage. Und Schröder selbst kann seine Agendareform nur dann als konsistentes und handlungsstarkes Projekt weiter inszenieren, wenn er keine sozialetatistischen Kompromisse macht, wenn er nicht den mildtätigen Samariterton der Arbeiterwohlfahrtsfunktionäre anschlagen, nicht den Lafontainismus parteiintern integrieren muss. Kurzum: Schröder kann seine Reformpolitik nur dann stringent verfolgen und politisch gegen die CDU/CSU zum Erfolg führen, wenn eine intakte, kampagnenstarke, gut geführte, populistisch raffinierte Linkspartei die zurückgebliebenen und sozial frustrierten Unterschichten neu sammelt und dem bürgerlichen Lager entzieht. Eine solche Linkspartei wäre mithin keine Gefahr für die „Einheit der Arbeiterbewegung", wie es Müntefering im verstaubten Ballonmützenjargon des 19. Jahrhunderts formuliert, sondern eine Entlastung für Schröders Reformismus – und eine Barriere gegen die die unmittelbar drohende flächendeckende bürgerliche Hegemonie in Deutschland.

Das alles würde Rot-Grün noch keine neuerliche eigene Mehrheit gegen Merkel und Westerwelle verschaffen. Denn eine erfolgreiche neue Linkspartei wird gewiß nicht sofort zum braven Koalitionspartner derjenigen werden, gegen deren Politik sie sich überhaupt erst konstituiert hat. Populistische Protestparteien brauchen erfahrungsgemäß eine gewisse Schamfrist, bis sie sich dann ganz konventionell in das parlamentarische Regierungssystem hineinfügen und ebenfalls wie alle anderen gouvernementale Macht anstreben. Soweit wird es 2006 noch nicht kommen. Aber eine neue Linkspartei im Parlament könnte – und würde aller Wahrscheinlichkeit nach - Rot-Grün zumindest tolerieren. Mann kennt das aus Skandinavien. Das wäre dann neben der Verschiebung des Parteienspektrums ein weiteres neues Element im politischen System dieser Republik: die Abkehr von den festen parlamentarischen Mehrheitsblöcken. Doch reden ja alle gern und ungestüm davon, dass diese Republik sich vollständig ändern muss. Schließlich ist der schneidige Wandlungsimperativ die Ausgangslage der Agenda 2010 überhaupt. Wenn aber der ganze Veränderungsfuror richtig ist, dann wird die Transformation nicht in der Wirtschaft und der Gesellschaft stehen bleiben, dann wird das auch in das Parteien- und Regierungssystem hinüberschwappen. Dann braucht aber auch niemand eine neue Partei auf der Linken und instabile parlamentarische Verhältnisse zu fürchten. Denn es ist die Konsequenz aus den sozialen und ökonomischen Veränderungen, von denen doch gerade die Eliten dieser Republik, auch und gerade die Anführer der SPD so fiebrig und freudig schwärmen.

(2004)

Zurück im Spiel?

Kein Zweifel, die Union wird nervös und die SPD wittert – ein bisschen jedenfalls - Morgenluft. Seit Monaten verlieren CDU/CSU kontinuierlich an Zustimmung. Im März lagen die Parteien von Stoiber und Merkel noch bei 51 Prozent; jetzt geben ihr einige Umfrageinstitute nur noch 42 Prozent. Dagegen steigen in den letzten Tagen die Werte der Sozialdemokraten, sehr zaghaft zwar erst, aber eben doch unverkennbar – trotz aller Demonstrationen und Eierwürfe zwischen Magdeburg und Leipzig.

Denn paradoxerweise hat der sozialpopulistische Protest den Sozialdemokraten und vor allem den Kanzler wieder Auftrieb gegeben. Über Jahre, fast seine ganze Karriere lang war Schröder der instinktsichere wendige Situationist. Er rochierte, je nach Lage und Laune, von rechts nach links und ebenso hurtig wieder zurück. Der frühere Schröder hätte sich ohne große Skrupel an die Spitze der Demonstrationszüge gestellt und die eigene politische Agenda von einem Tag zum anderen bedenkenlos umgeworfen. In den kommoden und saturierten Zeiten der Republik zeigte sich das Publikum, vor allem im ebenso beweglichen Journalismus, über dergleichen wendige Flexibilitäten entzückt. Man feierte Schröder als undoktrinären Mann, der auf das Schönste das wechselnde Unterhaltungsbedürfnis einer materiell verwöhnten Nation befriedigte. Doch seit zwei Jahren hat sich das Klima in Deutschland dann doch erheblich verändert. Die Menschen sind ängstlicher geworden, schauen sorgenvoll in die Zukunft. Und in solchen Situationen wünscht man sich einen ernsthaften Anführer ganz oben, keinen politischen Hallodri oder nonchalanten Kobold. Immerhin: Schröder hat den Gezeitenwechsel rechtzeitig erkannt. Seit achtzehn Monaten hält er an seiner neuen politischen Linie fest, ungewohnt stur und zielstrebig. Seit Wochen erläutert er gar eindringlich den Kurs seiner Politik. In seinem Gesicht zeichnet sich furchentief die Härte und Verantwortungsschwere der Aufgabe des Regierungschefs ab. Kurzum: Man gewinnt langsam Vertrauen zu ihm, selbst wenn man kein überschwänglicher Fan von Hartz und alledem ist.

Im Übrigen profitiert der Kanzler mittlerweile davon, dass ihn Müntefering die Last der Parteiführung abgenommen hat. Allmählich jedenfalls scheint das Rollenspiel zwischen Kanzler und Parteivorsitzenden in Gang zu kommen. Der westfälische Truppenführer öffnet der Partei nun mehr Raum, lanciert selber Vorschläge, die der Bundeskanzler niemals hätte machen können, vom Mindestlohn über die Ausbildungsplatzabgabe bis zur Bürgerversicherung. Vieles davon mag aus bürgerlicher Perspektive eher töricht sein. Aber es bringt die SPD, die bis vor wenigen Monaten lediglich ein Wurmfortsatz der Kanzleramtsentscheidungen war, plötzlich zurück ins Spiel. In der zuvor nachgerade paralysierten und depressiven Partei regen sich infolgedessen wieder einige kreative Kräfte. Und öffentliche Kritik an manchen unausgegorenen Vorschlägen der Parteiführung landet nicht gleich beim Kanzler, beschädigt damit nicht sofort sein Autorität, mündet also nicht unmittelbar in eine aufgeregt kommentierte Regierungskrise. Die SPD hat so wieder ihre Spielweise. Mehr als das: Müntefering wirft Themen in die politische Diskussion, die die Regierung nicht formulieren kann, da es dafür weder innerkoalitionären Konsens noch Durchsetzungschancen in der föderalen Bundesratspolitik gibt. Aber die SPD sendet dadurch Signale an Wählergruppen, die sich zuletzt zutiefst entfremdet und frustriert abgewandt hatten. Müntefering also kann tun, was der Kanzler nicht machen darf – und erweitert dadurch in gewiss kleinen und mühseligen Trippelschritten wieder das Spektrum der Sozialdemokratie.

Überdies funktioniert dort ein historisch konstanter Reflex. Sobald die SPD von außen attackiert wird, rückt sie enger zusammen. Der emotionale, handgreifliche Protest der letzten Wochen gegen den eigenen Kanzler, hat die Sozialdemokraten gleichsam mit sich selbst resolidarisiert. Man spürt, dass die sozialdemokratischen Multiplikatoren bissiger werden, nun die Politik der Bundesregierung trotziger verteidigen als zuvor. So lief das bei den Sozialdemokraten seit ewigen Zeiten schon, von Bebel bis Brandt gewissermaßen. Außendruck schuf dort regelmäßig Identität und Zusammenhalt, Disziplin und Geschlossenheit. Nach 1999 hatte man eine mutlose Partei erlebt, die kaum noch in die Kampagne zu schicken war, deren frühere Aktivisten ermattet schienen, in verdruckster Distanz zur eigenen Partei und Regierung standen. Viel Überzeugungskraft ging davon nicht aus. Die sozialdemokratischen Multiplikatoren sträubten sich lange gegen die Logik, das Vokabular und die Begründungen der Agenda-Reformen. Durch die Pressionen von außen aber scheinen sie nun auch innerlich eher zu übernehmen und nach außen mehr zu verteidigen, was sie lange emotional partout nicht akzeptieren wollten. Und ein bisschen nutzt der Partei wohl auch der antiöstliche Affekt, der sich im Westen der Republik ausbreitet.

Insofern profitieren die Sozialdemokraten in der Tat paradoxerweise vom Protest gegen ihre eigenen Partei. Zumindest schadet er der Union mehr als der SPD. Bei den letzten Landtagswahlen waren CDU und CSU die großen Gewinner in den Arbeiterquartieren der deutschen Städte. Rund ein Fünftel der sozialdemokratischen Arbeiterwähler von früher hatten sich 2003 nach rechts umorientiert. Doch durch den Protest der letzten Wochen gerieten auch und vor allem die weit rigideren Modelle der Union in Misskredit – und die Unterschichten der deutschen Republik wandten sich von Merkel und Merz ab. Noch vor wenigen Monaten sah alles nach einem unzweifelhaften Wahlsieg für Schwarz-Gelb aus. Doch derzeit scheint nicht mehr so sicher, dass Angela Merkel 2006 Kanzlerin und Guido Westerwelle Außenminister werden. Stoiber hat schon Recht: Ein Leichtmatrose ist Schröder nicht. Der Kanzler und seine Partei stehen gewiss nicht vor einer glänzenden Renaissance; auch in den nächsten Wochen werden sie wieder einiges an Niederlagen und Häme einstecken müssen, aber kampflos geschlagen werden sie sich zweifelsohne nicht geben.

(2004)

Das Feuer lodert nicht mehr

Über viele Jahrzehnte galten die deutschen Sozialdemokraten als die chronischen Verlierer im Spiel um die Macht. Wenn es darauf ankam, hatten jedenfalls meist die Bürgerlichen die Nase vorn. Die politische Rechte in Deutschland war in den entscheidenden historischen Momenten härter, instinktsicherer, geschickter, hatte schlicht mehr Fortune. Seit 2002, als die Schröder-SPD gleichsam in letzter Sekunde mit ein paar Tausend Stimmen Vorsprung an der Union vorbeizog, scheint das nicht mehr zu stimmen. Die Sozialdemokraten wurden zum zweiten Mal hintereinender stärkste Partei. Und sie stellen nunmehr seit sechs Jahren einen Kanzler, der an machiavellistischer Raffinesse, machtpolitischer Schlitzohrigkeit, kurzentschlossener Wendigkeit allen bürgerlichen Politiker deutlich überlegen ist. Dergleichen hat es in der Geschichte der braven SPD kaum einmal gegeben.

Und so hätten die Sozialdemokraten nach dem Abgang von Kohl eigentlich wenn nicht glücklich, so doch zumindest stolz und zufrieden sein müssen.. Aber sie waren es nicht. Ihre Partei regierte, aber die Sozialdemokraten wirkten überwiegend bedrückt, verzagt, kleinmütig. Man stieß in der ganzen weiten Republik kaum einmal auf einen Sozialdemokraten, der sich strahlend und selbstbewusst zu seiner Partei und Regierung bekannte. In aller Regel traf man in den letzten fünf Jahren selbst an Wahlkampfständen der SPD auf Genossen, die sich verdruckst wanden, duckten, ja häufig genug auch von sich selbst distanzierten. Mehr noch: etliche Sozialdemokraten gaben sich gar nicht mehr zu erkennen. Sie nahmen an Wahlkampfaktionen, an der Kampagnen nicht mehr teil. In den Jahrzehnten zuvor kannte man sie als unermüdliche Aktivisten. Doch seit 1999 waren sie ermattet und erschöpft, unfroh, mitunter gar verdrossen, oft auch ein wenig melancholisch. Deutschland hatte eine sozialdemokratische Regierung. Aber das sozialdemokratische Feuer loderte nicht mehr.

Dabei war es gerade diese Feuer, der hyperaktive Eifer, das hochpolitisierte Bekennertum, wodurch Sozialdemokraten früher auffielen und ihre Gegner irritierten. Ja mehr noch: Gerade in Zeiten, als es der SPD eigentlich schlecht ging, als Bismarck sie verfolgte, Adenauer sie beschimpfte, waren die Sozialdemokraten enthusiastische Kämpfer für ihre Partei. Je ferner die Macht lag, desto begeisterter engagierten sich die Sozialdemokraten für „ihre Sache". Die Sozialdemokratie stand dann zwar am Rande der Gesellschaft, einsam, stigmatisiert, bedroht, ohne Einfluss, aber die Stimmung in der Partei und an der Basis war selbstbewusst, zukunftsgewiss, optimistisch. Gerade in diesen historischen Situationen hatten die Parteiführer keine Probleme, Aktivisten für die sozialistische Agitation zu finden. Denn als machtlose Außenseiter befanden sich die Sozialdemokraten im harmonischen Einklang mit sich selbst.

Eben das war das Charakteristikum, war lange das Wesen der deutschen Sozialdemokratie: Sie war die geborene Oppositionspartei. Über 110 Jahre hat die SPD in der Opposition zugebracht; nicht einmal 30 Jahre durfte sie selbst regieren. Die Opposition war ihr Schicksal. Und die Sozialdemokraten liebten dieses Schicksal. Denn es hatte sie groß gemacht, stark und selbstbewusst. Mehr noch: Es hatte ihnen die Aura der besseren Menschen verschafft. Denn die Sozialdemokraten befanden sich lange Jahrzehnte nicht nur einfach in der Opposition. Sie wurden ein Vierteljahrhundert in ihrer Geschichte staatlich verfolgt, ausgewiesen, in Gefängnisse gesteckt, in der allerschlimmsten Jahren: gefoltert, erschlagen, hingerichtet. Ihr großer Vorsitzender August Bebel hatte insgesamt 57 Monate seines Lebens in den Kerkern des Wilhelminismus zugebracht. Aber das vermochte den Aufstieg der Sozialdemokraten nicht aufzuhalten. Im Gegenteil: Die staatliche Repression veredelte sie, erhöhte ihre politische Mission auch moralisch. Am Ende der Bismarckschen Verfolgungsgesetze standen sie Sozialdemokraten besser da als zuvor, da sie an Mitgliedern gewonnen, ihre Wähleranteile ausgebaut, ihre parlamentarische Mandate vervielfacht hatten. Diese Erfahrung wurde elementar für die Sozialdemokraten in Deutschland: Sie hatten Erfolg im Leid; sie reüssierten in der Opposition. Und so liebten es die Sozialdemokraten zu leiden; so zog es sie nachgerade magnetisch in ihrer Geschichte wieder und wieder in die Opposition. Ihre wirklich großen Glücksgefühle erlebten die Sozialdemokraten als oppositionelle Kämpfer gegen die unterdrückte Gerechtigkeit, nicht in der eigenen realpolitischen Gouvernementalität.

Über hundert Jahre jedenfalls hielten es Sozialdemokraten in der Regierung nie lange aus. Fast reflexhaft kam in den Ortsvereinen und unter den Aktivisten die Sehnsucht nach der Opposition wieder auf. Sozialdemokraten schätzten lange die behagliche Nische des eigenen Milieus höher als die Härten der exekutiven Macht. Wenn es wieder einmal nicht recht funktionierte in den Ressorts der nationalen Regierungen, dann kehrten die erschöpften und verunsicherten Sozialdemokraten erleichtert in ihren Biotop aus Arbeitersportvereinen, sozialistischen Chören, Naturfreunden etc. zurück. Dort sangen sie dann ihre roten Lieder, kultivierten ein exklusives Ritual, waren einander verbunden als Genossen, die sich mit der Parole „Freundschaft" begegneten und erkannten. In dieser abgeschotteten Eigenkultur schöpften Sozialdemokraten Kraft, Vertrauen, auch Zuversicht. Dort konnten sie ungestört in den großen Träumen vom „sozialistischen Endziel" schwelgen. Aber um so hilfloser waren sie, wenn es sie dann doch, fast wider Willen in die Regierungen katapultierte. Die großen Träume und Visionen der sozialdemokratischen Subkultur bissen sich mit den Trivialitäten der gouvernemenetalen Gegenwart, mit den Zwängen ökonomischer Realitäten, den Restriktionen von Recht und Verwaltungen. Vor den großen Utopien des Oppositionsmilieus blamierten sich das zähle Klein-Klein sozialdemokratischer Koalitionsregierungen. Wann immer die SPD an der Regierung beteiligt war, schienen ihre Ergebnisse gering, im Widerspruch zum ursprünglichen Ideal, gar als Verrat an den genuinen Prinzipien. Und so gewannen die Deutschen den Eindruck, dass Sozialdemokraten für das Regieren nicht recht taugten, dass sie dabei stets im Hader mit sich selbst lebten, nörgelhaft die eigenen Leistungen schmähten. Vor allem ehrgeizige Kraftnaturen aus dem Bürgertum waren abgestoßen vom weinerlichen Lamento, jener chronischen Selbstdistanz der Sozialdemokraten in den schwierigen Zeiten politischer Macht.

Insofern standen die Sozialdemokraten oft genug in einer neurotischen Beziehung zu sich selbst. In der Praxis erreichten sie nie das vorgegebene Ideal – und so waren sie chronisch unzufrieden. Dieser Zwiespalt war typisch für die Sozialdemokratie in Deutschland. Das Programm war revolutionärer als der tägliche Reformismus. Die Parolen klangen radikal, aber die Organisation der SPD war eher konservativ. Die Utopie war leuchtend, doch die Politik blieb ängstlich. Die Ambivalenzen prägten die Sozialdemokratie, im Guten wie im Schlechten. Aus der Spannung zwischen Sein und Sollen, zwischen der tristen Realität und einer projektierten besseren Zukunft zogen die Sozialdemokraten ihre Kraft, ihren Veränderungswillen, ihre Aktivitätsenergien. Auch Intellektuelle waren oft gerade durch die Zwiespältigkeiten des Sozialismus in den Bann geschlagen. Hierher rührte der merkwürdige Eros, mit dem viele von ihnen – von Mehring bis Grass - auf die SPD fixiert waren, diese Partei, die häufig so gebrochen agierte, so qualvoll an sich selbst litt, daher oft die Rolle des Opfers in den politischen Dramen der Nation spielte. Darin aber lag eben über ein Jahrhundert die Tragödie der Sozialdemokratie: Ihre Sehnsucht nach dem ganz Anderen vereitelte ein nüchternes Verhältnis zur wirklichen Macht. Eher ängstigte sich die SPD vor den Versuchungen und den Schwierigkeiten der politischen Kommandohöhen.

Infolgedessen aber war die Sozialdemokratie keineswegs, wie ihr stets vorgeworfen wurde, eine etatistische Partei. Im Gegenteil: Den Staat hat sie lange gemieden. Daher hatten Sozialdemokraten auch wenig präzise Pläne für eine Veränderung des Staates. Auch besaßen sie kaum jemals detaillierte Projekte für eine Transformation der Ökonomie. Dafür war die Sozialdemokratie in Deutschland viel zu sehr Eigenkultur, zivilgesellschaftliche Selbsthilfebewegung. Organisation, Milieu und Sozialpolitik – das war die Welt der Sozialdemokraten; hier kannten sie sich aus. Etliche Zehntausende von ihnen arbeiteten seit den 1880er Jahren, seit den Bismarckschen Sozialgesetzen, in den Selbstverwaltungsorganen der Sozialversicherungen mit. Und weitere zehn-, ja hunderttausende von Sozialdemokraten managten in eigener Regie und ganz ohne staatliche Alimentationen das komplexe Geflecht von Milieuorganisationen aus Sportverbänden, Wohlfahrtseinrichtungen, Bildungsausschüssen, Geselligkeits- und Freizeitvereinen. Das war eine autarke Kultur. Doch ihre Grenzen wurden in 100 Jahren sozialdemokratischer Selbsthilfebewegung ebenfalls brutal sichtbar. Die Sozialdemokraten hatten sich ein imponierendes Arbeiterbildungswesen geschaffen, aber es ersetzte doch niemals das Abitur, war erst recht kein Kompensat für den Hochschulabschluss. Die historische Emanzipation der Arbeiterklasse, die Herstellung mindestens gleicher Chancenvoraussetzungen für alle Schichten war durch die sozialdemokratische Zivilgesellschaft jenseits des Staats nicht zu erreichen.

Den sozialen Aufstieg bewerkstelligte folglich nicht das Arbeiterbildungswesen, sondern erst die staatlich betriebene Bildungsreform der 1960er/70er Jahre. In diesen Jahren verstaatlichte sich die Sozialdemokratie wirklich; in diese Zeit fiel der Abschied vom alten Arbeitermilieu. Hier begann die Ära der „neuen Mitte". Und wahrscheinlich bedeutet dies auch das Ende der klassischen Sozialdemokratie, jener vergangenen Emanzipationsbewegung der facharbeiterlichen Elite des Proletariats. Denn das vor allem war die Sozialdemokratie von Bebel bis Ollenhauer: die Partei der bildungsbeflissenen, aufstiegsorientierten, intelligenten Facharbeiter in Deutschland. Über 100 Jahre blieb es dieser ehrgeizigen, talentierten Schicht durch die Schulprivilegien des Bürgertums verwehrt, über Bildung und Wissen ihrer sozialen Lage zu entkommen und gesellschaftlich aufzusteigen. Mit der Bildungsreform unter den Kanzlern Brandt und Schmidt aber bekam die Facharbeiteraristokratie dann ihre historische Chance. Und hunderttausende von Söhnen und Töchtern sozialdemokratischer Tischler, Bergarbeiter, Dreher, Maurer, Metallarbeiter nutzten die Gelegenheit. Sie gingen aufs Gymnasium, studierten, ergriffen akademische Berufe. Und sie verließen die proletarischen Wohnviertel. Viele orientierten sich gleichwohl weiterhin an der SPD, arbeiteten aktiv dort mit. Eben das machte aus der Sozialdemokratie fortan die Partei einer durch die Bildungsreform selbständig geschaffenen „neuen Mitte", eine Partei der Lehrer, Verwaltungsbeamten, Sozialarbeiter, Gleichstellungsbeauftragten.

Die zurückgebliebenen Unterschichten allerdings blieben seither allein, kulturell und politisch verwaist, ohne die sozialmoralische und organisatorische Behausung des alten sozialdemokratischen Milieus. Denn die Organisatoren des Milieus waren fort, waren aufgestiegen, sprachen nun eine andere Sprache, kleideten sich besser und teurer, tranken jetzt Wein statt Bier, konnte sich eine postmaterialistische Einstellung auf sicherer materieller Basis leisten. Die alleingelassene Arbeiterklasse atomisierte ohne ihre kollektiven Organisatoren von früher. Und sie reagierte frustriert auf die Entkopplung der Sozialdemokratie von ihren einstigen sozialen Voraussetzungen. Zwischen der organisationslosen Unterklasse und der Sozialdemokratie der „neuen Mitte" sind so mittlerweile die Bindungen gerissen. Die Restarbeiterklasse ist politisch heimatlos geworden, bei Wahlen volatil wie keine anderes soziale Schicht in der deutschen Republik. Die Sozialdemokratie hat sich von ihrem früheren Subjekt entfernt, hat sich davon emanzipiert, hat es hinter und unter sich gelassen. Und das fallengelassene Subjekt hat daraufhin mit Kündigung der alten Loyalität reagiert. So verlor die SPD zuletzt Landtagswahl auf Landtagswahl, weil die Souterrains der Gesellschaft die sozialdemokratische Beletage nicht mehr stützen wollten.

Daraus resultierte die sozialdemokratische Depression der letzten 18 Monate. Im Grunde war es - wie so häufig - der Erfolg, der den Rückschlag und den Niedergang verursachte. Denn der sozialdemokratische Reformismus war zumindest für seine Kerngruppen, eben die Eliten der Facharbeiterschaft, außerordentlich erfolgreich. Diese Gruppe hat das erreicht, worum es dem Sozialismus letztlich ging: materiellen Wohlstand, Beteiligung an Bildung und Kultur, Partizipation in der Bürgergesellschaft, individuelle Planungssicherheit für Familie und Karriere. Dadurch aber ist diese traditionelle Kerngruppe der SPD in der Mitte der bürgerlichen Gesellschaft angelangt. Sie ist arriviert, Teil eines neuen, gewiss liberaleren, sicher sozialeren, zweifelsohne weniger borniertem Establishments in Deutschland. Die sozialdemokratische

Kerngruppe gehört nun dazu, steht nicht mehr in feindlicher Opposition zur bürgerlichen Gesellschaft.

Insofern ist es tatsächlich ein wenig töricht, ist es kaum mehr als eine pure Sentimentalität, parteioffiziell an der Idee des „Demokratischen Sozialismus" festzuhalten. Der Begriff insinuiert nach wie vor die fundamentale Alternative zur Marktwirtschaft und der bürgerlichen Rechtsordnung. Er verspricht weiterhin eine komplett neue Eigentums- und Klassenstruktur, eine ganz andere Produktionsweise und Verteilungsform. Doch kaum jemand in der SPD will das noch wirklich, niemand strebt das derzeit aktiv an. Der programmatische Orientierungsbegriff der SPD orientiert nicht die reale Politik; er steht im krassen Gegensatz dazu – und bereitet der Partei infolgedessen lediglich ein permanent schlechtes Gewissen.

Eine Idee, von der Impulse ausgehen, die Kräfte und Elan für die politische Praxis freisetzt, ist der „Demokratische Sozialismus" jedenfalls nicht mehr. Der Sozialismus war die Ideologie der Außenseiter, der Zugkurzgekommenen, der Unterdrückten. Hierunter waren viele Menschen mit großen Talenten und Begabungen, waren ehrgeizige Kraftnaturen, die es nach vorn und oben drängte, die es der Bourgeoisie zeigen, die die Barrieren und Blockaden auf dem eigenen Lebensweg mit aller Kraft wegräumen, wenn nötig zerschlagen wollten. Darin bestand die elementare Kraft der sozialistischen Emanzipationsbewegung; das war gleichsam das Heizmaterial für das sozialdemokratische Feuer. Aus diesem Stoff speiste sich der Machtwillen, die Härte, die Entschlossenheit, mitunter auch die machtpolitisch ganz unverzichtbare Verwegenheit von sozialdemokratischen Anführern wie Bebel, Wehner, Schumacher, ja noch von Lafontaine und Schröder. Sie alle litten an ihrer ursprünglichen sozialen Inferiorität in der bürgerlichen Gesellschaft. Ihren individuellen Schmerz darüber, ihren individuellen Ehrgeiz daraus transferierten sie in politisches Engagement, übersetzten sie in den sozialdemokratische Emanzipationseifer.

Aber mit Schröder und Müntefering gehen die letzten Repräsentanten dieser begabten Zugkurzgekommen. Der neue Nachwuchs in der SPD ist oft schon in zweiter oder dritter Generation akademisch. Ihnen fehlt die Erfahrung der Benachteiligung und Demütigung. Ihnen fehlt daher auch der elementare Drang, sich durch Kritik an den quälenden Verhältnissen zu profilieren, es den sozial überlegenen Gegnern durch einen Überschuss an Leistungen zeigen zu wollen. Deswegen wirkt die neue Generation in der SPD mitunter so kraftlos, ohne die Glut des alten Sozialismus. Die SPD hat infolgedessen die klassische, nachgerade parteiprägende Spannung verloren - zwischen der Empirie des Hier und Jetzt und der Wünschbarkeit einer besseren Zukunft. Das macht die Sozialdemokraten gewiss ärmer, langweiliger, trivialer. Doch liegen darin auch Chancen: Die Sozialdemokraten in Deutschland säkularisieren sich dadurch, leben weniger in Zwiespältigkeiten, Lebenslügen und Selbstentfremdungen, mögen auf diese Weise leichter zu einem schließlich nicht ganz verkehrten politischen Realismus finden.

(2004)

Traurig und ganz modern

In den 1970er Jahren erlebten es die Kirchen. Die Deutschen wurden im Glauben nachlässiger; etliche 100 000 kündigten Jahr für Jahr ihre Kirchenmitgliedschaft auf. Aber ihre Kritik an Verfehlungen der Amtskirchen war zugleich scharf und unerbittlich wie selten zuvor. Es dauerte fast zwei Jahrzehnte, bis der Furor gegen Bischöfe und Papst abschwellte. Dann arrangierten sich selbst die Abtrünnigen mit den sehr viel kleiner gewordenen Großkirchen. Auch im Kreis der zuvor hyperargwöhnischen Abständigen war man nun froh, dass die Kirchen zwar zur heilsbringenden Leidenschaftlichkeit nicht mehr fähig waren, aber doch verlässlich Kindergärten und Krankenhäuser unterhielten, sich um die Pflege gebrechlicher Rentner kümmerten.

In den späten 1990er Jahren traf es dann die Grünen. Die mittlerweile arrivierten Studienräte unter den grünen Wählern gingen selbst nicht mehr auf anstrengende Demonstrationen, reisten lieber urlaubend in energieverschlingenden Flugzeugen kreuz und quer durch die Welt, mieden jede basisdemokratische Anstrengung. Aber sie empörten sich doch zugleich über die grüne Partei in der Regierung, dass sie den Ausstieg aus der Atomenergie nicht radikaler betrieb, überhaupt so wenig kühn und prinzipienfest im Kabinett agierte. Drei Jahre straften die saturierten postmaterialistischen Mittelschichtler ihre Partei bei Wahlen scheinradikal ab. Dann akzeptierten sie plötzlich stillschweigend für sich, dass die Partei einfach so war wie schon lange sie ja selbst. Und so leben sie heute brav in einer kongenial pausbäckigen Eintracht mit dem Herrn Bütikofer.

In einem ähnlichen, allerdings noch nicht abgeschlossenen Prozess mögen sich nun die Sozialdemokraten befinden. Auch hier sind die sozialdemokratischen Aktivisten von ehedem schon lange erschlafft und neumittig aufgestiegen. Sie tragen keinen Blaumann mehr, engagieren sich nicht in der anstrengenden, sozialfremden Gewerkschaftsarbeit, lesen natürlich auch seit Jahren kein schwieriges Buch über die Theorien des Sozialismus. Doch grollten sie etliche Jahre mit Schröder, dass er das Programm nicht ernst nehme, die Interessen der Arbeiterklasse beschädige. Allmählich aber scheint es damit zu Ende zu gehen. Auch die Sozialdemokraten beginnen sich damit abzufinden, dass der Kanzler eben so ist wie sie – oder anders: dass sie keineswegs besser, radikaler, proletarischer, sozialistischer sind als ihr Regierungschef. Kurzum: Offenkundig brauchen ehemalige Gesinnungsmenschen einige Zeit, bis sie im Zuge des Glaubensverlustes mit sich selbst und den Institutionen der alten Prinzipen wieder im Reinen sind.

Eine sonderlich zerstrittene Partei jedenfalls ist die SPD schon jetzt nicht mehr. Und da die Wähler Streit auch nicht schätzen, wie wir regelmäßig aus Allensbach erfahren, könnte es schon sein, dass die SPD in mittlerer Frist zaghaft aus dem düstersten Tal der Tränen herausfindet. Schließlich haben die Demoskopen bereits in diesen Tagen wachsende Zustimmungswerte für die Politik der Bundesregierung erhoben. Das hat natürlich viel und wohl zuerst mit dem Auftritt des Kanzlers zu tun. Mehr und mehr, mit festem Blick auf den Bundestagswahlkampf in zwei Jahren nimmt Schröder die Rolle des Charismatikers an der Spitze der Nation an. Der Charismatiker – wir wissen es spätestens seit Max Weber - braucht die Krise, um wirken zu können. Die Voraussetzung des Charismas ist die kollektive Furcht, die Erschütterung, die Ratlosigkeit einer Gesellschaft. In einer solchen Situation verlangen die Menschen nach entschlossener Führung, vertrauen sich dem starken, einsamen, zielstrebigen Leitwolf an. In einem solchen historischen Moment sind nicht mehr flüchtige Medienstars gefragt, keine unterhaltsamen Polit-Entertainer und billigen Provokateure. Schröder hat das mit seinem wachen Instinkt (und seinen gouvernementalen Möglichkeiten) rasch erkannt, verzichtet auf spielerische Rochaden, geriert sich vielmehr zielstrebig und standfest. Und so hat er all diejenigen, mit denen er früher im Fernsehen noch rivalisieren musste, hinter und unter sich gelassen. Es gibt derzeit keinen Bedarf an den Gysis, Westerwelles, oder Lafontaines dieser Welt. Und das Charisma Schröders wächst um so mehr, da die Autorität der Oppositionschefin zeitgleich zusammenschmilzt. So ist Schröder ohne Konkurrenz. Dazu hat er noch das richtige Gesicht: faltendurchfurcht, hängende Mundwinkel, mit der kämpferisch entschlossenen Miene desjenigen, der sich nicht wegduckt, wenn ihm der Wind entgegenbläst. Dergleichen Ernst-Jünger-Attitüden kommen bei den Deutschen nach wie vor nicht schlecht an – und es könnte 2006 ausschlaggebend sein.

Die Sozialdemokraten selbst haben sich in den letzten Wochen an der Schwäche, an der sichtbaren Irritation der CDU ein wenig wieder aufgebaut. Die ideologischen Fundamentalkämpfe zwischen den großen Weltanschauungen mögen vorbei sein, aber immer noch sind die „Roten" auf die

„Schwarzen" fixiert – und umgekehrt. Und für die „Roten" war es 18 Monate lang schwer erträglich, ja niederdrückend, wie sehr ihre alten Gegner vom „konservativen Lager" triumphiert, gefeixt, bei Wahlen leichthändig abgeräumt hatten. Doch der Sommer 2004 brachte eine kleine Wende. In diesen Monaten wurde offenbar, dass auch die Union ihre Fähigkeit zur Volkspartei einzubüßen beginnt. Seit der Bundestagswahl 2002 hatten die Unionsparteien zunächst enorm zugelegt, hatten sie vor allem in den Unterschichtquartieren der Republik enttäuschte frühere SPD-Wähler aufgelesen. Die Union wurde im Jahr 2003 flächendeckend zur Partei der Arbeiter in Deutschland. Aber das unternahm sie im Stil einer additiven Sammelpartei des Protests, nicht mit der integrativen Kunst einer grasverwurzelten Volkspartei. Die Christdemokraten fuhren wie ein Staubsauger durch die politische Landschaft, nahmen mit, was an Frustrierten und Enttäuschten irgendwie zu bekommen war. Aber sie banden diese Gruppen nicht. Sie schufen keine Infrastrukturen für sie, hatten keine Ansprechpartner dafür, keine Botschaften, ja: nicht die geringste Empathie. Der alte sozialkatholische Kitt für die Integration nach unten war in der Nach-Blüm-CDU längst verbraucht. Die Union igelte sich in ihrer exklusiv bürgerlichen Lebenswelt ein, verhielt sich völlig indifferent, fast ablehnend gegen den neuen Zuwachs aus den Souterrains der Gesellschaft, der daher zuletzt im Osten der Republik vernehmlich nach Links- und Rechtsaußen, im Westen überwiegend in die Wahlenthaltung abwanderte. Gleichgültiger und hilfloser ist jedenfalls noch nie eine (frühere) Volkspartei mit neuem Wählerzuwachs umgegangen. Allein für dieses strategische Manko gehörte im Grunde ein Parteigeneralsekretär auf der Stelle entlassen.

So konnte die CDU die Rückkehr der sozialen Frage im Sommer 2004 nicht stärker nutzen. Im Gegenteil. Die Anti-Hartz-Demonstrationen richteten sich zunächst zwar primär gegen die Bundesregierung. Aber die Debatte, die dadurch entfacht wurde, schärfte den öffentlichen Blick für die Details der Reform, vor allem: für die Beteiligung und Mitverantwortung der Union daran, auch: für die weit forcierteren und rüderen Umbaupläne von Merkel bis Merz. Das trieb die Unterschichten zwar den Sozialdemokraten nicht neuerlich zu, aber doch von den Christdemokraten weg, im Osten stärker als im Westen. Zudem aber assoziierte der kollektive Protest die Sozialdemokraten wieder mehr. Bis dahin war die SPD gleichsam nur noch eine Partei abständig Zugehöriger. Soll heißen: Man gehörte zwar zur Partei, gefiel sich aber zugleich in individueller, nörgelnder Distanz zu ihr und zum eigenen Kanzler. Die wütenden, zuweilen maßlosen Straßenproteste in den August- und Septemberwochen lösten indessen eine Art Solidarisierungs- und Kollektivierungseffekt in der SPD aus. Die sozialdemokratischen Multiplikatoren verteidigten zum ersten Mal die Gesetzesinitiativen der Regierung offensiv, zunehmend auch kompetent und zupackend im Disput. Zuvor war die Methode Maas noch weit über das Saarland hinaus in der SPD verbreitet und bevorzugt: Dazu zu gehören und dennoch demonstrativ auf Abstand zu bleiben.

Man wird möglicherweise später einmal sagen, dass es die größte innerparteiliche Leistung Müntefering und Schröders war, mit dieser Methode brutal gebrochen zu haben. Denn es ist ein Bruch auch mit 140 Jahren sozialdemokratischer Geschichte. Mehr noch: Es bedeutet die Überwindung einer historisch chronischen, tief sitzenden Parteineurose. Die SPD war immer eine Partei, die im Alltag eine recht nüchterne, pragmatische Politik betrieb. Doch in ihrer Programmatik und in ihren Festtagsreden kultivierte sie zugleich den Traum von den sozialistischen Arkadien der Menschheitsbeglückung. Noch der Begriff des „demokratischen Sozialismus", an dem man bis heute parteioffiziell festhält, handelt in letzten Spuren davon. Doch vor den großen und leuchtenden Erzählungen blamierte und kompromittierte sich jede profane Praxis. Und infolgedessen waren Sozialdemokraten nie zufrieden mit sich selbst, mit ihrem Kanzler, ihren Ministern, mit der ausgeübten Macht. Gemessen an den weiten Zielen war es stets zu gering, was man gouvernemental leistete, war es fast Verrat an den eigentlichen Prinzipien. Das alles produzierte die vielen Depressionen, die sich periodisch über die Partei legten, gerade dann, wenn sie in der Regierung stand. Mit eben dieser Dissynchronität zwischen Anspruch und Realität, Programmatik und Praxis aber haben die harten Realisten Schröder und Müntefering aufgeräumt. Das hat die SPD dezimiert, hat viele Traditionsgenossen verbittert in den Parteiaustritt gedrängt. Doch die SPD hat sich dadurch in gewisser Weise der klassischen Adenauer-Kohl-Christdemokratie angenähert, hat nun ein ähnlich kühles und unsentimentales Verhältnis zur politischen Macht. Es ist das der Grund, warum gerade Schröder und Müntefering trotz der gegenwärtig schlechten Werte für die SPD von der CDU heute und mindestens bis tief in die Wahlnacht 2006 zutiefst gefürchtet werden.

Die SPD also hat ihre alten Zwiespältigkeiten und Widersprüche überwunden. Sie ist in der Folge geschrumpft, dadurch politisch homogener, nicht mehr so zerrissen. Doch der Preis dafür ist erklecklich. Denn die SPD ist in diesem Prozess auch erheblich ärmer und blasser geworden. Eine vitale, kräftige Volkspartei, die tief in den verschiedenen Lebensbereichen der deutschen Gesellschaft wurzelt, aktiv zwischen Generationserfahrungen und

Klasseninteressen vermittelt, ist die Sozialdemokratie jedenfalls nicht mehr. Immer hat man die Volksparteien als postideologischen Parteientypus betrachtet. Doch das war, wie sich jetzt zeigt, ganz falsch gesehen. Die Volksparteien lebten von den Resten der alten Weltanschauungsmilieus, die den Integrationsstoff lieferten, auch die Kraft zur Mobilisierung spendeten, das farbige und authentische Personal für die politische Repräsentation hervorbrachten. Es ist kein Zufall, dass mit dem – vorläufigen – Ende der Weltanschauungen und ihrer Subkulturen auch die Erosion der Volksparteien einsetzte. So birgt der Abschied der Schröder-Müntefering-SPD von der alten Sozialdemokratie Bebels und Brandts eben auch erhebliche Nachteile. Denn in der alten SPD glühte noch das Feuer der Sehnsucht nach der antibürgerlichen Alternative. Das gab der Facharbeiterbewegung die elementare Energie für den hartnäckigen Emanzipationsdrang. Und es zog viele originäre Individualisten an, auch politische Draufgängernaturen, farbige Querdenker, brillante Häretiker und wuchtige Rhetoren. Sie alle produzierten farbenprächtige Bilder von einer anderen Zukunft, besaßen einen eisernen politischen Willen. Daraus entstand die Verve für die politische Kampagne, in die hochmotivierte Mitglieder, Funktionäre und Wähler weit über hundert Jahre mühelos zu schicken waren.

Der mit der Realität der bürgerlichen Gesellschaft durch und durch versöhnten SPD fehlt das alles: Starker und drängender Führungsnachwuchs, kühne Leidenschaft, Imaginationen von Zukunft, der Impetus für die Aktion. Ihr fehlt mittlerweile der kulturelle und soziale Erfahrungsreichtum verschiedener Strömungen. Ihr fehlen so die Seismographen für Einstellungen und Stimmungen, für Ängste und Hoffnungen in der Bevölkerung. Und ihr fehlt dadurch die Integrationskraft in die Breite und vor allem – nicht anders als der CDU - nach unten, in die Kellergeschosse unseres Sozialsystems. Auf die neue Klassengesellschaft, auf die neuen Konflikte in der zunehmend tribalistischen bundesdeutschen Gesellschaft ist sie mental und strategisch nicht im geringsten vorbereitet. Der elektorale Tiefflug der Partei mag im September 2004 ein klein wenig abgebremst worden sein. Doch eine Renaissance des Sozialdemokratischen steht nicht bevor. Dafür fehlt der nur noch gegenwärtigen SPD jede Idee von sich selbst – gerade auch über das vom Kanzler regierungsamtlich fixierte Jahr 2010 hinaus.

(2004)

Textnachweise

Die SPD nach Lafontaine
Teilveröffentlicht in: Eichholtz Brief. Zeitschrift für politische Bildung 36. 1999, H.3, S. 94 ff.

Vom Wählerspagat zur Neuen Mitte
Teilveröffentlicht in: Der Bürger im Staat 52. 2002, H.1/2, S. 44 ff.

Die Mitte im Programmloch
Teilveröffentlicht in: Aus Politik und Zeitgeschichte B 21/2002, S. 3 ff.

Profil und Mitte
Teilveröffentlicht in: Berliner Republik 4. 2002, H.4, S. 20 ff.

Mut, Verwegenheit und kühner Reformismus
Teilveröffentlicht in: Berliner Republik 4. 2002, H. 5, S. 6 ff.

Politik in der Vetogesellschaft
Teilveröffentlicht, in: Die Welt, 02.11.2002

Flickschusterei? So war es doch immer
Teilveröffentlicht in: die tageszeitung, 27.11.2002

Durchwursteln als Daseinsform
Teilveröffentlicht in: Die Welt, 23.11.2002

Die Stunde des Charismatikers?
Teilveröffentlicht in: Berliner Republik 5. 2003, H.2, S. 6 ff.

Christstollen für Angela Merkel
Teilveröffentlicht in: Berliner Republik 5. 2003, H.4, S.10 ff.

Die Nase voll vom Reform-Palaver
Teilveröffentlicht in: Abendzeitung (München), 31.12.2003

Die ausgebrannte Kanzlerpartei
Teilveröffentlicht in: Vorgänge 41. 2001, H.1, S. 8 ff.

Die Leere der Linken
Teilveröffentlicht in: Der Tagesspiegel, 18.08.2002

Verschreckt und verwirrt
Teilveröffentlicht in: die tageszeitung, 04.02.2003

Die Rückkehr des Spagats
Teilveröffentlicht in: Die Welt, 01.03.2003

Ziellose Verdrossenheit
Teilveröffentlicht in: die tageszeitung, 15.04.2003

Klettern und Klammern
Teilveröffentlicht in: Neue Westfälische, 23.08.2003

Selbstgenügsam und pausbäckig
Teilveröffentlicht in: Die Welt, 25.10.2003

Geradezu neurotisch
Teilveröffentlicht in: Süddeutsche Zeitung, 18.11.2003

Die SPD wird 140 Jahre alt – Gedanken zu einer Partei mit langer Geschichte und schwieriger Gegenwart
Teilveröffentlicht in: Berliner Republik 5. 2003, H.3, S. 48 ff.

Der Wandel des Wertewandels kommt bestimmt
Teilveröffentlicht in: Berliner Republik 5. 2003, H.5, S. 42 ff.

Freital: Von der roten Stadt zur toten Stadt?
Teilveröffentlicht zusammen mit Michael Schlieben, in: Tanja Busse, Tobias Dürr (Hrsg.), Das Neue Deutschland, Berlin 2003

Lust der Mitte
Teilveröffentlicht in: Süddeutsche Zeitung, 09.02.2004

Basis-Lektionen
Teilveröffentlicht in: Die Welt, 03.03.2004

Wer gibt Danton an?
Teilveröffentlicht in: Süddeutsche Zeitung, 22.03.2004

Schneidiger Imperativ
Teilveröffentlicht in: Süddeutsche Zeitung, 07.07. 04

Zurück im Spiel?
Teilveröffentlicht in: Handelsblatt, 31.8. 04

Das Feuer lodert nicht mehr
Teilveröffentlicht in: Stuttgarter Zeitung, 25.9. 04

Traurig und ganz modern
Teilveröffentlicht in: Zeit, 30.9. 04

Neu im Programm Politikwissenschaft

Kofi Annan
Die Vereinten Nationen im 21. Jahrhundert
Reden und Beiträge 1997 - 2003
Herausgegeben von Manuel Fröhlich.
2004. 298 S. Br. EUR 24,90
ISBN 3-531-13872-3

Klaus von Beyme
Das politische System der Bundesrepublik Deutschland
Eine Einführung
10. Aufl. 2004. 436 S. Br. EUR 19,90
ISBN 3-531-33426-3

Steffen Dagger / Christoph Greiner / Kirsten Leinert / Nadine Meliß / Anne Menzel (Hrsg.)
Politikberatung in Deutschland
Praxis und Perspektiven
2004. 223 S. Br. EUR 24,90
ISBN 3-531-14464-2

Bernhard Frevel / Berthold Dietz
Sozialpolitik kompakt
2004. 241 S. Br. EUR 16,90
ISBN 3-531-13873-1

Andreas Kießling
Die CSU
Machterhalt und Machterneuerung
2004. 380 S. Br. EUR 34,90
ISBN 3-531-14380-8

Herbert Obinger
Politik und Wirtschaftswachstum
Ein internationaler Vergleich
2004. 271 S. mit 16 Abb. und 48 Tab.
Br. EUR 29,90
ISBN 3-531-14342-5

Rudolf Schmidt
Die Türken, die Deutschen und Europa
Ein Beitrag zur Diskussion in Deutschland
2004. 156 S. Br. EUR 21,90
ISBN 3-531-14379-4

Petra Stykow / Jürgen Beyer (Hrsg.)
Gesellschaft mit beschränkter Hoffnung
Reformfähigkeit und die Möglichkeit rationaler Politik. Festschrift für Helmut Wiesenthal
2004. 358 S. mit 3 Abb. und 20 Tab.
Br. EUR 49,90
ISBN 3-531-14039-6

Erhältlich im Buchhandel oder beim Verlag.
Änderungen vorbehalten. Stand: Januar 2005.

www.vs-verlag.de

VS VERLAG FÜR SOZIALWISSENSCHAFTEN

Abraham-Lincoln-Straße 46
65189 Wiesbaden
Tel. 0611.7878-722
Fax 0611.7878-400

MIX
Papier aus verantwortungsvollen Quellen
Paper from responsible sources
FSC® C105338

If you have any concerns about our products,
you can contact us on
ProductSafety@springernature.com

In case Publisher is established outside the EU,
the EU authorized representative is:
**Springer Nature Customer Service Center GmbH
Europaplatz 3, 69115 Heidelberg, Germany**

Printed by Libri Plureos GmbH
in Hamburg, Germany